시네필의 시대

한국 영화문화에서 비디오필리아와 시네필리아

이선주 지음

kofic 영화진흥위원회
Korean Film Council

일러두기

* 영화의 작품명과 연도는 한국영상자료원 한국영화데이터베이스(KMDb)를 따른다.
** 문장부호는 다음과 같이 표기한다.
  홑낫표(「 」): 신문, 잡지, 단행본에 수록된 개별 글과 보고서 제목
  겹낫표(『 』): 신문, 잡지, 단행본 제목
  홑화살괄호(〈 〉): 영화, 공연예술 등의 작품 제목

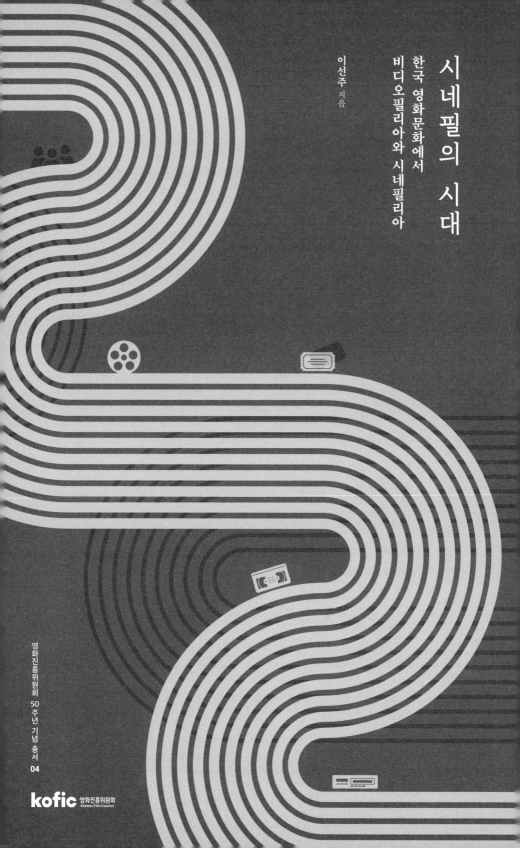

시네필의 시대

한국 영화문화에서 비디오필리아와 시네필리아

이선주 지음

영화진흥위원회 50주년 기념 총서 04

kofic 영화진흥위원회
Korean Film Council

차
례

발간사

2023년은 영화진흥위원회 창립 50주년을 맞이한 해입니다.

영화진흥위원회는 1979년 제1집 『영화예술로서의 성장』을 시작으로, 2006년 『한국 영화사: 개화기(開化期)에서 개화기(開花期)까지』에 이르기까지 영화의 각 분야를 아우르는 이론총서 36종을 발간했습니다. 영화진흥위원회 총서는 기술부터 이론에 이르기까지 연구서적이 부족했던 1980년대와 1990년대에 영화연구를 위한 길잡이 역할과 함께 신진 연구자를 발굴하는 데 역할을 했다고 자부합니다.

영화진흥위원회 창립 50주년을 맞이하여 18년 만에 영화진흥위원회는 총 4권의 총서를 새롭게 발간하게 되었습니다. 영화진흥위원회는 영상산업 환경의 급속한 변화에 직면한 현 시점이 다시 한번 총서의 역할과 의미를 고민해야 할 때라고 생각했습니다. 그 결과가 이번에 발간하는 4권의 서적입니다.

이번 총서는 영화현장에서 쌓은 다년간의 노하우와 경험을 담은 실용서부터 한국의 영화역사를 다루는 이론서까지 다양하게 구성되어 있습니다.

한국영화산업의 변화의 흐름 속에서 이번 총서가 영화인들에게 다양한 지식을 제공하는 것은 물론 미래 영화영상인력 양성에도 기여할 것이라고 확신합니다.

영화진흥위원회는 향후에도 영화정책 연구기관으로서의 선도적 역할을 강화하고 미디어/기술 환경 변화 속에서 영화현장에 필요한 지식과 경험을 보존하고 공유하는 역할을 충실히 해나가겠습니다.

영화진흥위원회 창립 50주년을 맞이하며

영화진흥위원회 위원장 **박 기 용**

머리말

한국 시네필의 역사와
1990년대 시네필의 탄생

'시네필'이라는 수입된 개념과 '불순한' 한국 시네필의 역사

"단순한 역사, 안정적인 역사란 존재하지 않는다. 아카이브를 사회 관측 기구로 삼을 방법은 조각난 지식의 무질서함을 받아들이는 것, 불완전하게 재구성된 불명료한 사건들이라는 수수께끼를 마주하는 것 뿐이다. 작업자는 아카이브의 드문드문함 사이에서 없던 길을 터야 하고, 아카이브의 더듬거리는 답변과 불언(不言)으로부터 없던 질문을 만들어내야 한다."[1]

'영화에 대한 사랑'을 뜻하는 '시네필리아(cinephilia)'는 영화를 보고, 영화에 대해 이야기하고, 담론을 전파하는 방식이다.[2] 시네 필리아는 영화라는 대상 자체의 유동성과 불완전성, 영화를 사랑하는 주체의 불안을 특징으로 하기 때문에 '영화란 무엇인가'라는 질문만큼이나 복잡하고 개인적인 담론의 영역이다. 그러나 영

1 아를레트 파르주, 김정아 옮김, 『아카이브 취향』, 문학과지성사, 2020, 116쪽.
2 Antoine de Baecque and Thierry Frémaux, "La cinéphilie ou l'invention d'une culture", *Vingtième Siècle, Revue d'histoire* 46, Numéro spécial: Cinéma, le temps de l'Histoire, Apr.~Jun., 1995, p.134.

화 역사 속에서 전통적으로 시네필리아는 제의적 행위로서의 영화 관람이나 실물보다 큰 스크린과 이미지, 극장의 어둠, 빛의 프로젝션에 대한 매혹, 즉 필름 자체와 영화관에서의 일회적 상영의 경험을 중요한 구성요소로 강조해 왔다. '영화를 사랑하는 사람'을 일컫는 '시네필(cinephile)'은 예술영화의 제도화 과정에서 탄생한 이상적인 관객 개념으로, 프랑스에서 태동해서 누벨바그가 꽃피었던 1950~60년대에는 대안적 문화 실천의 주체로 인식되었다. 역사적 관점에서 볼 때 시네필리아라는 개념은 '야누스의 얼굴'을 하고 있다.[3] 한편으로는 '사랑'으로 묘사되는, 관객의 보편적인 영화경험이 가진 강렬한 쾌락을 가리키면서도 다른 한편으로는 특별한 감식안을 가진 엘리트주의적 영화 수용 방식으로 여겨지기 때문이다. 작가주의 시대 영화문화의 세례를 경험한 '완벽한' 관객을 이상으로 하는 시네필이라는 용어의 프랑스적 의미는 1960~70년대 대서양을 횡단하면서 스필버그나 코폴라 등 시네필 출신 '무비 브랫' 감독 세대를 거치며 확장되었다. 그 결과 시네필의 의미는 영화를 통해 뛰어난 감식안을 가진 전지전능한 관객으로부터 영화를 사랑하는 사람을 폭넓게 지칭하는 식으로 다변화되었다. 미국으로 건너간 시네필리아는 작가주

3　Marijke de Valck and Malte Hagener, "introduction: Down with Cinephilia? Long Live Cinephilia? And Other Videosyncratic Pleasures", *Cinephilia: Movies, Love and Memory*, eds. Marijke de Valck and Malte Hagener, Amsterdam: Amsterdam University Press, 2005, p.11.

의 심장부의 정통적인 프로젝트를 영미권을 중심으로 한 영화연구(cinema studies)의 기틀로 전환하는 데 기여한다. 이렇듯 1950년대에서 1970년대까지 파리-뉴욕-런던 등을 가로지르며 서구에서 뜨거웠던 시네필리아 담론은 주체들의 단순한 열정과 이상을 넘어, 영화를 삶의 더 큰 경험과 학문의 일부로 자리 잡게 했다.

한 인터뷰에서 봉준호는 자신을 비롯한 박찬욱, 김지운, 류승완, 최동훈 등의 감독들은 한국에서 "시네필 출신이 감독이 된 첫 세대"일 것이라고 밝힌다. 그런데 그가 1990년대 초반 활동했던 시네필 공동체에 관한 다큐멘터리 <노란문: 세기말 시네필 다이어리>(2023)에서도 볼 수 있듯, 이 시기 한국의 영화 청년들은 극장에서 영화사의 정전들을 '계시적'으로 섭렵한 것이 아니었다. 대신 그들은 비디오를 불법 복제해 상영하던 시네마테크(비디오테크)를 통해 고전들을 접하거나 비디오 매체에 기반한 숏-바이-숏 분석 세미나를 통해 동료들과 장르의 관습을 비평하고 토론하며 영화를 체계적으로 공부할 수 있었다.

이 책은 서구와는 다르게 필름이 아닌 비디오로 영화매체의 본질을 모색했던 한국 '비디오(테크) 시네필'의 영화문화적 특수성을 고찰하고 1980년대 이래 홈비디오와 비디오테크가 이끈 '비디오필리아'와 1990년대 예술영화전용관, 국제영화제, 2000년대 초중반 시네마테크의 '시네필리아'를 포괄하며 관객들의 활력과 역동성에 의한 다양성의 조각들을 조명한다. 즉, 1990년대를 전후로 한 한국 시네필의 역사이자 한국 영화문화에서 영화가 '예술'이자 '문화', '학문'으로서 정당화를 추구했던 인정투쟁의 기록들을 살펴봄으로써, 서구와는 구별되는 의제와 방법론을 통해 영화사랑(시네필리아)을 실천해 온 영화 수용의 역사와 시네필 주체의 열정을 주목하고자 한다.

한국영화사에서 특별히 이 시기의 시네필 문화에 주목하는 이유는 다음과 같은 이유들 때문이다. 첫째, 1990년대 영화문화의 전성기는 1980년대 후반부터 시작된 정치적 민주화, 할리우드 직배에 대한 저항 및 외화수입 자유화, 대기업의 영화산업 진출과 같은 영화산업, 제도 및 정책 시스템의 지각변동, 홈비디오 문화 보급으로 인한 매체 환경의 변화, 80년대 공동체적 영화운동의 노선과 의제를 계승한 비디오테크 등의 복합적인 요인에서 파생한 것임에도 불구하고 기존 영화사에서는 이 시기 영화문화의 활력을 80년대와 단절적인 것으로 규정하고 특권적으로 서술해 온 경향이 있다. 이에 1990년대 시네필리아를 1980년대의 공동체적인 영화운동의 유산과 1990년대적인 영화문화가 중층적으로 결합된 산물로 바라볼 필요가 있다.

다른 한편 "1990년대를 다시 읽는 것은 21세기 한국사회가 처한 곤경과 위기의 근원을 성찰하는 일"4에 다름 아닐 수 있는데,

---

4　김영찬, 「90년대는 없다: 하나의 시론, '1990년대'를 읽는 코드」, 『1990년대의 증상들(계명대학교 한국학연구원 편』, 계명대학교 출판부, 2017, 27쪽.

영화문화에 있어서도 예술과 학문으로서의 영화가 본격적으로 제도화되고, "산업, 시스템, 문화, 관객, 크리에이티브까지 영화계 안팎으로 모든 것이 바뀌며" 현재의 체제가 형성된 '격동기'[5]를 돌아봄으로써 "21세기 한국사회가 맞닥뜨린 위기의 병인이 자라난 원초적 장면"[6]에 비판적, 분석적으로 접근할 수 있을 것이다.

둘째, 극장보다 더 큰 시장으로서의 비디오는 1980년대부터 2000년대 중반까지 대중적 접근성과 친밀성, 게릴라적 정치성 등으로 한국 영화문화의 급진적인 변화를 가져왔지만, 현재 시점에서는 죽은 미디어 또는 매체의 질적 가치 측면에서 필름에 비해 열등한 미디어로 간주되어 주목받지 못했다. 그러나 한국 영화문화에서 다양한 재전유 및 밀렵에 기반한 비디오의 활용은 필름 영화의 관람성과 미학적 가치를 변형한 동시에 현재의 디지털 관람성을 일부 예고한 미디어라는 관점에서 뉴미디어 환경의 수용자 중심 영화문화를 예고한 원형적 토대로 접근할 수 있다.

셋째, 1950, 60년대 프랑스에서 영화가 대안적 문화 실천이 될 수 있었던 조건은 비평 노선으로서의 작가 정책 외에도 영화 저널리즘, 영화의 집인 시네마테크, 그리고 다른 나라 영화에 수용적이면서 주류 영화와 예술영화를 넘나들며 영화 사랑을 실천한

---

5 김형석, 「격동의 풍경, 1990년대 한국영화의 변화상」, 『1990년대 한국영화(한국영상자료원 엮음)』, 앨피, 2022, 17쪽.
6 김영찬, 앞의 책, 27쪽.

'시네필' 등이 있었다. 한국의 경우 1960년대 이영일이 주도한 영화잡지『영화예술』이 프랑스의 시네클럽이나 일본의 ATG(Art Theater Guild)의 영향을 받아 대학이나 대도시 영화팬을 중심으로 시네클럽 운동을 시도했는가 하면, 1970, 80년대 문화원 세대와 서울영화집단의 이론과 실천, 1980년대 비디오테크 활동 등 소비 위주 산업으로서의 영화에 저항하는, 주목할 만한 관객들의 실천이 부단히 존재했다. 그러나 1990년대 이전까지 한국에서는 외화수입의 제약과 검열이 심했고 시네필리아의 물리적 조건인 대안적인 영화를 상영하는 '극장'과 '필름'이 부재했으며, 영화를 진지한 예술이나 학문적 대상으로 인식하는 풍토가 미미했다. 이처럼 한국 영화문화사에서 영화를 사랑하는 관객은 어느 시대에나 존재했지만, 사회경제적, 문화적 자본을 가진 일정한 숫자의 젊은 관객층이 부상하면서 '시네필'이라는 용어가 본격적으로 출현하고 유의미한 관객문화로서 자리매김하게 된 시기는 1990년대라고 할 수 있다.7 즉, 식민지 시기부터 오늘날까지 영화를 사랑하는 사람을 일컫는 방식과 실천은 다양했고, 시네필을 어떻게 규정하느냐에 따라 각 시대의 관객성은 다른 의미를 부여할

---

7 물론 1990년대 이전에도 1970년대 '문화원 세대'나 1980년대 '영화운동 세대'의 영화제작 및 활동이 중요한 관객운동의 역사를 이루고 있지만 비교적 소수의 활동이었고, 민주주의를 비롯해 영화산업 및 제도적 기반이 확립되면서 비디오 매체의 보급과 함께 마니아적 대중이 확산되고, 문화원 세대들이 영화계의 각 방면에 진출해 후진을 양성해 낸 1990년대가 한국에 '시네필리아' 현상이 본격적으로 가시화된 시기로 볼 수 있을 것이다.

수 있겠지만, 이 책은 영화에 대해 자의식적으로 성찰하고 영화를 둘러싸고 변화하는 환경을 질의하는 '비판적 시네필리아'로서의 정체성을 가진 주체적인 관객성에 초점을 맞추고 있기 때문에 1990년대를 시네필 문화의 본격적인 출발점으로 간주한다. 영화산업 면에서 1988년의 외화수입 자유화 정책, 1990년대 중반 예술영화전용관을 표방하며 동시대 국제영화제 수상작이나 고전 예술영화를 배급 및 상영했던 코아아트홀, 동숭씨네마텍의 등장, 『문화과학』, 『리뷰』, 『상상』 등 문화계간지들을 통해 폭증하는 문화담론과 『씨네21』과 『KINO』 같은 영화 저널리즘들의 창간, 민예총 문예아카데미나, 한겨레 문화센터, 문화학교 서울 등 사설 영화강좌의 인기, 부산국제영화제를 비롯한 다수의 국제영화제에 힘입은 영화팬의 확대, 대학영화동아리와 PC통신 영화동호회 등을 통한 영화문화의 급부상이 이와 같은 문화 형성의 배경이라고 볼 수 있다. 이처럼 한편으로 2차 대전 후 찬란했던 '영화의 시대' 시네필 문화의 유산들이 뒤늦게 도착하고, 다른 한편 21세기 포스트-시네마 시대의 '영화의 쇠퇴 및 재배치'의 징후가 중첩되던 시점에 한꺼번에 개화한 한국의 시네필 영화문화는 서구의 작가주의나 정전화된 모델을 넘어 영화사랑 및 영화의 쾌락에 대한 자기반영적 성찰성을 가진 비규범적인 시네필적 주체를 배양했다.

바로 이 시기의 영화문화와 관객들의 '활력'을 다루는 이 책의 제목은 '시네필의 시대'로 정했지만, 이 책은 필름이나 극장에 대한 순수하고 충만한 열정보다는 결핍과 불완전함으로 가득했던 한국 시네필의 '불순한(promiscuous)' 영화사랑의 실천들에 주목하고자 했다. 여기서 '불순함'이란 원본에 충실한 순수성과 진정성에 기반한 고전적 시네필의 조건이 결여된 한국 시네필들이 비디오를 통해 불법 복제와 해적판을 넘나들며 영화를 전유했던 상황 일반을 일컫는다. 이렇듯 시네필리아의 특정적인 시간과 공간을 넘나드는 '압축적'이고 '잡식적'인 불순한 영화문화의 특성은 서구적인 의미에서 고전적인 시네필리아의 시대를 동시대적으로 경험하지 못한 한국 영화문화의 특정성이자 중핵을 구성하고 있는 특징이기도 할 것이다. 그러나 나는 시네필 담론에서 중요한 것은 정의가 아니라 행위 주체의 실천과 전유라고 주장한다. 한국 최초의 비디오테크인 '영화공간 1895'의 설립자였던 이언경은 1980년대 영화문화의 특징을 "카피 문명을 통해 성장한 필사적 비디오키드 세대"[8]라고 정의한다. 그녀는 개인적 노력으로 해외에서 어렵게 공수한 비디오나 레이저디스크로 예술영화 아카이브를 구축했고, 불법 복제와 수집의 열정은 부재했던 공공 시네마테크를 대리하는 민간 비디오테크의 영화운동으로 이어지며 90년대 비디오 시네필을 길러낸다. 이와 같은 움직임과 동기화된

---

8 「영화광의 연대기: 1950-1995」, 『KINO』, 1995. 5., 209~210쪽.

채로 영화를 진지한 사유와 분석을 위한 예술작품이자 문화적 대상으로 격상시키는 데 기여한 실천은 이 시기를 경유하여 비평적 계간지 및 본격 월간지 등으로 전개된 영화비평과 이론의 실천, 그리고 동숭씨네마텍 등 고전 및 예술영화의 정기적인 배급 및 상영을 담당하는 예술영화전용관의 설립과 활동이었다. 이와 같은 다양한 실천 및 활동 또한 1990년대에서 2000년대 초에 걸쳐 시네필리아라는 특정한 종류의 관람성을 배양했다.

시네필이라는 용어가 본격적으로 쓰인 것은 1990년대이고 20세기에 만들어진 거의 모든 영화들을 필름으로 관람할 수 있었던 서구적 맥락에서의 시네마테크 시네필의 역사는 21세기에야 시작됨에도 불구하고, 한국영화사에서 영화에 대한 사랑이나 대안적 문화실천의 전통은 유서 깊다. 김승구는 1920년대 중반 이후 영화에 몸이 단 식민지 조선 청년들을 "근대성의 시작을 알리는 유력한 증표"로 규정하고 이들에게 영화는 "간접적으로 서구에 대한 지식과 정보를 체험하게 하는 훌륭한 교재"였다고 지적한다.9 김소영은 1920~30년대 식민지 대중에게 극장이 집합적 공간이자 저항적인 공적 공간이었음을 고려하며 이 대안적 공간에서 영화 사랑을 실천했던 모던걸, 모던보이인 '애활가'에 주목한다.10 영화인 박루월은 식민지 시기 단성사를 중심으로 열정적

9　김승구, 『식민지 조선의 또 다른 이름, 시네마천국』, 책과함께, 2012, 41쪽.

10　김소영, 『근대의 원초경』, 현실문화, 2010, 70~81쪽.

인 영화동호회 활동을 펼쳤는가 하면, 『영화시대』라는 잡지를 발
간하고 『영화배우술』이라는 책을 쓰기도 하면서 전방위적 영화
사랑을 실천했다.[11] 『영화예술』 기자 출신이자 영화감독인 김사
겸은 1950~60년대에는 "시네필이라는 말이 없었고 영화를 즐겨
보는 사람들을 시네팬(cinefan)이라고 불렀"다고 말한다.[12] 『씨네
팬』은 1960년 1월 창간된 영화잡지 『씨네마팬』이 같은 해 10월
변경한 잡지의 제목이기도 했는데, 영화의 관객인 팬을 잡지명으
로 부각하고 있을 뿐 아니라, 여성 발행인 강인순과 한국 최초의
여성 영화감독인 박남옥이 편집주간인 잡지라는 점에서도 이채
롭게 인식되었다.[13]

　정성일은 영화를 사랑하는 사람들을 호명하는 방식에 대해
1970년대의 '영화광'에서부터 1980년대 '영화주의자', 1990년
대 '영화마니아', 21세기 '시네필'까지 각각의 용어가 지닌 역사
적 맥락을 설명한다.[14] 그에 따르면 유신시대인 1970년대는 영
화를 사랑하는 태도를 병적 증후군으로 분류해 사회에서 격리된

11　이에 대해서는 다음을 참조. 한상언, 「영화인의 꿈 담은 박루월, 그리고 '영화배우술'」, 『뉴시스』
　　2022. 9. 24., https://mobile.newsis.com/view.html?ar_id=NISX20220920_0002019623.
　　2022년 9월 29일 접속.

12　김사겸 구술, 김도연 지음, 『영화대화: 35년생 영화감독 x 81년생 시네필』, 잎새달, 2021, 18쪽.

13　한상언, 「한상언의 책과 사람들-'씨네마팬'이 불러온 영화잡지의 추억」, 『뉴시스』 2023. 2. 25.,
　　https://mobile.newsis.com/view_amp.html?ar_id=NISX20230221_0002200765
　　2024년 3월 2일 접속.

14　정성일, 「그런데 우리들은 어떻게 불려야 하는가: 영화광을 호명하는 방식에 대하여」,
　　『KINO』 2001. 3., 『언젠가 세상은 영화가 될 것이다』, 바다출판사, 2010, 66~76쪽에 재수록.

타자로 취급해 영화광으로 불렀다는 것이고, 1980년대는 일종의 부르주아 이데올로기로 간주해 영화주의자라는 용어로 비판적으로 호명했다고 말한다. 한편 그는 1990년대의 영화마니아는 영화광과 영화주의자의 변증법적 전화인 것 같다고 하면서 이 말에 드리워진 부정적인 뉘앙스를 언급한다. 문화의 시대였던 1990년대 새로운 소비 주체로 부상한 마니아는 성찰적 영화문화를 만들지 못하고 영화를 사랑의 담론이 아닌, 지식과 정보의 대상으로 간주한 채 독점과 소비의 트랙을 질주했기 때문에 주체적인 관객이라 할 수 없다는 것이다. 그러면서 정성일은 영화를 통한 '사유'의 가능성을 공유하고 우정과 연대를 뜻하는 용어로서 '시네필'을 사용할 것을 제안한다. 이와 같이 한국 영화문화에서 시네필이라는 개념은 1990년대에 비롯되었지만, 식민지 시기부터 21세기에 이르기까지 영화를 사랑하는 사람을 일컫는 방식과 실천은 다양했다. 영화사랑의 물리적 조건과 정치적, 이데올로기적 여건이 다른 비서구 시네필의 실천은 역사적 관점에서 보다 긴 호흡의 연구를 필요로 한다.

'시네필리아'를 프레이밍하기: 시네필리아 연구의 역사와 쟁점들

한동안 '필름-영사기-극장'이라는 물리적 요소의 복합체로 규정되던 시네필리아는 기술 발전과 미디어 및 플랫폼의 역동성에 따른 영화문화의 급진적인 변화를 거쳤다. 서구에서는 영화 탄생 100주년과 디지털 매체 환경으로의 전환 등을 계기로 시네필 연구를 역사화하면서 영화학의 관점에서 성찰적으로 조명하는 의미 있는 시도들이 이어졌다. 영화학이 시네필리아의 역사성을 진지하게 고려하는 데 도발적인 신호탄이 된 글은 1996년 발표된 저명한 비평가 수전 손택(Susan Sontag)의 '영화의 쇠퇴(The Decay of Cinema)'[15]였다. 손택은 한때 20세기의 예술로 상찬되던 영화가 세기 마감의 시기에 쇠퇴 중인 예술로 전락했음을 지적한다. 태생부터 예술과 산업 사이에서 '이중적'으로 진동하던 영화는 1960년대와 70년대에는 유럽 예술영화뿐 아니라 할리우드 영화의 역사까지 포용하며 가장 독창적이고 실험적인 예술로 부상, 시네필리아의 열기를 국제적으로 확산시켰지만 1980년대 이후 과도한 표준화 및 초산업화와 함께 영화문화의 활력이 잠식되고 시네필리아는 패배를 맞이하게 되었다는 것이다. 손택은 "종말을 맞이한 것은 영화 자체가 아니라, 영화가 강렬한 영감을

---

15 Susan Sontag, "The Decay of Cinema," *New York Times*, 1996. 2. 25., https://www.nytimes.com/1996/02/25/magazine/the-decay-of-cinema.html, 2023년 12월 10일 접속.

주었던 고전적인 시네필리아 문화"라고 진단한다. 시네필리아의
전성기에 영화에 대한 열정은 대도시의 관객이나 감식안 있는 관
객에 한정되지 않고 문화 일반으로까지 스며들어 당대 최고의 예
술 형식인 영화에 대한 감상과 존중을 확산시켰고, 영화는 진지
한 비평과 학문의 대상으로 자리 잡았다. 그러나 영화가 다양한
홈 엔터테인먼트의 하나로 인식되면서 젊은이들은 더 이상 영화
에 대한 특별한 사랑을 보내지 않고, 고전적인 시네필리아는 시
대에 뒤떨어진 것으로 조롱의 대상이 되기도 했다.

　이렇듯 동시대 영화의 상황에서 고전적인 시네필 담론의 쟁점
들과 변모하는 시네필리아에 대한 손택의 문제 제기는 이후 온라
인 저널인 『센스 오브 시네마(Sense of Cinema)』의 '영원한 유령:
인터넷과 비디오 시대의 시네필(Permanent Ghosts: Cinephilia in
the Age of the Internet and Video)'[16]을 비롯해 기술 변화에 따른
새로운 시네필리아에 대한 수많은 공개토론으로 이어졌다. '극장
에서의 관람(going out)'과 '집에서 영화 보기(staying in)'라는 이
분법이 비디오 출현 이후의 시네필에게 더 이상 적합하지 않은
구분이라는 인식, 그리고 인터넷과 디지털 이후의 새로운 세대
시네필리아가 실천하는 비규범적 영화사랑에 대한 주목은 조너

16　Steve Erickson, "Permanent Ghosts: Cinephilia in the Age of the Internet and
　　Video", *Sense of Cinema*, Cinephilia Special Feature, no 4, March 2000,
　　https://www.sensesofcinema.com/2000/cinephilia-special-feature/cine1/,
　　2024년 1월 29일 접속.

선 로젠봄과 에이드리언 마틴이 공동 편집한 앤솔로지『영화의
변이: 세계 시네필리아의 변모하는 얼굴』(Movie Mutations: The
Changing Face of World Cinephlia, 2003)을 포함한 2000년대 이후
시네필리아 연구의 주요 화두로 이어졌다.

2005년에 출간된 선집『시네필리아: 영화, 사랑 그리고 기억』
(Cinephilia: Movies, Love and Memory)은 뉴미디어 시대 시네필
리아에 대한 영향력 있는 연구의 출발점 중 하나다. 이 책은 손택
처럼 전통적인 시네필리아의 '죽음'을 선언하거나 앙트완 드 벡
(Antoine de Baecque)의 고전적 시네필리아에 대한 방대한 역사적
탐구17 대신 현대의 '수정된 시네필리아' 담론을 다양한 스펙트
럼으로 제시한다. 즉 테크놀로지를 전유하거나 제도적 환경 밖에
서 실천하는 동시대 시네필리아에 집중하고 영화를 사랑하는 새
로운 방법을 구성하는 다양한 비학문적(non-academic) 실천에 대
한 문제들을 제기함으로써 '미래의 시네필리아' 연구에 급진적인
전망을 열어놓았다. 토마스 엘새서(Thomas Elsaesser)는 이 책에
수록된 글 '시네필리아 또는 탈매혹의 이용(Cinephilia or the Uses
of Disenchantment)'에서 신성화된 공간의 단일성, 그 순간의 유
일성과 함께 동일시되었던 전통적인 시네필리아(take 1)와 구별
되는 시네필리아 테이크 2(take 2)의 비전통적인 영화사랑의 실천

---

13 Antoine de Baecque, *La Cinéphilie: Invention d'un regard, histoire d'une culture,*
    1944~1968, Paris: Fayard, 2003.

에 주목한다. 엘새서는 시네필리아 테이크 2의 새로운 역할로서 찰나의 자기 경험에 대한 '수집가'와 '아키비스트'로서의 문화적 지위를 부여한다. 그러면서 뉴미디어 시대의 시네필리아는 "우리의 미디어 기억의 무한정한 아카이브를 잠재적으로 욕망할 만하고 가치 있는 클립들, 엑스트라와 보너스들로 리마스터링, 재구성, 재설정하면서, 기억의 위기에 맞서 영화에 대한 사랑을 실천하는 포스트모던 영화문화의 최전선에 있는 자들"[18]이라고 규정한다.

　고전적 시네필리아의 역사와 전통을 존중하면서도 이를 동시대 영화문화 속에 어떻게 다시 활성화시킬 것인가에 대한 성찰은 같은 해에 출간된 크리스티안 키슬리(Christian Keathley)의 단행본 『시네필리아와 역사, 혹은 나무들 사이의 바람』(Cinephilia and History, or The Wind in the Trees, 2005)[19]에서도 탐구된다. 이책의 초점은 고전적 시네필리아 시대의 '시네필 정신'을 현대 영화연구에 재통합함으로써 시네필리아의 역사를 서술하는 것이다. 이를 위해 키슬리는 시네필리아에 대한 탐구와 연동하여 영화학의 역사에 관한 중요한 통찰을 제시한 더들리 앤드류(Dudley

18　Thomas Elsaesser, "Cinephilia or the Uses of Disenchantment," *Cinephilia: Movies, Love and Memory*, p.41.

19　Christian Keathley, *Cinephilia and History, or The Wind in the Trees*, Bloomington, IN: Indiana University Press, 2005.

Andrew)의 글 "영화학의 세 시대와 다가올 시대"[20]를 인용한다. 앤드류는 영화학의 역사를 버스터 키튼의 <세 가지 시대>(1923) 에 빗대어 학문화 이전의 '석기 시대', 영웅적 야망을 가진 '제국 의 시대', 자본이 지배한 '현재 시대'로 구분한다. 아방가르드 영 화의 실험이 시작되었던 1920년대부터 1950년대까지의 '석기 시대'에는 본격적인 학문화 단계 이전의 시네필리아가 『카이에 뒤 시네마(Cahiers du Cinéma)』의 작가론을 시작으로 하여 아마 추어적인 열정을 정당화하기 위한 시네필들의 노력이 더해지면 서 영화학의 토대로 이어지기 시작했다. 두 번째 단계는 영화학 이 학계에 진입하면서 68혁명 이후 기호학과 정신분석학 등 대 륙이론을 수용하고 "감상하기보다 숨겨진 구조의 증상으로서의 영화읽기에 공모"했던 시기인데, 즉 학문적 정당화를 위해 '시네 필 정신'을 버리고 사랑과 집착의 대상이던 영화를 '의혹'의 대상 으로 바라본 시대를 일컫는다. 세 번째 시대는 '거대 이론(Grand Theory)'에 대한 대안으로, 역사로 돌아가면서 제작을 넘어 수용 까지 초점이 확대되고, 데이비드 보드웰(David Bordwell)의 '역사 적 시학' 등 중간 범위의 새로운 역사주의와, 정체성의 정치학, 다 원주의에 기반한 문화연구가 중요해진 시기다. 키슬리의 책은 세 번째 단계의 역사연구와 수용자 연구의 현대적 확장을 위해, 첫

20 Dudley Andrew, "The "Three Ages" of Cinema Studies and the Age to Come," *PMLA* 115(3), 2000, pp.341~351.

번째 시대의 순수한 시네필리아의 정신을 재활성화하고 신성함과 불멸의 감각을 재구성하거나 재발명할 필요성을 주장한다. 여기서 강조되는 것이 개인적인 경험으로서의 '시네필적 순간'과 '시네필적인 일화(cinephiliac anecdotes)'로 특징지어지는 '주관성의 역사'다. 이는 찰나적으로 나타나는 이미지의 파편을 물신화하는 것으로, 의미와 의도를 벗어난 영화의 개별 쇼트나 주변적인 세부 사항, 즉 덧없이 사라지는 순간과 관객의 우연한 주관적인 만남을 뜻한다. 책 제목에서 드러나듯 키슬리는 뤼미에르 형제의 최초의 영화를 본 관객들이 영화 속 장면보다 배경에서 나뭇잎이 바람에 흩날리고 있다는 사실에 더 즐거움을 느꼈다는 일화에 주목하며, 시네필리아에서 출발한 영화학은 시네필리아에 대해 발언하고 시네필의 목소리로 말할 수 있는 방법을 찾는 것이 필요하다고 주장한다.

사라 켈러(Sarah Keller)는 『불안한 시네필리아』(Anxious Cinephilia: Pleasure and Peril at the Movies, 2020)에서 시네필리아를 포착하기 어려운 감정이자 정동(affect)으로 접근하면서, 영화에 대한 사랑이 영화 이미지의 내용이나 덧없음에 대한 '불안(anxiety)'과 어떻게 얽혀 있는지를 역사적으로 탐구한다.[21] 켈러는 초기 영화 시기부터 오늘날 디지털 스트리밍 시대까지 '사랑

---

21 Sarah Keller, *Anxious Cinephilia: Pleasure and Peril at the Movies*, New York: Columbia University Press, 2020.

과 불안'이라는 두 얼굴을 가진 시네필의 복잡한 국면을 프랑스 뉴웨이브의 작가 영화나 특권화된 관객에 국한시키지 않고, 국가와 역사를 초월하면서도 시대와 장소에 맞게 변형되어 광범위하게 '확장된' 시네필리아의 역사로 재구성한다. 이렇듯 사랑과 불안에 대한 주목은 영화의 본질이나 영화적 경험에 대한 사유를 제공하면서 영화문화, 정서적 상태, 기술 변화의 순간 전반에 걸친 새로운 연결을 보여준다. 특히 '디지털 전환'과 같은 기술적 변동에 따른 시네필리아의 변화에 천착하면서, 사라 켈러는 유성영화나 컬러영화로의 전환기를 비롯한 역사적 이행기의 상실 감각을 환기시킴과 동시에 영화와 관객의 관계에 대한 새로운 접근을 제시하고, 시네필리아의 다양한 형태와 불확실한 미래를 수용하기 위해 시네필리아의 개념을 재구상한다.

한편 블로거 출신으로 글로벌 시네필 커뮤니티에서 상호작용하며 아마추어적 글쓰기를 실천해 온 기리시 샴부(Girish Shambu)는 2014년 인터넷이 가져온 영화문화의 혁명과 가능성을 낙관하며 단행본 『새로운 시네필리아』(The New Cinephilia, 2014/2020)를 썼다. 그러나 샴부는 5년 후, 새로운 시네필리아에 대한 자신의 당시 유토피아적 전망에는 "이성애자 백인 남성 중심인 영화문화의 불균형을 다루지 못한 맹점"이 있었다고 생각[22]하고, "영화문

---

22 Girish Shambu, "Coda: Five Years Later," *The New Cinephilia*, expanded edition, Montreal: Caboose, 2020, pp.69~70.

화의 핵심 질문 중 하나인 공정하고 정의로운 시네필리아를 어떻게 만들 것인가?"를 재검토해서 보완하는 글을 확장판(2020)에 수록한다. 그중 하나가 2019년 『필름 쿼터리(Film Quarterly)』에 발표한 논쟁적인 글로, 올드 시네필리아와 구별을 시도한 '새로운 시네필리아를 위하여(For a New Cinephilia)'라는 선언문이다.23 전통적인 영화관과 표준적인 극영화를 넘어선 여러 형태의 무빙 이미지 체험, 영화 관람 행위에만 국한되지 않는 정체성의 정치학에 기반한 액티비즘적 활동과 비아카데미적 실천들, 정전화된 미학과 위계적 리스트를 벗어난 즐거움과 가치평가의 개방성 등을 내용으로 하는 이 선언은 시네필리아의 사랑과 즐거움의 담론을 소수의 특권에서 다수로 확장시키면서 오늘날 영화문화의 포괄적인 이슈들을 다룬다. 샴부는 장 마크 레바라토와 로렌 줄리에와 마찬가지로 '아마추어 문화의 신성화'나 팬 문화의 역량을 강조하며 다양한 매체와 플랫폼에서 영화를 사랑하는 새로운 방법을 만들어내는 유희적 참여를 통한 디지털 시대의 시네필리아 문화를 긍정하고, 학문적이며 저널리즘적이었던 시네필리아 모델로부터 자유로운 시네필적 실천을 추구한다.

이러한 개인 연구들 외에도 2000년대 후반 영화학 분야의 주요 학술저널인 『시네마 저널(Cinema Journal)』 및 『프레임워크

---

23 Shambu, "For a New Cinephilia," *Film Quarterly* 72(3), 2019, pp.32~34.

(Framework)』가 시네필리아의 역사 및 디지털 시대의 시네필 문화를 질문하는 특집호 또는 특별 도시에를 간행했고, 새로운 테크놀로지 등장에 따른 21세기 시네필리아의 정체성과 비평 플랫폼의 변화를 고찰하는 연구들은 아마추어 비평이나 비아카데미적 실천에 기반한 영향력 있는 온라인 비평저널 및 플랫폼들에서도 중요한 쟁점으로 부상한다.

이렇듯 디지털 시대, 뉴 미디어의 새로운 세기를 맞이하면서 서구에서 극장이 아닌 영화의 '새로운 장소'와 포스트-시네마 시대의 매체적 조건, 새롭게 출현한 시네필리아의 관객성에 대한 연구가 활발한 것에 비하면 국내에서는 이러한 영화연구의 전통이 드물었다. 한국영화연구에서 시네필리아에 대한 논의는 시네마테크라는 정책적 차원이나 관객문화를 논하는 데 있어서 주변적으로 언급되었을 뿐 학문적으로 충분히 다루어지지 못했다. 문재철은 시네필리아를 특정 시대, 특정 지역의 시네필들이 경험하는 영화에 대한 사유와 경험의 양식이라는 관점에서 접근하면서 1960년대 초, 중반을 중심으로 새롭게 부상한 비평 및 관객 문화가 서구와의 격차나 근대화에 대한 욕망, 구별짓기 담론과 관련지어 한국영화의 새로운 좌표를 모색하는 에너지로서 작용하고 있었음을 지적한다. 문재철은 한국에서 시네필 담론이 활성화되지 못한 이유로 "시네필리아 경험이 일부 영화광들의 호사가적 취향으로 간주"되거나 "전통적으로 리얼리즘적 태도와 같은 사회정치적인 접근을 우선시"했기 때문인 것으로 진단한다.[24] 김소영은 1990년대 한국에 도착한 예술영화들의 수용상황에 대해 '물신화', '식민화', '화석화' 등의 이유를 들어 비판한다.[25] 1990년대 예술영화전용관에서 상영된 외화들 대부분이 제작 시기와 상당한 시차를 두고 개봉한 것이기 때문에 제작 당시의 역사적, 문화적 특정성을 복원하기가 어렵고, 도발적 문제의식들이 무뎌진 탈정치화된 작품들이라는 것이다. 이러한 수용상황을 그는 시네필리아가 아닌 "시체 사랑"을 뜻하는 "네크로필리아(necrophlia)"에 비유한다. 김소영은 상업영화 대 예술영화라는 이분법적 대당을 설정해 예술영화에 가치를 부여하는 90년대의 영화담론 속에서 동시대의 진보적 영화 흐름인 '제3영화'와 아방가르드 영화, 다큐멘터리 등의 부재를 지적하면서, 영화에서 문화적인 것과 정치적인 것의 관계에 대한 질문을 재설정할 것을 강조한다.

이처럼 한국영화사 연구에서 시네필리아 연구가 전반적으로 척박함에도 불구하고 이에 대한 후속 연구를 촉발할 계기를 마련한 최근의 의미 있는 작업들이 있다. 한국 영화운동사 40년을 정리한 성하훈의 최근 책인 『영화, 변혁 운동이 되다』, 『충무로, 새

---

24 문재철, 「영화적 경험양식으로서 한국 시네필에 대한 연구: 50년대에서 70년대까지를 중심으로」, 『영화연구』 47호, 2011, 114쪽.

25 김소영, 『근대성의 유령들』, 씨앗을뿌리는사람들, 2000, 228~230쪽.

로운 물결』(2023)²⁶은 1980년 '얄라셩'을 시작으로 한 한국영화 청년들의 도전과 실천의 역사를 집대성했다. 본격적인 영화운동의 전사로서의 1970년대 문화원 세대와 여성 실험영화집단인 '카이두 클럽'에 대한 고찰로 시작되는 두 권의 책은 성하훈 기자가 『오마이뉴스』에 수년간 심층 취재하고 연재해 온 기사들을 엮은 것으로, 두 책이 다루는 범주와 대상은 한국 시네필리아의 역사와 주체들이라는 측면에서도 유사한 지점이 많다. 절차적 민주화 이전 독재와 탄압, 검열로 얼룩진 영화문화사를 고려한다면 한국 시네필리아의 역사는 저항적 영화운동의 역사에 대한 이해 없이 쓸 수 없을 것이다. 꼼꼼한 취재와 자료에 기반한 증언 및 기록들은 후속 영화운동이나 독립영화, 시네필리아 연구에 중요한 자료가 될 것이다.

한국학 연구자 앤드류 데이비드 잭슨(Andrew David Jackson)의 책 『후기 독재와 탈 독재 시기 한국 시네필리아 붐과 예술영화관』(The Late and Post-Dictatorship Cinephilia Boom and Art Houses in South Korea, 2023)은 1980년대 후반 이후 한국에서 예술영화의 붐과 시네필리아의 역사를 '성장과 쇠퇴, 유산(rise/decline/legacy)'이라는 세 국면으로 연대기적으로 고찰한다. 저자는 이 책에서 왜 이 시기에 시네필리아와 예술영화 소비가 붐

---

26 성하훈, 『한국영화운동사 1: 영화, 변혁운동이 되다』, 『한국영화운동사 2:충무로, 새로운 물결』 푸른사상, 2023.

을 이루며 등장했는가를 핵심 질문으로 제기한다.27 그는 독재정권 후기인 1987년 이후 한국에서 젊은 시네필들이 서구에서의 1960년대처럼 사회적, 정치적, 문화적 변화의 강렬한 주체로서 영화와 상영공간의 힘에 대한 '압도적인 감각'을 공유했다고 보고, 이 시기 영화청년들을 하나로 묶는 특징은 해방된 문화 소비에 대한 갈망이었다고 말한다. 잭슨은 이 책에서 중점적으로 다루고 있는 '성장기'인 1987년부터 1995년까지의 '한국 시네필리아의 특징'을 다음과 같이 다섯 가지로 정리한다. 첫째, 시네필들은 불법 비디오나 밀수 등 금지된 영화에 가치를 부여하면서 자율적이고 저항적인 언더그라운드 영화문화를 만들었다. 둘째, 영화 자체의 텍스트 못지않게, 영화경험의 사회성, 의례성, 상징성과 그 이벤트를 중요하게 평가했다. 셋째, 젠더 변화의 측면에서 여성들의 참여가 두드러졌다. 넷째, 프랑스 영화문화에 대한 영화팬들의 관심과 특권화 경향이 있었다. 다섯째, 예술로서의 영화와 액티비즘으로서의 영화 사이에 이분법적 긴장이 있었다는 것이다.28 이 책은 짧은 시기 붐을 이룬 예술영화 상영과 그 유산에 대한 질문들을 영화감독과 작품을 넘어, 상영공간에서 생성되는 문화와 한국영화의 현재 상태 사이의 연관성에 주목함으로써 1980년대 후반에서 21세기 초까지 한국 영화산업의 역사적 변

---

27 Andrew David Jackson, *The Late and Post-Dictatorship Cinephilia Boom and Art Houses in South Korea*, Edinburgh: Edinburgh University Press, 2023, p.229.

28 Ibid., pp.101~109.

동을 이해할 수 있는 커다란 지평으로 가져간다. 방법론적으로도 예술영화 상영의 중심 인물들과 관객을 인터뷰하고 사진 및 자료를 충실히 활용29함으로써 감독이나 텍스트 중심으로 이루어져 온 한국영화연구의 지평을 확장시킨다. 이 책을 마무리하는 중에 출간된 잭슨의 이 연구는 이 책과 유사한 시기를 다루고 있으며 동숭씨네마텍과 비디오테크에 있어서는 다소 중복되는 지점이 있다. 하지만 이 책은 비디오를 단지 비디오테크의 복제 및 상영 기술적 차원을 넘어 1980년대 후반과 1990년대의 압축적 시네필리아를 마련한 핵심적인 매체이자 인프라로 다루고, 문화학교 서울의 다층적인 실천이 갖는 복합적인 함의에 주목하며, 『영화언어』, 『KINO』, 『필름 컬처』와 서울 시네마테크를 시네필 문화의 중요한 행위자로 다룬다는 점에서 차별점을 갖는다.

한편 시네필 담론에서 지역 시네필리아는 또 다른 의미를 갖는데, 서구의 고전적 시네필 담론에서도 파리, 뉴욕, 런던 등 대도시의 특정 관객들에게만 시네마테크나 시네클럽의 접근이 허용되었다는 비판이 존재하는 것과 비슷하게, 한국 영화문화에서도 지역 관객의 문화적 실천들은 그 중요성에도 불구하고 영화사에서 거의 주목되지 않았기 때문이다. 부산 지역 시네필 연구에 천착해 온 박은지는 1990년대 복합영화관 등장 이전까지 1980년

29 성하훈의 두 권의 책으로 이어진 『오마이뉴스』 게재 기사들은 잭슨의 연구에서도 중요한 일차 자료로 활용되었다.

대 부산의 소극장 시기 관객성의 저변확대와 상영문화의 변화를 고찰한다. 또한 80년대 부산 프랑스 문화원을 중심으로 지역 시네필 전통을 육성한 트랜스로컬 시네필리아를 분석하고, 그러한 움직임이 상영공간에 그치지 않고 새로운 영화물결을 모색하면서 시네클럽과 씨네마테끄 1/24로 전개, 부산국제영화제의 전사로서 조력했던 국면을 고찰한다. 후속 연구로 박은지는 1990년대 부산의 예술영화관을 예술영화 위주로 상영을 했던 부산 프랑스 문화원과 시민운동의 차원에서 문해력 양성에 힘쓴 부산 가톨릭센터 소극장, 부산 프랑스 문화원에서 유래되어 부산 관객운동의 메카가 된 시네마떼끄 1/24, 국내 최초의 필름 시네마테크로 1999년 8월 예술영화전용관으로 개관한 시네마테크 부산까지 탐구한다. 이 연구들은 한편으로는 서구와의 시차, 다른 한편으로는 서울의 대안적 영화문화와는 차이를 보이면서 다양하고 차별화된 지역 영화문화를 형성했던 역사를 조명한다.[30] 그밖에 광주 시네필 문화는 광주 및 호남의 극장문화사를 지속적으로 탐색하며 지역연구와 영화문화의 관계를 천착해 온 위경혜의 『광주의 극장문화사』(2005), 『광주극장』(2018)이나 예술영화전용관으로서의 광주극장을 분석한 허진아와 이오현의 논문 등이 주

---

30 박은지, 「부산 프랑스문화원과 트랜스로컬 시네필리아: 1980년대를 중심으로」, 『영화연구』 75호, 2018, 211~246쪽 ; 박은지, 「1980년대 부산의 관람공간: 소극장 시대와 시네마테크의 출현」, 『아시아영화연구』 11(1), 2018, 211~247쪽 ; 박은지, 「부산지역 예술영화관의 설립과 전개」, 『부산영화사』, 부산대학교 출판문화원, 2021, 330~361쪽.

목을 요한다.31 한국시네마테크협의회에는 서울, 부산, 광주뿐 아니라 각 지역을 대표하는 시네마테크들과 대안적 영화문화를 모색하는 영화단체들이 소속되어 있다. 시네필 영화문화의 전체상을 파악하고 온전한 시네필 영화문화의 지도를 완성하기 위해서는 대도시뿐 아니라 다양한 지역에서의 각기 다른 실천이 충분히 조명되어야 한다.

시네필리아의 역사를 영화연구의 역사 속으로 생산적으로 편입할 것을 요청하는 키슬리의 주장과 시네필리아를 열정과 불안의 변증법에서 비롯된 다양한 기술적, 문화적 실천의 역사로 간주하는 켈러의 입장에 영향을 받아 나는 이 책에서 1990년대 한국의 시네필들이 주체적으로 실천했던 '영화에 대한 사랑(매혹 enchantment)'과 '비판적 거리두기(탈매혹/각성 disenchantment)'의 변증법을 엘새서의 '비판적 시네필리아(critical cinephilia)' 개념을 참조해 다룬다. 엘새서는 1970년대 영미권과 유럽에서 현대영화이론 및 영화학의 정립을 이끈 동력을 시네필리아의 역사적 변화라는 관점에서 재해석하면서 비판적 시네필리아의 '생산적 각성(productive disenchantment)' 개념을 제시한다. 68혁명 이후 영화연구가 기호학, 정신분석학 등의 이론과 문제의식을 도입하면서 학문적으로 제도화한 동기는 영화의 이미지와 내러티브

31 허진아·이오현, 「예술영화전용관으로서의 광주극장 읽기: 공간의 의미와 소비행위를 중심으로」, 『한국언론학보』 54(6), 2010, 55~80쪽.

33

를 꼼꼼히 읽음으로써 영화의 강력한 영향을 설명하기 위해서였다. 이렇듯 영화에 대한 사랑으로부터 출발한 비판적 관찰과 분석으로의 이행이 생산적 각성에 입각한 비판적 시네필리아의 모색과 실천으로 이어졌음을 밝히고자 한다. 나는 1990년대 한국의 시네필리아가 김소영이 말한 것처럼 예술영화의 제도화 과정에서 탄생한 딜레탕트적이고 이상적인 영화관객의 유형으로서만 해석될 수 없는, 서구 영화이론 및 비판철학, 문화연구의 번역과 압축적 수용과정을 수반하면서 영화의 존재론적, 문화적 가치에 대한 질의와 답변 과정들을 수행한 적극적인 실천이었다고 주장한다.[32] 또한 1990년대 시네필 문화를 독자적인 시대의 산물로 볼 것이 아니라, 1980년대 수용자 중심 영화운동과 공동체 정신의 의제와 정신 계승의 연장선상에서 바라볼 필요성을 제안한다. 어찌 보면 더들리 앤드류가 역사적으로 개념화한 '세 가지 시대'가 한국에서는 이 시기에 동시에, 압축적으로 일어난 셈인데, 한국사회의 특징이기도 한 '압축적 모더니티'가 한국 시네필리아의 특징으로도 나타나며 안정적인 영화문화로 정착하지 못한 요인이 된 것으로도 여겨진다.

32 이선주, 「영화(KINO)의 시대: 영화잡지 『키노』와 1990년대 비판적 시네필리아의 문화정치」, 『대중서사연구』 23(3), 2017, 415~452쪽. ; 이선주, 「'새로운 영화 읽기의 제안' 혹은 비판적 시네필리아의 형성 - 1990년대 한국 영화문화에서 '문화학교 서울'의 활동들」, 『영화연구』 59호, 2014, 223~252쪽.

책의 구성과 관점

이 책은 총 4장으로 구성되어 있는데 1장에서는 비디오필리아의 개념과 가정용 비디오를 다룬다. 2장에서는 비디오테크에서 시네마테크까지 '문화학교 서울'의 활동을 분석한다. 3장에서는 시네필 문화를 배양하고 확산시킨 『영화언어』, 『KINO』, 『필름컬처』를 중심으로 이론, 비평, 영화학의 협상을 다룬다. 4장에서는 최초의 예술영화전용관 동숭씨네마텍의 분석을 통해 1990년대 영화문화에서 예술영화라는 이념의 재구성을 시도한다. 각 장의 세부내용은 다음과 같다.

1장의 1절에서는 한국 시네필 문화의 특정성을 구성하는 '비디오필리아'라는 개념을 정의하고, 1990년대 한국 영화문화에서 비디오라는 매체를 통해 어떻게 시네필리아를 실천했는가에 주목한다. 이에 따라 우선 서구 영화미디어학에서 논의되어온 비디오 매체의 특성을 살펴보고, 이 시기 한국 비디오 문화의 특정성을 조명한다. 아울러 비디오필리아적인 것과 시네필리아적인 것이 혼재되고 잠식적인 성향을 보인 '1990년대 한국 시네필의 다이어리'를 연대기적으로 간략히 개괄함으로써 이 책의 각 장에서 다루게 될 영역(가정용 비디오, 비디오테크, 시네마테크, 영화담론, 예술영화전용관 등)과 각 실천의 행위자들이 서로 맞물려 영화문화의 네트워크를 이루고 있었음을 예비적으로 보여준다. 이어지는 절에서는 1990년대 중반 시네마테크의 결여를 대신해서 가정용 비디오로 출시된 고전예술영화 비디오 컬렉션을 '홈 시네마테크'라는 차원에서 살펴본다. 마지막 절에서는 이러한 명작 및 희귀 비디오를 유통시키고 한국 단편/장편영화 유통 및 제작 지원에 앞장섰을 뿐 아니라, 좋은 영화보기 운동의 차원까지 모색한 국내 최대의 비디오 체인점 영화마을에 대해 '동네 시네마테크'라는 역할의 측면에서 다룬다.

2장에서는 비디오테크 '문화학교 서울'을 다룬다. 1990년대 활동했던 비디오 상영 기반의 영화단체들의 주된 활동은 수입되지 않았거나 비디오로 출시되지 않은 영화를 국내외에서 입수해 대중에 상영하는 것이었다. 이 단체들은 근본적으로 많은 제약과 한계를 갖고 있었는데, 불법 비디오테이프의 복제 상영이라는 저작권 및 법적 문제, 필름 원본에 비해 열화된 화질, 열악한 영사 또는 디스플레이 장치, 상영공간과 시설 문제, 미출시 걸작의 편수 한정, 재정이나 인적 자원 등의 문제였다. 그런데 1990년대 명멸했던 수많은 비디오테크들 가운데서도 어떻게 '문화학교 서울'만이 1990년대 내내 지속되면서, 독립예술영화의 새로운 문화에 영향을 끼치고 민간 시네마테크의 탄생으로 이어질 수 있었을까? 이에 문화학교 서울이 '시네마테크 운동론'의 정립 속에 상영과 교육에 집중했던 시기를 1기(1992~1995)로, '전국 시네마테크연합' 결성 이후 제작 및 배급에 대한 실천, '인디포럼' 개최 등 대안적 한국영화 및 독립영화에 천착하며 활동 영역을 넓혔던 시기를 2기(1996~1999)로, 필름영화제로의 전환 및 민간 시네마테크 전용관으로 거듭나는 2000년대 전후의 활동을 3기(2000~)로 파악하고, 문화학교 서울이 모색했던 '수용자 중심'의 영화운동을 살펴본다. 또한 2002년 '서울아트시네마' 탄생 이후 동시대까지 지속되는 한국 시네마테크의 과제를 고찰한다.

3장에서는 1980년대 후반부터 2000년대 초반까지 한국영화의 주요 담론을 형성했던 잡지 및 계간지를 살펴본다. 공론장으로서의 비평 지면은 영화문화의 바로미터이자 시대정신을 가늠할 수 있는 장이다. 1980년대 후반부터 본격화한 한국의 영화연구(cinema studies)는 1990년대 중반을 기점으로 역사나 현실에 대한 리얼리즘 비평, 작가비평에 국한되지 않고, 영화매체에 대한 자의식 및 장르에 대한 탐색을 더욱 강조하면서, 페미니즘, 정신분석학 및 문화연구 등의 압축적 수용을 통해 학술적 형태로 분화된다. 3장은 한국영화 산업 및 제도, 미학과 정체성에 대한 성찰 속에 비평과 이론, 영화학 연구로 개화하며 논쟁과 협상의 담론양상을 보여준 『영화언어』, 『KINO』, 『필름 컬처』를 살펴본다. 이 시기 백가쟁명의 담론장 중에 이 셋을 택한 이유는 각각이 시기와 지향을 차별화하며, 1990년대 이후 한국의 시네필을 배양하고 비평 및 이론, 영화학으로 분화하며 영화문화에 의미 있는 영향을 끼쳤다고 판단되기 때문이다. 이 시기의 영화비평 담론장을 살펴보면 한국의 1990년대를 전후로 한 15년 정도가 시네필 문화형성에 있어 얼마나 '압축적인' 시간이었으며, 전반부와 중반부, 후반부가 불균질한 시간이었는지를 알 수 있다. 이에 각 저널의 아젠다와 구체적인 비평담론, 담론을 넘어선 문화 활동 및 실천 등에 주목한다. 『영화언어』는 전문적 학술비평 담론장으로서 한국영화학의 초석을 다진 과정과 세계영화계에서 '한국영화'라는 브랜드 만들기, 부산국제영화제의 산파로서의 역할을 조명했다. 『KINO』는 대중문화 담론과 영화에 대한 정보 열망이 정점에 이른 시기 해외이론을 압축적으로 소개하고 이식하면서 비평 및 이론을 매개하고 '한국의 작가주의'를 지지하며, 시네필 독자를 배양한 측면에 주목했다. 『필름 컬처』는 세계영화계에서는 영화의 죽음이 논의되고, 국내에서는 IMF와 멀티플렉스 이후 예술영화 붐이 쇠퇴한 시기에 등장해, 영화의 존재론 및 시네필주의 비평에 대한 화두를 던지고 '서울 시네마테크'를 모색하며 영화지식의 중요성을 강조함으로써 영화전문서적을 출판해 온 활동을 조명한다.

4장은 1995년 개관한 최초의 예술영화전용관 '동숭씨네마텍'에 대한 역사적 분석을 통해 한국 영화문화의 장에서 '예술영화'의 이념을 재구성하고, 당대 예술영화, 단편영화라는 구성물의 의미와 한계를 2000년대 이후 독립예술영화문화에 끼친 영향력과 관련해서 조명한다. 예술영화는 텍스트적 특징의 질문들로 환

원될 수 없다고 보는 스티브 닐(Steve Neale)의 '제도로서의 예술
영화(art cinema as institution)' 개념은 예술영화가 유럽에서 미
국의 지배적인 영화산업에 대항하는 동시에, 각 국가의 영화산업
과 영화문화를 배양하는 데 어떤 역할을 했는가를 고찰한다. 그
는 할리우드와의 차별화 전략이자 대안으로서 제시된 예술영화
담론에서 중요한 것은 미학적, 스타일적 특징들만이 아니라 내셔
널 시네마나 각 나라의 특정한 문화적 전통 및 고급 예술과의 관
련성임을 주장하면서, 예술영화가 제작, 유통, 배급, 상영되는 '제
도로서의 예술영화'를 체계적으로 분석할 것을 강조한다. 이러한
시각은 대기업 참여와 장르 영화의 부상 등으로 영화산업의 패러
다임이 급격히 전환되고 정책적, 제도적 변화와 함께 현재 한국
영화계의 시스템이 시작된 1990년대 한국영화의 역동성과 중층
구조를 이해하는 데 유효한 접근방식이다. 구체적으로는 예술영
화의 짧았던 전성기에 전용관 승인 조건과 관련된 상영 프로그램
들을 통해 한국영화사에서 '예술영화'와 '단편영화'라는 이념적
구성물을 재구성하고, 공공 시네마테크의 부재 속에 시네마테크
의 기능을 '대리보충'하고자 했던 관객문화운동을 분석한다.

시네필 다이어리: 시네필에서 시네필리아 연구자로

키슬리가 존 포드의 <수색자>(1956)의 한 장면을 설명하며 영화경험에서 '덧없이 사라지는 순간'과 물신화된 세부를 묘사하여 주관적인 경험의 파편성과 관련된 시네필의 역사로 책을 시작한 것처럼, 서문의 마지막에 이르러 평범하지만 그 시기 시네필들에게 있었음직한 개인적인 '시네필리아의 순간'을 고백해야 할 것 같다. 어쩌면 이 책을 쓰게 된 출발점일 수도 있고, 키슬리식으로 말하자면 영화 배경의 '바람에 흔들리는 나무들'처럼 의미나 해석의 영역을 벗어나 영화에 매혹된 사소한 경험일 수도 있지만, 언어로 표현할 수 없는 개인적인 감정, 정동이 열정을 넘어선 공유와 실천의 행동으로 확장된 이야기일 수 있다.

세기말 처음 사당동 '문화학교 서울'에 갔던 날, 상영공간을 가득 채운 관객들과 함께 봤던 비스콘티와 큐브릭의 강렬한 두 편의 영화 <베니스에서의 죽음>(1971)과 <샤이닝>(1980), 그리고 그 남루한 공간의 열기, 형언할 수 없는 아우라는 나를 계속 시네필 세계의 심연으로 이끌었다. 그곳에서의 영화보기는 영화의 신세계였고, 그 미지의 세계는 그저 다른 세계가 아니라 '진짜 세계' 같다는 미혹을 불러일으켰다. '문화학교'에서 토론하고 쓰고 배우는 영화와 지식은 매혹을 넘어선 사랑이 되었다. 소식지 『씨네필』에 영화소개 글을 쓰기 시작하고, 카탈로그와 출판물에 리뷰를 쓰는가 하면, 에릭 로메르 회고전에서 상영작 열일곱 편 모두를 보고 작가론을 쓰게 되면서 영화를 학문적 사유의 대상으로 인식하게 되었다. 이 책의 3장에서도 다루고 있는 학술계간지 『영화언어』에 2004년 한국의 작가주의에 관한 장문의 학술비평을 쓰게 되면서 영화를 진지한 '직업으로서의 학문'으로 인식하고 박사과정에 진학했다. 2014년 카탈로그, 연구팀 자료집, 출판물 등의 소장자료를 기반으로 '문화학교 서울'에 대한 논문을 쓰고, 당시 어려움에 처했던 서울아트시네마의 관객운동 모임에서 강연을 한 것이 시네필리아 연구자로서의 마음가짐의 본격적인 시작점이 되었던 것 같다. 한국영화사에서 1980, 90년대가 역사화되기 시작하고 직업 연구자로서도 연차가 쌓이면서 이 매혹의 시간들을 '생산적 각성'의 관점에서 정리해야 하는 시점이 다가오고 있음을 느꼈다. 그러나 시네필적 순간으로부터 이어진 개인적인 시네필리아의 경험을 '영화의 시대'라 불리던 1990년대 영화문화의 역사적 맥락에서 재생하고 멈춰 세우며 되감아 보는 과정은 녹록지 않았다.

사랑의 대상을 분석하고 증명하며 자기 자신을 끊임없이 돌아본다는 것은 고통을 수반한다. 그럼에도 불구하고 포기할 수 없었던 건 한국에서 '결핍'과 '불완전함'으로 가득했던 시네필 영화문화의 역사는 당대뿐만 아니라, 동시대에 있어서도 부정적으로 받아들여지고 있다는 생각에서였다. 그 의미가 부정되거나 잘못 받아들여지고 있다면 연구자로서 책임을 다해야 한다고 생각했다. 시네필리아는 기본적으로 사랑의 담론이지만 그 사랑은 언제나 불안과 근심을 동반한 사랑이다. 또한 의심 없이 예술로 받아들여지는 다른 예술을 사랑하는 사람들과 달리, 산업이자 오락의 이중적인 얼굴을 지닌 영화를 사랑하는 시네필은 자신의 사랑과 사랑의 대상을 증명해야 하는 숙명을 지녔다. 1990년대 한국의 시네필들은 영화가 학문이고(『영화언어』), 문화이며('문화학교 서울', '서울 시네마테크'), 예술('예술영화전용관')이 될 수 있다는 사실을 증명하고 제도화하기 위해 끊임없이 인정투쟁을 해야 했다. 이 책에서 다룬 문화학교 서울, 서울 시네마테크, 동숭씨네마텍, 『영화언어』, 『KINO』 등의 활동과 기록들을 연구자로서의 판단 이전에 가급적 원자료로 충분히 제시하고자 한 이유는 마땅히 국가나 공공에서 할 일을 개인이나 소수의 집단이 열정과 소명의식으로 수행하면서도 불법이나 엘리트주의, 스노비즘, 무관심과 싸워야 했던 가까운 역사를 남기고 기억하기 위해서다.

수록된 글 중 일부는 지난 10년간 논문으로 발표해 온 글을 수정 보완하거나 재구성했다. 선행연구에서 간단히 언급하기는 했지만, 연구주제의 범위나 책의 분량상 지역 시네필 문화를 다루지 못했다는 점과 1980년대 후반에서 2000년대 중반 정도의 시기를 포함하기는 했으나, 1970년대 문화원 세대나 이전 시기를 폭넓게 다루지 못한 점은 이 책의 한계다. 연구 대상에 대한 구술과 중요한 이미지, 미출간되거나 절판된 자료들을 긴박한 출판 일정상 담아내지 못한 점도 아쉽다. 이는 준비 중인 단행본『전후 한국영화비평사』를 통해 깊이와 방법론 모두에서 보완할 예정이다. 또한 가정용 비디오의 보다 폭넓은 사회문화적, 영화산업적 의미를 충분히 밝히지 못한 점, 수많은 시네필을 길러내고 좋은 영화문화를 위해 분투한 동네 시네마테크 '영화마을'에 대해 심층적으로 분석하지 못한 점에 대해서는 후속 연구를 기약하고 싶다. 한편, 1990년대 시네필 문화의 중요한 결실로서 부산국제영화제를 비롯한 주요 국제영화제에 대한 연구는 성과가 어느 정도 나와 있을 뿐 아니라 그 자체로 독립된 큰 연구주제기 때문에 이 책에서 함께 탐색하지 못했다. 하지만 3장『영화언어』의 주요 편집인들인 이용관, 전양준, 김지석이 주축이 되어 부산국제영화제를 창립하는 긴밀한 과정은 계간지의 기획이었던 '한국영화 브랜드 만들기'나 '한국영화의 국제화'라는 아젠다와 관련시켜 밝히고자 했다. 이러한 수많은 한계와 제약에도 불구하고 20세기 한국의 시네필리아를 형성한 주요한 원천은 서구와는 다르게 비디오를 중심으로 전개된 영화문화였고, 그 문화의 특정한 의미는 그간 영화학에서 연구된 바가 없기 때문에 '비디오필리아에서 시네필리아'에 이르는 불순한 시네필 문화의 파편들을 역사적으로 조명하고자 했다.

*

영화는 '함께 보는 것'에서 탄생했고 시네필 영화문화도 신뢰하는 타자들과의 협력과 토론을 통해 성장한다고 생각한다. 우선, 이 책에서 다루거나 인용된 분들을 비롯해 척박한 역사와 영화문화 속에서 전력을 다해 시네필리아를 실천하고 영화문화의 개선을 위해 길을 열어준 선배 영화운동가와 시네필들에게 깊은 존경과 감사를 보낸다. 특히 한 번도 만난 적은 없지만 '문화원 세대' 선배들에게 배운 영화사랑과 실천을 후배 시네필들에게 전승하기 위해 불법과 게릴라 정신을 마다하지 않았던 '영화공간 1895'의 설립자 이언경 씨의 인터뷰와 흔적들을 마주하며 가슴이 뜨거워진 적이 많았다. 열정만 가득했던 시네필에게 함께하는 공부와 공동체에서 상호작용하며 만들어 가는 글쓰기의 즐거움을 알게 해주신 김호영 선생님, 비평사와 시네필 연구의 길을 보여 주고 독려해 주신 문재철 선생님께 감사드린다.

이 책의 출판을 지원해 준 영화진흥위원회에 감사드리고, 편집자이자 동료 연구자로서 따뜻한 조언과 격려를 보내주신 공영민, 박진희 님께 진심으로 고마운 마음을 전한다. 마지막으로, 2006년 <브로크백 마운틴>(2005) 시사회에서 처음 만나 샹탈 아커만 회고전에서 <나, 너, 그, 그녀>(1974)로 데이트를 시작하고, <레오파드>(1963)를 보다 연애를 들키고, 신혼여행으로 '이탈리아 여행'을 다녀온 남편과 나는 작은 시네필 공동체다.

감정과 기억, 취향 모두에서 내 영화경험을 확장하고 '더 나은
영화와 삶, 사회를 함께 꿈꾸게 하는' 오랜 시네필 친구이자 연
구자 동료인 김지훈에게 감사한다.

영화진흥위원회 50주년 기념 총서 04

시네필의 시대

한국 영화문화에서
비디오필리아와 시네필리아

비디오필리아

1장
비디오필리아

1) 1990년대 한국 '비디오 시네필' 다이어리

가. 영화관이 선남선녀의 연회장이라면 비디오 숍은 공동묘지. 이 책은 그들에 대한 검시보고서이다. 연인의 시신을 해부하는 의사의 심정! 칼을 대렸더니 주검들은 좀비로 되살아났다. 나는 도리어 팔뚝을 깨물렸다.[33]

나. "영화공부를 책으로만 하다 보니 마치 절름발이식 공부 같았다. 그래서 책에 나온 영화들을 하나둘 모으기 시작했다. 이렇게 모은 것들을 나 혼자 소유한다는 것은, 있을 수 없는 일이라고 생각했고, 공유하고 같이 보면서 공부하고 싶었다. 그래서 '영화공간 1895'를 차린 것이다.(이언경)"[34]

●

33   박찬욱, 『영화보기의 은밀한 매력-비디오드롬』, 삼호미디어, 1994.
34   성하훈, 「영화공간 1895」, 『아카이브 프리즘』 9호, 2022년 여름, 한국영상자료원, 89쪽.

1장에서는 한국 시네필 문화에서 비디오필리아(videophilia)의 특정성을 공공성과 개인성을 넘나들며 비규범적으로 실천해 온 영화문화의 복잡한 역사에 주목해서 밝힌다. 서구에서 비디오필리아는 공공 영화문화로 여겨졌던 영화관에서의 시네필리아가 정착되고 가정용 매체인 비디오가 폭넓게 보급된 이후 영화기술에 대한 관심과 수집 및 소유에 대한 욕망과 함께 부상한다. 이에 따라 비디오필리아는 영화에 대한 주관적인 열정이 극장이라는 공적 상영장소를 넘어, 홈 엔터테인먼트를 구성하는 하이테크 기술이나 하드웨어 미학 같은 물리적 차원의 시청각적 경험에 대한 집착과 상호작용하는 하위문화로 여겨져 왔다. 그런 이유로 바바라 클링거는 비디오 애호가를 뜻하는 '비디오필(videophile)'을 '오디오필'과 마찬가지로 미디어산업 및 기술담론 속 개인의 수집이나 경험의 관점에서 고찰한다[35]. 즉, 1980년대 이후 미국영화문화에서 비-극장상영장소나 영화의 용도변경 등에 대한 관심은 주로 '가정'이라는 공간에서의 홈시어터 경험이나 '개인'의 취향과 미의식에 따라 미학적으로 구성되는 것으로 받아들여졌다. 그러나 한국의 비디오 문화는 매체 자체가 내포한 일상적이고 접근가능한 친밀한 특성을 넘어서는 방식으로 "무질서하고 난잡하게"[36] 활용되고 광범위하게 전유되었다. 정성일은 이러한 한국의 비디오필들을 "자기학습을 통해서 자생적으로 성장하였고 어

---

35 Barbara Klinger, *Beyond the Multiplex: Cinema, New Technologies, and the Home*, University of California Press, 2006, pp.63~64.

36 정성일, 「하지만 그런 시대를 살았고, 나는 거기에 있었다: 1980년대, 그때 여기, 영화」, 『1980년대 한국영화』, 한국영상자료원, 2024, 42~49쪽.

디에도 소속감이 없는 (…) 자신이 대여한 영화에 어떤 우열도 가리지 않고 동등한 시민권을 부여하"는, "각자의 앙리 랑글루아였다"라고 규정한다.

한국에서 1990년대가 '시네필의 시대'였다는 건 파란만장했던 한국영화의 역사를 괄호 친 상대적인 표현이다. 통제와 검열 속에 억압됐던 영화에 대한 사랑과 열정이 왜 이 시기에 폭발했고 이전에도 존재했던 시네필이라는 주체적인 관객이 어떤 방식으로 1990년대에 들어 호명되기 시작했는가라는 질문에 답하기 위해서는 당시 영화문화에 대한 맥락적 접근이 필요하나. 인용한 박찬욱과 이언경의 두 예문에서도 드러나듯, 사실 이 시기 한국의 시네필 문화는 신성한 '필름과 극장'으로 이루어진 영화문화라기보다는 '비디오광 문화'에 기반한다. 서구와 비교할 때 특징적인 점은 개인적이고 은밀한 방식으로서의 비디오 관람뿐 아니라 대안적이고 공동체적인 비디오테크에서의 영화보기가 한국 시네필 문화의 중요한 심장을 구성했다는 사실이다. 20세기에 만들어진 거의 모든 영화들을 언제든 필름으로 볼 수 있는 '시네마테크의 아이들'을 행위자로 하는 시네필의 역사는 서구 대도시 영화문화 안에서의 이야기였다. 그렇다면 1960~70년대 파리-뉴욕-런던 등을 횡단하며 이상적인 주체적 관객으로서 상정된 서구 시네필과 비교해 볼 때, 한국영화에서 '대안적 영화문화'를 논할 수 있는 시네필의 물리적 조건인 영화의 집으로서의 '극장'과 셀룰로이드 '필름'이 갖추어지기까지 어떤 과정을 거쳤는가? 이를 밝히기 위해 한국 시네필 문화나 영화운동사 연구에서 반드시 고려되어야 할 역사가 1980~1990년대 '잠식적인' 비디오 문화다.

　박찬욱이 『비디오무비』, 『TV 저널』, 『스크린』 등에 기고했던 글들을 엮어 출판한 비평집 『영화보기의 은밀한 매력-비디오드롬』(1994)은 한국 시네필들의 필독서로 알려져 있지만, 1980~90년대 한국에 대중적으로 유통되고 탐닉된 비디오 문화의 지형을 이해하는 데 있어서도 중요한 책이다. 박찬욱은 서강영화공동체에서 활동했고 시네필 출신이 감독이 된 첫 세대에 속하지만, 그의 비평집에 실린 70편의 영화목록은 비디오테이프로 출시된 외국(주로 미국) 영화, 그것도 대부분 정전화되거나 엘리트주의적인 예술영화가 아닌 B급 장르 영화들이다. 이 책은 개별 비평 지면의 레이아웃 자체가 비디오 케이스의 이미지와 영화의 기본 정보들로부터 구성되어 있다. 개별 비평 또한 비디오 시대의 영화비평답게 분석적이고 해부학적인 장면설명과 함께 그에 부합하는 물신적인 이미지의 수록으로 비디오 애호가들의 관람욕망을 부추기는 형식을 취하고 있었다. 뿐만 아니라 수록된 비디오를 구할 수 있는 우수 비디오숍 체인인 '으뜸과 버금'의 지점 정보까지 따로 안내되어 있어 비디오 시대의 바이블이 될 만한 컬트 비평서였다. 부록으로 수록된 '한국 영화광 선정 BEST 10'(곽재용, 구회영, 정성일, 전양준, 조영욱 등의 영화광에게 '역사적 가치가 있는 존경하는 영화', '나만의 컬트 영화', '평가절하되어야 할 영화' 각각의 베스트 10을 설문한 결과를 수록), 해외 유수 영화잡지 『프리미어』, 『카이에 뒤 시네마』, 『포지티프』, 『사이트 앤 사운드』 등의 '걸작 영화 리스트'는 관람자들이 역사적으로 가치 있는 정전을 교양적으로 습득할 뿐 아니라 자신만의 취향을 발견하며 스스로 비디오를 반복 관람하고 심화 관람하기 위한 길잡이로 기능했다.

<올드보이>(2003)를 포함한 '복수 3부작' 이후 국제적인 명성을 얻게 된 후 개정 증보되어 재출간된 『박찬욱의 오마주』(2005) 서문에서 그는 자신이 이 책에서 다룬 작품들이 '내 인생의 영화들' 목록에 속하지는 않는다고 강조한다. 왜냐하면 그는 젠체하기 위해 남들이 볼 수 없는 영화를 이야기하기보다는 당시 한국에서 볼 수 있는 '출시 비디오'에 한해서 글을 쓴다는 원칙을 갖고 있었기 때문이다. "그저 그런 영화에서도 누구도 알아채지 못한 좋은 면을 말하고자"[37]했다는 것이 이 책의 특징인 셈이다. 이 책의 초판이 나온 1990년대 초반까지 한국에는 예술영화전용관이나 필름 시네마테크, 국제영화제 등이 존재하지 않았고, 출시된 비디오 또한 다양성과 질적 측면에서 충실한 것은 아니었다. 고전이나 예술적인 비디오는 거의 드물었고, 출시된다 하더라도 검열이나 삭제, 화면비, 해상도, 번역 등에 있어서 원본이 훼손된 경우가 허다했다. 따라서 극장과 필름 영화라는 물리적 요건을 중요시하는 전통적인 시네필의 관람 조건에서라면 그의 비평은 기준에서 한참 벗어난 것일 수도 있다. 그러나 유럽의 전복적인 모더니스트의 영화인 루이스 부뉴엘의 <부르주아의 은밀한 매력>(1972)과 데이비드 크로넨버그의 컬트 고전 <비디오드롬>(1983)

●

37 박찬욱, 「책머리에」, 『박찬욱의 오마주』, 마음산책, 2005, 6~7쪽.

을 절묘하게 결합한 이 책의 제목과 여기에 수록된 개별 비평의 제목을 모두 영화제목으로 패러디해서 붙인 것을 보아도 비디오 시네필의 내공과 '불순한' 취향을 짐작할 수 있다. 또한 인용한 글에서도 볼 수 있듯 박찬욱의 유희적인 글쓰기는 통상적인 극장 시네필과 비디오 시네필 사이의 위계화에 도전하며, 비디오 매체의 분석적이고 소유적인 관람성을 통해 자신만의 발견에 이르는 '해부자'로서의 검시관의 즐거움을 전유한다.

다른 한편, 비디오 보기의 은밀한 매력은 개인적인 영화보기와 기록을 넘어선 활동의 에너지로 전환되어 공동체의 집단적 영화 보기로 발전하기도 했다. 영화 탄생 100주년의 해인 1995년에 태어난 영화잡지 『KINO』는 창간호에서 1950년대부터 1990년 대까지 시대별로 이름난 시네필을 한 사람씩 만나 그들의 베스트 10을 소개했는데([Hall of Fame] '영화광의 연대기 1950-1995'), 이 코너에서 1980년대의 시네필로 선정된 사람이 바로 최초의 비디오 테크 '영화공간 1895'를 설립한 이언경이었다. 이언경은 이 인터 뷰에서 70년대가 '할리우드 키드'들이 문화원을 통해 성장한 세대라면, 80년대는 카피(복사) 문명을 통해 성장한 '필사적 비디오 키드'의 시대라고 말한다. 이언경은 1970년대 선배들이 늘 텍스트로 삼는 그 걸작들을 볼 길이 없고 알 수도 없어 목이 말랐고, 외국에서 유학 중인 친구나 선배들을 동원해 비디오를 모으기 시작했다. 이언경은 사재를 털어 '영화공간 1895'를 열었고, 그 영화들을 많은 사람들에게 보여주고 싶고 함께 토론하고 싶어서 시네마테크 운동을 시작하게 되었다고 말한다. 이후 비디오 상영

활동은 워크숍과 출판 등으로 이어지다 1992년부터 손주연이 운영한 '씨앙씨에'로 계승된다. (전양준 등) 70년대 선배들의 영향을 많이 받아 계간지 『영화언어』의 막내 편집위원으로도 참여했던 이언경에게 영화란 '함께' 보고 '함께' 작업하며 토론하는 '공동체'적인 것이었고, 이는 1980년대적인 유산이었다. 즉 1990년대로 이행하면서 사회변혁을 위한 도구로서의 영화에서 그 자체의 예술적, 문화적 가치와 풍부한 역사를 가진 대상으로서의 영화로 패러다임을 전환하는 데 기여한 비디오테크의 탄생과 번성은 영화의 제작과 수용을 집단적인 실천과 동일시했던 1980년대 영화운동의 정신을 일정 부분 계승한 결과였다.

서구의 비디오에 대한 연구에서는 홈비디오 테크놀로지의 접근(access)의 정치와 더불어 시네필의 개인적인 비디오 수집(collecting)이 중요시되어 왔다.[38] 벤야민은 수집가를 '사물 세계의 인상학자'로 표현한다. 그는 수집의 개인적 즐거움에 대한 에세이 '나의 서재 공개'에서 수집가는 사물들과 일정한 관계를 맺지만 그 관계는 사물들이 지닌 기능가치, 즉 실용성 내지 쓰임새를 내세우지 않고, 그 사물들을 그것들이 갖는 운명의 무대로서 연구하고 사랑하는 관계라고 말한다.[39] 이는 서구에서 '비디오 이후'의 영화가 의미하는 개인적 속성뿐 아니라 수집가와 수집 대상의 관계, 수집/소유라는 행위 자체의 열정을 이해하는 데 중

38 Charles Tashiro, "The Contradictions of Video Collecting", *Film Quarterly* 50(2), 1996~1997, pp. 11~18.
39 발터 벤야민, 반성완 옮김, 「나의 서재 공개-수집에 관한 한 강연」, 『발터 벤야민의 문예이론』, 민음사, 1983, 31쪽.

요한 영감을 주는 글로, 바바라 클링거나 루카스 힐더브란트 등의 비디오 연구에도 큰 영향을 주었다. 그러나 이언경의 실천은 비디오필리아의 이와 같은 서구적 맥락이 한국에서 다른 방식으로 적용되었음을 입증한다. 그는 비디오 시대 이후 개인화된 매체들(비디오, LD 등)의 수집 열정을 컬렉션의 축적을 넘어 당대 한국에 부재했던 공공 시네마테크를 대리하는 민간 차원의 비디오테크를 설립하는 데 투여했다. 이는 비디오를 통한 사적 접근을 공적 접근으로 변환한 것으로, '영화공간 1895'를 비롯한 이후의 사설 비디오테크들은 이후 21세기 한국 시네마테크의 마중물이 되었다. 국가 차원의 합법적인 필름 아카이브 및 시네마테크의 기능이 부재했던 상황에서 영화를 사랑하는 개인들의 열정과 사설 비디오테크들의 노력이 서구에서는 공공 시네마테크에서 하던 일들을 불법적이고 대안적으로 수행하기 시작했던 것이다.

　최근의 또 다른 몇몇 사례들은 이와 같은 한국 비디오 영화문화의 역사를 다시 조명하고 환기시킬 수 있는 계기를 마련했다. 부산국제영화제와 넷플릭스 등에서 공개되어 화제가 된 다큐멘터리 <노란문: 세기말 시네필 다이어리>(이혁래, 2023)는 1992~93년 봉준호 감독이 활동했던 시네필 공동체에서 비디오 시대의 유산들이 어떻게 활용되고 있었는지가 상세히 드러나 있다. 연세대학교와 동국대학교 학생들이 중심이 되어 결성한 시네클럽 '노란문'의 아지트 한편에는 불법 복제가 가능한 조그셔틀 기능이 장착된 최신형 VTR 두 대와 500여 편의 비디오 아카이브가 존재한다. 또한 회원들은 '씨앙씨에' 등 비디오테크에서 고전영화를 관람하고 영화 교재가 부족했던 탓에 해외 원서들을 직접 번역하며, 동료들과 장르의 관습을 분석하고 토론하면서 영화를 체계적으로 공부할 수 있었다고 말한다.

또한, 한국영상자료원에서 발행하는 계간지 『아카이브 프리즘』의 2022년 가을호는 1980~90년대 비디오 문화에 관한 사전적 목록의 어휘집을 '리와인드-비디오 시대의 어휘들'이라는 테마로 다루었고, 이 책은 이 시기 비디오 문화에 접근하는 하나의 유용한 출입구가 되었다. 그런가 하면, 2022년 11월에서 2023년 6월까지 국립아시아문화전당(ACC)이 비디오수집가이자 광주 지역 영화운동가인 조대영의 소장비디오 및 광주비디오, 대학 비디오 문화를 집대성한 전시 '원초적 비디오 본색'은 좀 더 광범위한 스펙트럼에서 한국 사회에서 비디오란 무엇이었는가에 대한 질문을 환기시킨 기획이었다.[40] 한국에서 비디오가 유통된 1980년대 초부터 2000년대 중반까지 약 25년간 조대영과 국립아시아문화전당이 수집한 비디오 문화의 조각들에는 이 시기 한국 시네필의 역사와 대중기억들이 모여 있었다. 가정용 비디오에서 큰 인기를 누렸던 홍콩누아르나 B급 장르 영화, 에로 영화를 비롯해, 채플린이나 히치콕 명작 시리즈처럼 대중적인 고전영화들, 예술영화 전문 제작사에서 뒤늦게 출시한 고전 아트필름 컬렉션 등이 비디오의 물성을 간직한 채 망라되어 있었다. 뿐만 아니라

---

40 아카이브 프리즘 편집부, 『아카이브 프리즘』 9호, 2022년 여름, 한국영상자료원, 국립아시아문화전당 기획전시 '원초적 비디오 본색'(2022. 11. 23.~2023. 6. 18.)
https://www.acc.go.kr/main/exhibition.do?PID=0202&action=Read&bnkey=EM_0000005884, 2022년 11월 21일 접속.

조대영이 설립하고 이끌었던 광주 비디오테크 '굿펠라스'의 다양한 기록물들(정기간행물, 회의 및 토론내용이 담긴 일지, 상영 프로그램 목록 등)을 비롯한 대구 '영화언덕', 서울대 '씨네꼼' 등 비디오테크 및 영화단체들의 간행물들, 광주의 비디오 운동인 '광주 비디오' 자료들은 개인적 취향과 감수성으로서의 영화보기를 넘어 공동체의 기억으로서의 영화, 역사에 대한 파편적 기억으로서의 비디오의 의미를 성찰하게 한다. 즉, 한국에서 비디오는 단지 노스탤지어를 자극하는 과거의 죽은 매체가 아니라, 개인 관람의 은밀한 매력, 시네필 공동체의 집단 기억, 더 나아가 역사적 공공 기억을 구성하는 매개체로서 기능했다는 것을 보여주는 중요한 전시였다.

　이 장에서는 1990년대 한국 영화문화에서 비디오라는 매체를 통해 어떻게 시네필리아를 실천했는가에 주목한다. 이에 따라 우선 영화연구에서 논의되어 온 비디오 매체의 특성을 살펴보고, 이 시기 한국 비디오 문화의 특정성을 조명한다. 아울러 비디오필리아적인 것과 시네필리아적인 것이 혼재된 잡식적인 '1990년대 한국 시네필의 다이어리'를 연대기적으로 간략히 살펴봄으로써 이 책의 각 장에서 다루게 될 영역(비디오테크, 시네마테크, 영화담론, 예술영화전용관 등)과 각 실천의 행위자들이 서로 맞물려 영화문화의 네트워크를 이루고 있었음을 예고편처럼 제시한다. 이어지는 절에서는 1990년대 중반 시네마테크의 결여를 대신해서 가정용 비디오로 출시된 고전예술영화 비디오 컬렉션을 '홈 시네마테크'라는 차원에서 살펴본다. 마지막으로는 이러한 명작 및 희귀 비디오를 유통하고 좋은 영화보기 운동의 차원까지 모색한 국내 최대의 비디오 체인점 영화마을에 대해 '동네 시네마테크'라는 차원에서 다룬다. 여러 공동체나 극장 이름, 비디오 출시사, 영화관련 업체 상호명에 자주 등장하는 '- 시네마테크'라는 용어는 1990년대 시네마테크의 결핍을 반영한 수사법으로 실제 언론이나 대중들에 의해 쓰였던 관용적 수사를 고려해서 사용한다. 이 책 1장이 주로 '홈비디오' 차원에서의 비디오필리아에 초점을 맞춘다면, 이어지는 2장에서는 보다 '공동체적'인 실천으로서의 비디오필리아라고 할 수 있는 비디오테크의 활동을 집중적으로 다룬다.

영화미디어 연구에서 비디오에 대한 연구는 필름과는 다른 비디오의 매체 특정성과 비디오 이미지의 파편적이고 분열증적인 포스트모던 미학에 주목하는 관점(Tashiro, Jameson, Corrigan, Friedberg), 할리우드 영화산업이나 유통의 관점에서 비디오의 역할(Wasco, Wasser, McDonald), 퍼포먼스와 조각, 게릴라적인 대안 미디어 실천 등을 포괄하는 비디오아트의 관점, 저작권 및 수집 문화의 관점(Klinger, Hilderbrand) 등 다양하게 전개되어 왔다. 이 책에서는 1990년대 한국 시네필 문화와 관련된 비디오필리아적 특성을 주로 다루고 있기 때문에 필름과 관련해서 비디오 매체의 미학적, 기술적 특성을 주목한 찰스 타시로의 논의와 그 자신이 소도시 출신의 '열렬한 비디오필'로서 시네필리아와 영화 수집의 측면에서 영화관과 필름 중심 시네필리아 개념에 균열을 만들고 '불순한' 비디오필의 일상적 실천에 주목한 루카스 힐더브란트의 논의를 중심으로 살펴본다.

타시로를 비롯한 많은 영화학자들은 비디오에 대해 대체로 양가적 입장을 취했다. 타시로는 "비디오필리아"(Videophilia: What happens When You Wait for It on Video, 1991)에서 오리지널 영화에 대한 충실도(fidelity)와 관련된 이론적 문제들, 그리고 그것이 영화감상 및 분석에 미치는 연관성에 주목하며 비디오에서 일어나는 미학적 손상에 대해 탐구한다.[41] 반면 "비디오 수집의 모순"(The Contradictions of Video Collecting, 1996)에서는 비디오용 영화를 소장하는 즐거움과 개인적인 습관에 대해 이야기한다. 그는 '비디오필리아'에서 VHS와 같은 아날로그 비디오에 전송(transfer)된 영화의 사본은 필름 영화에 비해 해상도가 낮고, 색채의 깊이감과 채도 또한 열악하며, 레터박스(letterbox) 처리가 되지 않을 경우 원본의 화면 비율을 왜곡할 수 있다고 말한다. 이런 점들을 지적하며 타시로는 어둠 속에 몰입하는 극장 관람의 유사-종교적 측면이 가정에서의 비디오 관람에는 결여되어 있다고 주장한다. 그러나 다른 한편으로 타시로는 '반복재생, 느린재생, 프리즈프레임, 관조적 관람'을 할 수 있는 능력을 통해 황홀경을 창조하는 과잉으로의 접근을 허용한다고 말한다. 이러한 기능들은 실물보다 큰 스크린의 몰입을 통한 영화적 순간의 계시라는 전통적 시네필리아에서는 얻을 수 없는 비디오필리아에 고유한 경험이다. 또한 그는 다양한 비디오의 기능들을 통해 고전적

---

41 Charles Tashiro, "Videophilia: What Happens When You Wait for It on Video," *Film Quarterly* 45(1), 1991, pp.7~17.

영화의 디제시스, 텍스트를 해체함으로써 관객은 '비평가'가 되고, 원하는 대로 영화를 '리메이크'할 수 있는 가능성을 제공한다고 말한다.

한편, 비디오 수집과 접근성에 주목해서 해적판(bootleg) 영화문화를 연구했던 루카스 힐더브란트는 "영화적 불순함"(Cinematic Promiscuity: Cinephilia after Videophila, 2009)[42]에서 홈비디오가 영화에 대한 사랑을 더욱 분산적으로 만듦으로써 시네마를 교정하고 영화에 대한 새로운 관계를 제시했다고 주장하면서 애호가들(buffs)이 홈비디오를 어떻게 사용할지를 규정했다고 말한다. 그는 고전적인 시네필리아는 뉴욕, 파리, 런던, 샌프란시스코 같은 코스모폴리탄 도시에서만 존재할 수 있었으며 소도시에서 성장한 자신은 열렬한 비디오애호가(videophile)였다고 고백한다. 또한 홈비디오는 시네마의 특정성을 드러내 왔지만, 또한 영화를 더욱 자세하게 보는 것을 허용했고, 자신은 극장에서 심미적인 감상을 경험하는 것을 더 선호하긴 하지만 가정에서의 관람은 더욱 감정적 개방성이 있다고 규정한다. 가령 VHS는 필름이 비교에 의해 더 잘 드러나 보일 수 있도록 만들었고, 레터박스는 프레이밍에 더욱 주목하게 한다는 것이다. 즉, 필름과 비디오의 경험은 상호적으로 구성되지만 각각의 경험들은 다르고, 시네필들은 전유(appropriation)를 통해 자신의 수중으로 콘텐츠를 가져가는 행위를 지속함으로써 영화사랑의 '불순함'을 실천한

---

42 Lucas Hilderbrand, "Cinematic Promiscuity: Cinephilia after Videophila," *Framework* 50(1/2), 2009, pp.214~217.

다고 주장한다.

이러한 서구의 논의들과는 다른 맥락으로, 한국의 담론에서도 비디오 매체에 대한 시선에는 입장 차이가 존재했다. 이언경은 90년대 초 계간 『영화언어』의 편집부에서 활동했고, '영화공간 1895'의 강연 및 워크숍 활동에 『영화언어』 편집위원들이 참여했으며, 『영화언어』의 학술 심포지움을 '영화공간 1895'에서 개최하기도 하는 등 이 두 기관은 우호적인 상호관계를 맺었다. 사실 『영화언어』가 추구했던 비평의 과학화, 체계적인 영화읽기는 80년대 이후 비디오의 보급에 따른 것이었다고 볼 수 있다. 『영화언어』의 유력한 방법론이었던 숏-바이-숏, 데쿠파주 분석과 롱테이크 지속시간의 통계 도표 같은 실증주의, 형식주의적 접근은 전적으로 비디오 시대의 유산이었다. 또한 『KINO』도 1990년대 중반 한국에는 아직 진정한 시네마테크는 존재하지 않는다는 인식하에, 문화학교 서울의 활동을 '한국형 시네마떼끄 운동'이라고 규정했다. 이에 중요한 것은 "비디오와 필름의 매체 구분도 아니고 불법과 합법의 시시비비도 아닌, 영화에 대한 사랑을 실천하는 방법"[43]이라고 말한다. 또한 『KINO』는 96년 8월호에서부터 연속 기획으로 매년 8월호에 비디오 특집을 마련했다. 첫 해인 96년에는 100편의 숨은 비디오를 소개하고, 97년에는 31편, 98년에도 31편의 걸작 비디오[44]를 소개한다. 첫 특집의 편집

43 이연호, 「키노 베리떼-'문화학교 서울' 우리들은 모두 시네마떼끄에서 시작하였다」, 『KINO』, 1997. 7., 136쪽.
44 「비디오 98 야화(제3집): 서른 하룻밤의 비디오 불면증을 위하여」, 『KINO』, 1998. 8., 48~111쪽.

자의 말에서는 "비디오는 우리들의 은밀하고도 공공연한 시네마떼끄이자 상처투성이의 '저주받은' 시네마떼끄"[45]라고 규정한다. 그 이유는 텔레비전에 맞춰진 화면비 때문에 좌우가 잘려나가고, 화질과 사운드가 엉망이 되며, 자막은 오역은 물론 오탈자까지 각오해야 하기 때문이었다. 그럼에도 불구하고 영화관에서 볼 수 없는 국내의 '숨은' 비디오를 찾아 나선 비디오 특집은 '고통(발견의 고통, 시체를 보는 고통)'의 결과물이자 우리의 영화 환경을 직면하고 다시 대화하는 프로젝트라는 것이다. 98년 8월호 특집에서는 영화에 대한 숏-바이-숏 분석과 함께 출시비디오의 질적 상태나 오류, 삭제 여부 등에 대한 정보도 팁으로 제공한다. 예를 들면 이런 식이다. 크로넨버그의 <데드 링거>(씨 앤 에스 홈비디오 출시, 1988)는 "지금까지 비디오로 출시된 크로넨버그 영화 중 화질은 가장 양호한 편"이다. "번역 수준도 평균 이상이지만 가끔 '브라더'를 형과 동생으로 잘못 전달하는 바람에 베버리가 형이었다가 엘리엇이 형이 되는 혼란을 초래하고 있다."[46] 호금전의 <충열도>(스타맥스 출시, 1975)에서 "외경 4부작을 대표하는 <충열도>와 객잔 4부작을 대표하는 <영춘각의 풍파>(1973)를 비교적 깨끗한 화질로 비교하며 볼 수 있는 것은 축복이다. 하지만 화면 비율로 인해 시네마스코프의 호탕한 화면구도를 감상할 수 없는 아쉬움은

●

45 「비디오 백일야화-슬픈 열대 또는 비디오를 찾아나선 영화광의 백일밤 이야기」, 『KINO』, 1996. 8., 107쪽.

46 「비디오 98 야화(제3집): 서른 하룻밤의 비디오 불면증을 위하여-두 번째 날 밤 <데드 링거>」, 『KINO』, 1998. 8., 53쪽.

여전하다."**47**

　반면, 계간『필름 컬처』의 편집진이자 평론가인 홍성남은 영상 매체의 패러다임이 디지털로 변모하는 21세기 전환기에 마련된 특집("변모하는 영화의 풍경")에서 '비디오로 영화를 본다는 것'이라는 글을 통해 시네필주의자의 입장에서 비디오라는 매체 및 한국의 비디오 문화에 대해 회의적인 시각을 보여준다.**48** 타시로가 '비디오필리아'(1991)에서 제기한 필름과 비디오의 매체성의 차이의 주요 쟁점들을 참조하면서 쓴 이 글은 타시로가 원글에서 보인 양가적인 입장과는 달리, 비디오라는 매체, 또는 한국 영화 문화 안에서의 비디오 보기에 대해 부정적인 관점을 취한다. 홍성남은 비디오는 "오리지널을 조금 갖고 있는 커다란 파편"이라는 타시로의 말을 변용해 "우리가 비디오 매체를 통해 보는 영화란 정확히 말해 또 다른 버전의 텍스트"이며 "필름 텍스트의 불완전한 이본"임에도 오리지널을 대리 경험했다는 '착각'을 떨치지 못하게 한다고 말한다. 홍성남은 (글을 쓴 시점인 2000년) 한국에서 영화와 비디오 사이의 경계는 사라지다시피 해버렸다면서, 비디오로 미지의 영화를 보여주는 모임들을 굳이 '시네마테크'라고 부르는 것에 대해 이의 없이 받아들인다는 사실은 한국 영화문화의 척박한 토양을 반영하는 동시에 비디오로 영화보기가 자연스러운 행태에 이르게 된 것을 말해주는 것이라고 지적한다. 또

47　「비디오 98 야화(제3집): 서른 하룻밤의 비디오 불면증을 위하여-네 번째 날 밤 〈충열도〉」, 『KINO』, 1998. 8., 57쪽.

48　홍성남, 「비디오로 영화를 본다는 것」, 『필름 컬처』 7호, 2000년, 34~45쪽.

한 영화적 아우라를 상실한 비디오를 통해 히치콕이나 베리만 등의 영화를 볼 때 과연 영화에 대해 경외감을 느낄 수 있을까?라는 질문을 던진 후, 한국의 낙후된 비디오 문화에서 화질이 형편 없는 불법 복사 테이프로 봤을 경우 남는 것은 영화를 봤다는 '산술적인 경험'밖에 없을 것이므로 영화에 대한 외경심 같은 것은 운운할 수 없다고 말한다. 따라서 타시로나 미리엄 한센이 제기하는 텍스트에 대한 관람자의 상호작용 및 물리적 통제 가능성에 기반한 비디오의 탈고전적 관람 양식의 유토피아적 전망에 대해서도 회의하는 입장을 견지한다.

고전적인 시네필주의자의 입장에 가까운 홍성남의 비디오매체에 대한 견해는 원론적으로 타당한 지적이고, 글이 발표된 시점인 2000년 당시가 그가 활동하던『필름 컬처』에서 한국의 결핍된 영화문화에 대한 대안으로서 서울 최초의 민간 필름 시네마테크(서울 시네마테크)를 설립했던 시기였다는 점을 고려한다면 글의 맥락이 충분히 이해된다. 그럼에도 불구하고 글 자체로만 판단한다면 그의 입장은 1980년대 이후 2000년대 중반까지 20여 년 동안 한국 영화문화에서 비디오의 수용과 특정성이 가진 몇 가지 측면을 간과하고 있다. 첫째, 창작의 측면에서 비디오는 초기에는 진보적 대안매체의 문화운동으로 탐구되었다. 서울영상집단처럼 독립영화 진영의 소형영화 운동과 다큐멘터리 뉴스, 교육용 영상물이 그 사례다. 소형영화 동호회 회원들 중심으로 결성된 한국 비디오 영상회(KVI)는『제3의 영상: 비디오는 우리에게 무엇인가』(1991)라는 책에서 홈비디오의 기술적, 문화적 특성과 가능성을 조명했다. 그러나 한국에서는 상용화 이전인 1980년대에 주로 쓰인 에세이들은 비디오의 기술적 특징과 제작 측면에서의 가능성, 일본 및 미국에서의 기술적 표준 경쟁에 주목하면서 새로운 미디어가 변화시킬 영화문화의 미래를 예측하는 정도의 논의가 펼쳐진다.[49]

두 번째로 예술영화전용관 또는 시네마테크의 기능을 일부 대신했던 가정용 비디오의 수용 및 유통방식에서의 '수용자 중심의 영화운동'의 측면이다. 김신식은 1982년부터 1996년까지 '한국 비디오 문화의 형성과정'을 VCR의 도입과 초기 수용과정에 주목해 분석했다.[50] 그는 대여의 제도화와 비디오 대여점을 통한 비디오 보기의 일상화, 영화 읽기와 영화 갖기라는 새로운 영화문화의 국면에 주목하면서, 영화의 서적화, 영화경험의 개인화, 새로운 테크놀로지에 의해 지속되는 영화경험 등을 강조한다. 오세섭, 한상헌은 유통자 중심의 영상문화운동을 1990년대 으뜸과 버금의 사례를 통해 분석한다.[51] 저자들은 공익성을 중시하고, 고전예술영화를 배급하며 지역 영상문화의 거점이 되고자 했던 으뜸과 버금의 활동에 주목했다. 이 글에서는 기존 선행연구에서 다루지 않은 가정용 비디오의 한 차원으로서 1990년대 중반 영화탄생 100주년을 즈음해서 출시된 다양한 고전 / 예술영화 비디

49 한국비디오영상회 엮음, 『제3의 영상: 비디오는 우리에게 무엇인가』, 다보문화사, 1991.

50 김신식, 「한국의 비디오 문화 형성 과정에 대한 연구: VCR 수용자의 가정 내 영화 소비를 중심으로」, 연세대학교 석사학위논문, 2011.

51 오세섭·한상헌, 「유통자 중심의 영상문화운동 사례 연구: 1990년대 '으뜸과 버금'의 활동을 중심으로」, 『언론과 사회』 24(4), 2016, 53~97쪽.

오들의 출시 목록과 함의를 살펴본다. 또한 으뜸과 버금에서 파생되어 1994년 출범해 한국 최대의 비디오체인으로 확산되며 고전, 희귀영화 출시, 단편영화 제작 및 배급을 넘어 제작지원까지 하며 영상문화운동에 기여한 '영화마을'을 한국의 시네필 문화와 관련해 논의한다.

세 번째로 한국 시네필리아의 형성에서 비디오의 중요한 역할은 앞서 밝힌 가정용 비디오 같은 개인적 관람 못지않게 공적인 비디오 관람의 한 특징으로서 시네마테크의 역할을 대신했던 비디오테크라고 할 수 있다. 이 책에서는 서구의 시네마테크 시네필과는 다른, 열악한 환경에서 불법단체라는 오명 속에 비디오를 상영하고 영화교육 및 공동체 활동을 했던 문화학교 서울의 1990년대를 비디오테크에서 시네마테크로의 이행이라는 대안적인 영화운동의 관점에서 조명한다.

이와 같은 맥락으로 1990년대부터 2000년대로 이어지는 한국의 시네필 문화가 서구에서의 매체 변화와 갖는 차이를 정리해 보면 다음과 같다. 서구에서 비디오필리아는 영화관에서의 영화 보기가 시네필리아의 원초적 경험으로 정착된 이후에 형성된 것이었다. 그래서 비디오필리아는 양가적인 것으로 이해되었다. 한편으로는 대여와 수집, 그리고 홈비디오 기술이 제공하는 다시보기와 되감기 등의 기능을 통해 영화 텍스트에 대한 친밀하고도 분석적인 접근을 가능하게 했고, 영화적 대상을 소유적인 것으로 전용할 수 있는 가능성을 제공했다. 이처럼 영화관에서는 상영 이후 덧없이 사라지고 획득 불가능한 필름 영화의 흔적을 다시 조우하고 회복할 수 있는 가능성은 로라 멀비가 말하듯 DVD 와 각종 디지털 재생 기기를 통해서도 이어졌다.[52] 그러나 다른 한편으로 서구에서 비디오필리아는 화질 저하 및 필름 영화의 화면 비율 축소 등의 한계로 인해 정전적인 영화관에서의 시네필리아보다는 불완전한 것으로 인식되기도 했다. 이러한 의미에서 홈비디오는 "영화 상영 및 셀룰로이드와 공적 관람의 특정성에 대한 인식을 다시 인증했다"고도 볼 수 있다.[53] 비디오필리아에 대한 이와 같은 양가적 반응은 1980년대와 1990년대 한국의 시네필 문화에는 상이한 방식으로 적용되었다. 즉 서구에서 홈비디오가 1950년대와 60년대에 발달한 일종의 공적 영역에서의 영화 보기의 경험이 갖는 고유함을 다시 인식시키는 계기였다면, 한국의 1980년대와 1990년대에 홈비디오는 예술영화전용관, 필름 시네마테크, 국제영화제 등 당시 국내에서 부재했던 공적 공간을 대체하는 동시에 그와 같은 공간에 대한 필요성을 인식시킨 이중적 역할을 한 것으로 볼 수 있다. 1995년 동숭씨네마텍의 개관과 1996년 부산국제영화제의 출범, 2000년 초반 필름 시네마테크로의 전환은 이와 같은 이중적 역할과 관련한 맥락에서도 평가될 수 있다. 그런 점에서 국내에 소개되어 시네필들의 열광적인 지지를 받은 뉴욕 영화광들의 성지를 다룬 다큐멘터리 <킴스 비디오>(애슐리 사빈, 데이비드 레드먼, 2023)는 한국 비디오 문화와 동일한 맥락에서 비교되기는 어려울 것이다.

---

52 로라 멀비, 이기형·이찬욱 옮김, 『1초에 24번의 죽음』, 현실문화, 2007.

53 Hilderbrand, "Cinematic Promiscuity," p.215.

이렇듯 비디오필리아와 시네필리아가 혼재된 1990년대 '한국 시네필 다이어리'를, 이 책의 각 장에서 다루게 될 주요 내용들을 중심으로 간략히 연대기적으로 정리해 본다.

1988년 영화공간 1895 (→ 1992 씨앙씨에 : 비디오테크)

1988년 영화전문 연구소를 지향하며 이언경, 이하영 등이 이 끈 '영화공간 1895'는 비디오 1,500편, 자막을 입힌 비디오가 200편이었을 정도로 많은 자료를 확보하고 있었다. 영화상영 및 자료 수집 같은 기능 외에도 부산국제영화제의 초석이 된 계간지 『영화언어』와의 공동주최로 '24시간 영화학교'를 개설해, 이용관 전양준, 이효인, 정성일, 이광모 등 전문영화인들이 참여하는 강좌를 운영하는 한편,54 '카메라를 든 사나이' 워크숍 등을 열며 영화운동 진영과의 연대도 유지했다. 1992년 '영화공간 1895'의 비디오 700편과 시설을 이어받아 손주연이 시작한 '씨앙씨에'는 정기영화제, 강좌, 회원제 비디오 라이브러리 등을 운영했다. 이 밖에도 씨앙씨에는 영화제작 워크숍을 열고 영화연출론과 시나리오 창작반을 운영하는 등 제한적인 여건 속에서도 시네마테크 역할을 수행하고자 했다.

---

54 「영화공간 1895 24시간 영화학교 개설」, 『한겨레』, 1991. 12. 8., 11면.

1989년 『영화언어』 (영화전문 계간지)

　계간지 『영화언어』는 1984년 '작은 영화제'의 정신과 영화운동의 계승 속에서 체계적인 영화분석을 통해 대안적 한국영화 / 독립영화의 정체성 찾기와 성장의 '지렛대' 역할을 하며 한국영화학의 기틀을 다졌다. 기존 한국 영화비평 세대와의 차별화를 선언했던 『영화언어』의 '과학주의'는 데이비드 보드웰의 신형식주의나 앤드류 새리스의 작가주의, 앙드레 바쟁의 리얼리즘론 등 서구 이론 및 비평의 수용을 통해 한국영화의 내러티브와 미장센을 정밀하게 분석하는 방법론으로 구체화되었다. 이용관의 <나그네는 길에서도 쉬지 않는다>(이장호, 1987)의 치밀한 구조 분석이나 김지석의 <황진이>(배창호, 1986) 미학 연구 등이 대표적이었다. 김소영이 제언하듯 『영화언어』가 서구 영화이론과 비평을 수용하면서 보드웰로 대표되는 특정 이론에 치우친 결과, 문화연구 및 페미니즘 등 동시대 인접 학문과의 교류 및 방법론들을 창조적으로 수용하거나 이를 국내의 영화연구 및 비평에 생산적으로 적용하지 못했다는 점은 한계로 지적될 수 있다. 그러나 『영화언어』는 '대안영화'에서 '대항영화'에 이르는 이론적 기획을 끊임없이 '한국영화'에 적용하며 동시대 한국영화의 현실에 개입하고 질문을 던지는 기획으로 '한국영화'의 브랜드를 만들고, 부산국제영화제를 탄생시켰다. 이러한 탐색은 2003년 여름 복간호부터 2005년까지 발행된 『영화언어』로 이어지며 새로운 세대의 다양해진 연구 경향과 함께 한국영화사의 뿌리와 흔적을 찾는 작업을 병행함으로써 학술비평담론의 분화 및 심화를 추구했다.

1991년 『영화에 대하여 알고 싶은 두세 가지 것들』(영화서적)

구회영(김홍준)의 『영화에 대하여 알고 싶은 두세 가지 것들』은 극장 개봉은 제한적이지만 비디오 문화가 활성화되었던 시기에 다양한 정보가 필요했던 시네필들의 갈증을 풀어준 베스트셀러다. 이 책은 정성일이 편집했던 『로드쇼』의 '도시에' 코너에 1990년 5월부터 1991년 5월까지 연재했던 글을 엮은 결과물로, 두 사람은 영상자료원에서 발간했던 『영화천국』 대담에서 이 책이 "대한민국 시네필 영년(靈年, zero)의 시간의 기록"이라는 데 뜻을 모은다. 1장의 영화용어부터 영화 역사, 작가, 장르, 제3세계, 홍콩영화, 컬트 영화까지 체계적인 이론서가 아닌 백과사전적 지식이 망라된 책이었지만, 이 책이 90년대 시네필에게 끼친 영향은 마지막 두 장의 리스트 '영화사상 걸작선: 1895~1991, 91편의 고전'과 '우리세대의 걸작-80년대 세계영화 100선'에서도 절대적이었다. 각각의 리스트에는 당시 비디오 정보지들과 비슷한 포맷의 간략하지만 영화적인 핵심을 담은 해설과 더불어 국내 '비디오 출시명'에 대한 정보가 포함되기도 했는데, 인터넷의 보편화 이전 이 책이 지닌 미덕인 정보와 지식의 참고서 역할은 시네필들에게 큰 반향을 불러일으켰고, 이 역할은 이후 『KINO』에서 심화·계승되었다.

1992년 문화학교 서울 (비디오테크)

문화학교 서울은 '새로운 영화읽기의 제안'이라는 시네마테크 관객운동의 의제와 함께 1990년대 동안 비디오테크로 운영되며 대안적 영화문화를 위한 아지트 역할을 했다. 90년대 유사한 성격의 비디오 상영 단체들이 명멸했던 것과 달리 문화학교 서울은 '필름'과 '극장'이라는 시네필리아의 진정성을 구성하는 물적 조건이 결여되었음에도 불구하고, 시네마테크의 정신을 실천하고, 영화광, 영화마니아와 구별되는 자의식을 갖춘 이상적 관객인 '시네필'을 양성하고자 했다. 실제로 『씨네필』은 문화학교 서울의 정기간행물 이름이자 웹사이트 주소였고, 1990년대 시네필 문화 확산의 중심적인 역할을 했다. 동호인 모임 성격으로 출발한 문화학교 서울은 1990년대 초중반까지는 '시네마테크 운동론'의 정립 속에 상영과 교육에 집중하며 성장한다. 95년 이후엔 음비법에 대응하기 위한 '회원제'로 운영하며 비평과 연구 분야를 강화하는 한편, '전국 시네마테크연합' 결성 이후 제작 및 배급에 대한 실천, '인디포럼' 개최 등 대안적 한국영화 및 독립영화에 천착하며 활동 영역을 넓힌다. 2000년대 이후에는 필름영화제로의 전환과 함께 민간 시네마테크 전용관으로 거듭나면서 한국시네마테크협의회의 중추 역할을 하며 '수용자 중심'의 관객운동을 선도한다.

1993년 분도시청각 (고전예술영화 비디오 컬렉션)

가톨릭교회 내에 설립된 분도출판사 시청각연구소는 1993년부터 매년 5~6편을 번역, 제작하며 40여 편의 예술영화를 소개했다.[55] 키에슬로프스키의 TV 영화 <십계>(1988) 연작 및 타르

---

[55] 아카이브 프리즘 편집부, 앞의 책, 42~43쪽.

코프스키의 <안드레이 루블료프>(1966) 등을 출시했고,[56] 이 타이틀은 키에슬로프스키의 <세 가지 색: 블루, 화이트, 레드> (1993~94) 시리즈 및 타르코프스키의 <희생>(1986)이 수입 개봉되는 맥락으로 작용했다. 예술영화의 원본을 최대한 보존한 비디오를 충실한 번역 및 안내문과 함께 제작하여 출시했던 점은 고전 예술영화를 열망하던 관객들에게 중요한 역할을 했다. 분도시청각의 이와 같은 실천은 1995년 영화탄생 100주년을 기점으로 '시네마떼끄 고전영화 컬렉션', '중앙비디오테크-아트필름 컬렉션' 등 예술영화 틈새시장과 영화 100주년의 관심 속에 고전예술영화 비디오 컬렉션의 수많은 출시로 이어졌다. 분도시청각은 종교적 주제 외에도 베리만의 작품들(<산딸기>(1957), <어두운 유리를 통해>(1961), <겨울 빛>(1963), <침묵>(1963), <화니와 알렉산더>(1982)), 자크 리베트의 <잔 다르크>(1994), 프레데릭 백의 애니메이션 <나무를 심은 사람>(1987) 등 정식 판권 계약에 따른 충실한 자막 번역, 해설서 첨부, 케이스 디자인까지 소장가치 높은 비디오를 제작하며 비디오 문화의 수준향상을 선도했다.

1994년 영화마을 (비디오 대여점)

공익적 가치를 추구하며 예술/고전/컬트영화를 전파하고 수용자 중심의 영상문화운동을 펼친 비디오 체인 '으뜸과 버금'[57]과

---

56 노경아, 「분도시청각 종교교육 연구회, 비디오포럼 개최」, 『카톨릭신문』, 1993. 7. 4., https://m.catholictimes.org/mobile/article_view.php?aid=298803, 2022. 11. 1. 접속.

57 이에 대해서는 오세섭·한상헌의 앞의 논문 「유통자 중심의 영상문화운동 사례 연구」를 참조할 것.

명작영화, 희귀영화를 모토로 한국 단편영화 독립영화 등을 출시하며 국내 최대 체인망을 가졌던 '영화마을'은 1990년대 비디오 시네필 문화의 중요한 축을 담당했다. 영화마을은 1994년 4월 열네 개의 지점으로 시작해서, 1998년 500호점, 2001년 800호점을 내며 한국 최대 비디오 체인점으로 성장한다. 이러한 전문성과 질적 우위를 앞세운 체인점의 급성장은 예술영화 붐과 국내 비디오 시장의 급성장이 맞물린 것, 소장 문화가 발달한 미국이나 일본에 비해 대여가 중심이었던 영화문화에서 기인한다. 영화마을이 기존 대여점들과 구별됐던 점은 비디오 프로그램의 작품성과 흥행성을 철저하게 분석하고 가맹점에 구입 목록과 수량을 제시해서 비디오 선호 경향을 분석했던 것이다. 또한 영화마을은 설립과 함께 명화 1천 편의 목록을 비치해 두고, '희귀 · 명작 영화 48시간 내 대여-보상제도'를 홍보했는데, 이 제도는 어떤 희귀 비디오라도 '48시간 내' 대여해 주는 서비스였다. 대여사업을 기본으로 했지만, 고전/예술영화, 독립영화를 지원하고 배급이 어려운 비디오를 출시하려는 구상은 영화아카데미 졸업 작품 컬렉션인 <이상한 영화> 출시를 비롯해 단편영화 제작 지원 및 출시로 실천되었다. 제작사 CNP를 설립해 류승완의 <죽거나 혹은 나쁘거나>(2000)의 제작 지원을 하기도 했다.

1995년 『KINO』, 『씨네21』 (영화잡지)

영화 100주년의 해인 1995년, 영화산업의 활력과 정보에 대한 갈증 속에 나란히 창간된 두 잡지 『씨네21』과 『KINO』는 전자는 교과서, 후자는 참고서 같은 동반자적 관계이길 희망하며 출범했다.『씨네21』은 당시 부상하던 문화담론과 한국영화산업을 지지하며 한국영화와 함께 성장하겠다는 목표를 갖고 있었고, 대중문화 전반을 아우르며 주간지로는 유례없는 폭넓은 독자층을 확보했다. 1999년『씨네21』이 기획한 강한섭 교수의 글로 시작된 '예술영화논쟁'은 한국영화비평담론사에서 드문 생산적인 논쟁사로 남아 있다.『KINO』는 영화전문지이자 '작가주의'를 지향하는 시네필의 진지를 표방하면서 동시대 세계영화의 흐름과 아카데믹한 이론을 소개하고 희소가치 있는 정보를 제공하며 열정적인 시네필을 육성했다. 시네필의 열독지로 알려진『KINO』는 극장에서 필름으로 관람하는 유사-종교적인 시네필리아의 경험만을 강조하지 않았다. 오히려 공공 시네마테크나 예술영화관의 결핍 속에 영화관에서 볼 수 없는 '숨은' 비디오, '금기' 비디오, 관객의 '발견'을 기다리는 비디오들의 리스트 제시를 통해, 비디오필들에게 일용할 양식을 제공했다.『KINO』가 창간 시기부터 프랑스, 독일 등 문화원이나 전국 비디오테크들의 상영 프로그램을 고정 지면에 소개하고, '비디오 특집'을 정기적으로 마련해 제시한 '발견의 정치'는 한국의 영화청년들이 필름과 비디오라는 매체, 합법과 불법의 시시비비를 넘어 영화에 대한 사랑을 실천하는 방법을 제안했다.『씨네21』이 선정한 '우수 비디오 숍 컨테스트' 기사[58]에서도 알 수 있듯, 이 시기 비디오 제작 및 유통 과정에는 디지털 알고리즘 이전, 취향과 큐레이션을 매개하는 역할을 했던 시네필 전문가들이 존재했다.

---

58 「2001 우수 비디오숍 콘테스트 후기 (5)」,『씨네21』286호, 2001,
   http://www.cine21.com/news/view/?mag_id=298, 2023년 12월 10일 접속.

1995년 동숭씨네마텍 (예술영화전용관)

'동숭씨네마텍'(1995)은 외화수입배급사 '백두대간'과 동숭아트
센터의 의기투합으로 출범해 예술영화를 중심으로 한 새로운 영
상문화운동을 지향하면서 프랑스나 영국의 공공성을 띤 시네마
테크를 모델로 삼았다. 백두대간의 역사는 국내 예술영화의 역사
라 할 수 있다. 1997년 2월 문화체육부의 예술영화전용관 공식승
인을 받은 동숭씨네마텍은 한국에서 예술영화를 정의하고 그 기
준을 논하는 중심에 있었다. 백두대간이 수입 상영해 성공한 <희
생>은 국내에 예술영화 시장의 가능성을 제기했으며, 이후 짧았
던 예술영화 전성기의 계기를 마련했다. 동숭씨네마텍은 개관 기
념작 <천국보다 낯선>을 비롯해 <노스탤지어>, <소년 소녀를 만
나다>, <내 친구의 집은 어디인가> 등 국제영화제 수상작이나 고
전예술영화를 매달 한 편씩 개봉하고 영화제와 전문 강좌 및 세
미나를 개최하는 영화문화를 정착시키면서 한국에서 예술영화
담론의 확산과 아트하우스 멤버십 제도의 문화적 상징효과를 만
들어냈다. 백두대간이 운영한 동숭씨네마텍은 99년까지 계속되
다 2000년대 이후 씨네큐브와 아트하우스 모모로 이어지며 독립
예술영화문화의 길지 않은 역사를 스스로 새로 써나가고 있다.

1996년 부산국제영화제 (국제영화제)

부산국제영화제는 국내 최초의 국제영화제로, 창설 멤버인 이
용관, 전양준, 김지석은 1989년부터 1995년까지 발간되며 한국
영화비평의 과학성과 작가주의 담론을 확립한 계간지 『영화언

어』의 주역들이자 부산지역 영화비평의 중요한 축을 담당하고 있었다. 해외 국제영화제들에 비해 뒤늦은 시작에도 불구하고 부산국제영화제는 지방자치의 시대 부산의 개방성과 함께 영화제의 문화이벤트들을 통해 열광적인 반향을 불러일으키며 아시아를 대표하는 영화제로 성장했고, 이어지는 부천(1997), 여성(1997), 전주(2000) 국제영화제들의 발전과 영화팬들의 확대에 큰 영향을 준다. 세계화와 지역성 사이의 긴장 속에 아시아 영화의 허브로서의 정체성을 모색했던 부산국제영화제는 '대안 마켓'과 '교육의 장'으로서의 영화제의 역할을 고민했고, 대중문화의 부상과 함께 영화에 대한 열정과 감식안을 가진 90년대 관객문화와 상호작용하며 시네필들의 해방구로 자리 잡았다.

1998/2000년 『필름 컬처』/서울 시네마테크
(영화전문계간지/민간 시네마테크)

『필름 컬처』(1998-2000)는 세계영화계에서는 영화의 죽음이 논의되고, 영화에 대한 정보가 대중화된 시대, 국내에서는 IMF와 멀티플렉스 이후 예술영화 시장이 절멸된 '버블 이후' 시기에 등장해, 영화의 존재론 및 시네필 비평에 대한 근본적 질문과 함께 '세계영화와의 거리'에 대한 화두를 던지고 '필름 시네마테크'의 시대를 연다. 임재철이 주도했던 계간 『필름 컬처』는 1998년 당시 한국 영화잡지들이 동시대 영화 소개나 홍보 차원에만 머문다는 문제의식 속에 영화의 존재론과 비평의 본질 같은 영화에 대한 근본주의적 질문을 제기하며, 조너선 로젠봄, 세르주 다네, 태그 갤러거 등을 소개하고 국내에서 덜 조명된 고전이나 '미국영화'를 적극 소개했다. 2000년에는 '서울 시네마테크'를 설립해 2000년대 중반까지 서울에서 민간 필름 시네마테크 초기의 역사를 개척하며 시네필의 다양한 취향 형성에 중요한 축을 담당했다. 또한 운영진들이 시네필 문화의 토양을 구축하기 위해 추진했던 영화전문서적 출판을 주목할 필요가 있다. '한나래 시네마 시리즈'책들과 그 명맥을 이어 2010년대 이후 현재까지 '이모션 북스'에서 출판하고 있는 '시네마 시리즈'는 앞서 언급한 비평가들뿐 아니라 하스미 시게히코, 스탠리 카벨, 장 루이 셰페르 등 영화적인 세계의 풍부함과 영화를 보는 주체의 특별함을 미학적, 존재론적으로 질문하고 답하는 정통적인 시네필주의 비평서들의 집합으로 21세기 한국 시네필들에게 의미 있는 영향을 끼쳤다.

2) 홈 시네마테크: 분도시청각, 시네마떼끄, 중앙시네마테크

가. "1964년부터 한양대 영화과에서, 1967년부터 동국대 연극영화
과 학생들에게 강의하면서 오슨 웰스의 <시민 케인>을 보지 못
했다가, 지난해 KBS TV를 통하여 감상할 수 있었습니다. (…) 영
화의 아버지 그리피스의 <국가의 창생>을 보지 않으면서도 강
의를 하고 있습니다. 전후 영화의 물결에 대한 이해는 더욱 어림
없는 것이 되고 말았습니다. 1950년대 유럽의 영화는 주목할 만
한 문제성을 제시하고 있고 대표적인 영화작가가 베르이망이라
고 하겠습니다만 <산딸기>, <제7의 봉인> 등 화제작들은 상영
되지 않고 있습니다. 수입이 된 화제작들도 있기는 했습니다만
필요한 대목은 삭제된 필름을 보는 것이 예사입니다. 영화를 본
다는 것은 저에게 가장 중요한 일이 되겠습니다만, 그러한 기회
를 늘 잃고 있는 것도 사실입니다."[59]

위의 글은 1960년대 대표 시나리오 작가이자 감독과 비평 활
동도 했던 신봉승이 1972년에 출간한 영화평론집의 서문의 일
부다. '미완의 초상'이라는 제목의 이 글은 신봉승이 자신의 스승
에게 보내는 서간문 형식으로 쓰여 있다. 저자는 시를 쓰는 문학
인으로 출발해서 영화계 중심에서 활동하고 대학에서 가르쳐 왔
지만 (문학, 미술, 음악인의 초상과 달리) '한국의 젊은 영화인의 초상'
을 그려보려고 하니 얼굴의 윤곽만 야윈 모습으로 그려질 뿐, 눈,

59   신봉승, 『영상적 사고』, 조광출판사, 1972, 37쪽.

코, 입, 귀의 형상이 떠오르지 않는다고 토로한다. 그 이유는 인용한 부분에도 드러나듯 한국의 열악한 영화환경에서 보지 못한 영화들을 열망하고, 보지 않고도 강의를 하는 상황 속에서 느끼는 비애, 자괴감 때문일 것이다. 더욱이 이 책의 앞부분에는 뤼미에르의 영화에서부터 <시민 케인>(1941), <제7의 봉인>(1957), <지난 해 마리앙바드에서>(1961), <비리디아나>(1961) 등의 영화스틸로 구성된 화보가 실려 있는데, 신봉승의 설명에 의하면, 영화사의 주요 고전을 볼 수 없는 독자들을 위해 "세계영화사를 그림으로나마 볼 수 있게 하기 위한 것"이다. 이 글은 1970년대 초에 쓰였지만 한국 영화문화에서 세계영화의 고전과 동시대 세계영화의 문제작을 어느 정도 접할 수 있게 된 건 1990년대 중반 무렵에 이르러서였다.

중앙일보사가 영화탄생 100주년 기념사업으로 1995년 시작한 중앙비디오테크는 "아트 필름 전용 상영관(Cinemateque)조차 없는 영상문화 현실을 개선하고자 국내 최초의 아트 필름 비디오 시리즈 '중앙비디오테크-아트필름컬렉션'을 출시"한다는 출사표와 함께 출발한다. 중앙비디오테크는 영화전문지나 전문서적을 통해 영화사상 기념비적인 작품으로 언급돼 왔음에도 국내에 소개되지 못했던 고전 명작을 중심으로 유럽 예술영화, 제3세계 영화 등 엄선된 작품들을 출시해서 이 시리즈를 세계적인 아트 필름 비디오 시리즈로 발전시켜 나간다는 계획을 밝힌다. 이전에도 몇몇 고전영화 시리즈의 비디오 출시가 있었지만 중앙비디오테크가 차별화하고자 했던 건, 무삭제, 최상의 화질, 원작의 화면 비율, 완벽한 자막 번역을 제작 원칙으로 원작의 감동을 보존한다는 점이었다. 중앙비디오테크가 이러한 원칙하에 95년 8월 선보인 1차 출시 작품은 칸 영화제 황금종려상 수상작 시리즈인 <달콤한 인생>(페데리코 펠리니, 1960), <오셀로>(오슨 웰스, 1952), <사탄의 태양 아래>(모리스 피알라, 1987)였다. 원본에 충실성을 기한 이 비디오테이프들은 각 작품마다 영화에 대한 이해를 돕기 위한 26쪽 분량의 해설서를 곁들였다.**60** 이처럼 소장 가치가 높은 아트필름컬렉션 시리즈는 개인에게 판매되기도 했는데 테이프 하나당 19,800원이고 상영 시간이 세 시간에 가까운 <달콤한 인생>의 경우 두 개의 테이프 세트가 29,700원에 판매되었다. 구매는 예술영화 배급처인 비디오 체인점 으뜸과 버금, 영화마을이나 중앙일보사에서 할 수 있었다. 이처럼 중앙비디오테크나 분도시청각에서 소장가치를 고려해서 제작한 예술영화 비디오는 한국의 주류 시장으로 자리매김한 대여 비디오 외에 소장용 비디오라는 새로운 시장 개척에 대한 의도를 갖고 있었다. 이렇게 판매용으로 보급하는 비디오를 셀스루(Sell Theough)라고 하는데, 책이나 DVD처럼 좋은 작품을 감상용으로 소장하려는 마니아들을 위해 개발된 판매방식이다. 따라서 당시의 셀스루용 비디오는 최신작보다는 과거의 화제작, 고전이 주류를 이루고 구하기 힘든 작품성 높은 영화들도 선보였다.**61**

　　이러한 셀스루 비디오 판매는 1990년대 초에도 시도된 바 있

60 「국내 미개봉 세계명화 안방서 비디오로 즐긴다」, 『중앙일보』, 1995. 7. 23., https://www.joongang.co.kr/article/3101901#home, 2022년 1월 16일 접속.

61 「곁에 두고 보고싶은 명작들」, 『경향신문』, 1996. 6. 4., 35면.

다. 대우 계열 산하의 배급회사로 콜롬비아사, 폭스비디오사와 라이센스를 맺고 프로그램을 공급해 온 우일영상은 1991년 12월 연말연시를 맞아 선물용으로 기획한 판매용 비디오 '대우마스터피스 컬렉션' 여덟 편을 출시했다. 이는 미국, 일본 등에서 비디오 소장 문화가 일반적인 것과 달리 대여업 위주로 경쟁이 치열했던 국내 비디오 시장에서 잠재 구매력 개발을 위해 수작 위주의 고전 명화 프로그램을 공급해 비디오 문화를 '소장 보관형'으로 바꾸어 가고자 시도했던 것이다. 컬렉션의 수록작품은 <바람과 함께 사라지다>, <벤허>, <닥터 지바고>, <사운드 오브 뮤직>, <쿠오바디스>, <왕중왕>, <사랑은 비를 타고>, <7인의 신부들>의 여덟 작품으로 세트 가격이 12만 원이고 한 작품씩 구매도 가능했다. 씨네하우스를 개관한 우진에서는 공산주의자로 인식되어 해방 후 수입이 금지됐던 찰리 채플린의 작품들을 연이어 수입, 개봉해 장기적인 고전 예술영화 상영 프로그램으로 성공하며('채플린은 현대의 클라식 문화입니다'라는 모토의 채플린 영화제 개최. 1탄 <모던 타임즈>, 2탄 <독재자>, 3탄 <시티라이트> 등) 국내 판권을 갖고 있었는데, 채플린 작품 15편을 묶어 '찰리 채플린 영상전집'을 출시해 18만 원에 판매했다. 그러나 90년대 중반 으뜸과 버금이나 영화마을이 판매처 역할을 했던 것과 달리 이때까지는 아직 점포판매망이 없었기 때문에 주문이나 방문판매 형식으로 고객들에게 접근했다.[62] 그런데 90년대 초부터 예술영화 틈새시장이

62 「명작으로 안방 차지 노린다-비디오업계 새 판촉 치열」, 『동아일보』, 1992. 8. 15., 31면.
; 「비디오 '일반 판매' 노린다」, 『한겨레』, 1991. 12. 15., 11면.

형성되고, 고전, 예술영화, 희귀 영화를 전문적으로 취급하는 비디오 가게가 생기고 배급까지 하게 되자 다시 한번 시장성 탐색에 나섰을 것이다.

칸 황금종려상 수상작으로 출발한 아트필름컬렉션은 같은 해 95년 10월에는 두 번째로 베를린 영화제 황금곰상 수상작 세 편을 출시했다. 출시작은 파스빈더의 <베로니카 포스의 갈망>(1981), 데이비드 헤어의 <웨더비>(1985), 마르타 메자로스의 <어돕션>(1975)이었다. 이후에는 베니스 영화제 수상작, 프랑스 누벨바그 작품 컬렉션, 장 뤽 고다르 등 거장들의 작품선을 매달 두세 편씩 계속 출시한다는 계획을 밝혔지만, 1995년 12월에 루이 말의 <사형대의 엘리베이터>가 누벨바그 걸작선 첫 작품으로 선보인 후 후속 출시는 이어지지 않았다. 한 기사에 의하면 이 중앙비디오테크 아트필름컬렉션 프로그램의 공급처가 같은 해 국내 최초의 예술영화전용관을 준비하고 있던 영화사 백두대간의 이광모 대표라는 것인데[63], 고전예술영화 판권을 다수 확보하고 있던 이광모 대표가 운영하던 동숭씨네마텍에서 트뤼포의 <줄앤짐>을 비롯한 고다르의 영화들을 이후 개봉했던 것으로 보아 판권상의 문제가 있었던 것으로 보인다.

비디오 제작사 대성프로덕션의 고전영화 레이블인 '씨네마떼끄'는 중앙비디오테크처럼 영화 탄생 100주년과 예술영화 열기와 함께 1995년 오슨 웰스의 <시민 케인>과 스탠리 큐브릭의 <닥터 스트레인지러브>(1964)를 출시한다. 1차로 발매한

63 「칸 영화제 대상작 3편 곧 출시」, 『한겨레』, 1995. 8. 4., 13면.

<시민 케인>과 <닥터 스트레인지러브>가 품절되는 등 고객 반응이 뜨겁자 기획자는 "대기업이 등한시하는 틈새 비디오 시장을 집중 공략하면서 우수 영화 보급까지 고려했다"[64]고 설명한다. 첫 출시의 성공에 힘입어 시네마떼끄는 <메트로폴리스>(프리츠 랑, 1927), <무방비 도시>(로베르토 로셀리니, 1945), <제너럴>(버스터 키튼, 클라이드 브룩먼, 1927) 등을 연이어 내놓았다. 시네마떼끄의 걸작 비디오 리스트에는 <잔 다르크의 수난>(1928), <국가의 탄생>(1915), <39계단>(1935), <네 멋대로 해라>(1960), <게임의 규칙>(1938), <위대한 환상>(1937) 등 고전에서부터 컬트 감독 데이비드 린치의 데뷔작 <이레이저 헤드>(1977)까지 포함되었다. 그러나 씨네마떼끄사의 출시작 중 일부는 판권 시비가 있었고, 품질에 있어서도 중앙비디오테크나 분도시청각에 비해 문제가 있었다.

영화탄생 100주년의 해이자 서구에서는 영화의 죽음이 근심되던 시기에, 앞서 인용한 신봉승 세대에서는 영화 책으로만 볼 수 있었던 고전 작품들이 한국에서 우후죽순 비디오로 출시되면서 시네필들에게는 일종의 홈 시네마테크 아카이브가 펼쳐진다. 시네마떼끄의 출시작품은 으뜸과 버금, 영화마을 같은 예술영화, 희귀영화 전문 비디오체인에서 배급했다. 씨네마떼끄 같은 중소 제작사는 배급망을 갖추고 있지 않기 때문에 좋은 영화 보급에 뜻을 같이 하는 으뜸과 버금, 영화마을 같은 대여업체에서 대여 및 위탁판매를 하고 판매액은 전부 제작자에게 전달했다. 그

---

64 「고전 영화 비디오로 속속 출시」, 『부산일보』, 1995. 5. 19.,
https://www.busan.com/view/busan/view.php?code=19950519000099,
2023년 11월 20일 접속.

런데 중앙비디오테크나 씨네마떼끄나 고전 예술영화 전문을 표
방하는 비디오 출시사들의 이름이 '시네마테크'를 사용하고 있
다는 점이 주목된다. 이는 4장에서 다룰 1995년 11월 최초의 예
술영화전용관을 표방하며 개관한 동숭씨네마텍이나 2장에서
다룰 시네마테크 문화학교 서울의 이름도 마찬가지다. 그밖에
삼호필름에서 발간하던 비디오 정보지 이름도 『시네마떼끄』였
다. 어찌보면 한국에 전통적인 시네마테크가 존재하지 않던 시
기에 시네마테크를 열망하는 수많은 사람들이 시네마테크를 지
향하며 그 기능을 파편적이고 분산적으로 대리 수행하고 있었
던 것이라고도 볼 수 있다.

중앙비디오테크나 씨네마떼끄보다 앞서 예술영화비디오 보급
에 앞장섰던 곳은 바로 분도시청각이다. 분도시청각은 성 베네딕
도 수도원의 시청각종교교육연구회가 한국에서 출판 및 비디오
등 선교사업의 일환으로 제작한 고전예술영화 비디오 출시사다.
분도시청각은 중앙비디오테크와 마찬가지로 예술영화의 원본을
최대한 보존한 비디오를 충실한 번역 및 안내문과 함께 제작하
여 출시하면서 인간의 가치를 고양시키고 높은 예술적 성취를 이
룬 작품들을 주로 선보였기 때문에 영향력이 컸다. 분도시청각은
1993년부터 비디오제작 사업을 하는데, 93년 5월에는 폴란드 감
독 키에슬로프스키의 10부작 연작 <십계>를 출시했다. 텔레비전
영화 <십계>는 각각 십계명을 하나씩 다루고 한 편이 60분으로
이루어져 있는데[65], 이 가운데 '살인하지 말라', '간음하지 말라'

---

65 「<십계> 유럽서 제작한 10부작 영화」, 『한겨레』, 1993. 5. 15., 9면.

는 <살인에 관한 짧은 필름>(1988), <사랑에 관한 짧은 필름>(1988)이라는 극장용 영화로 재편집되어 개봉된 바 있다. 키에슬로프스키는 타르코프스키와 더불어 90년대 중반 시네필들의 열광적인 지지를 받는 대표적인 예술영화 감독이었는데, <베로니카의 이중생활>(1991)과 <세 가지 색: 블루, 화이트, 레드>(1993~1994) 삼부작이 연이어 발표되면서 감독의 영화제가 열리기도 하고 폴란드 영화유학으로도 이어지는 등 큰 예술적 영향을 끼쳤다.

키에슬로프스키와 더불어 1990년대 한국에서 예술영화 신드롬을 일으킨 다른 한 사람은 타르코프스키였다. 분도시청각에서는 1994년 <안드레이 루블료프>(1966)를 시작으로, <솔라리스>(1972), <거울>(1975), <잠입자>(1979) 등을 차례로 비디오로 출시한다.[66] 분도에서 출시한 비디오는 예술영화 <희생>, <노스탤지어>의 극장개봉과 함께 예술영화 및 소련, 동구권 영화에 대한 높은 관심으로 이어지는 계기가 됐다. 그동안 해방신학이나 인권문제에 관한 기록영화, 종교영화를 제작해 엄청난 적자만 떠안은 분도는 역시 상업성과는 무관해 보이는 타르코프스키 시리즈를 기획한 데 대해 "그의 작품들이 기독교 영성을 밑에 깔고 있고 무엇보다도 위대한 예술작품들이기 때문"이라고 설명했다. 분도시청각에서는 종교적 영성을 가진 영화 외에도 잉마르 베리만의 작품들(<산딸기>(1957), <어두운 유리를 통해>(1961), <겨울빛>(1963), <침묵>(1963), <화니와 알렉산더>(1982)), 자크 리베트의 <잔 다르크 1>(1994), 프레데릭 백의 생태적 주제를 다룬

---

66 「거장 타르코프스키 대표작 비디오 출시-분도 시청각종교교육연」,『한겨레』, 1994. 2. 25., 11면.

예술성 높은 애니메이션 <나무를 심은 사람>(1987) 등 40여 편의 비디오를 제작했다. 독일 출신 임인덕 신부가 이끌었던 분도시청각은 정식 판권 계약, 충실한 자막 번역, 해설서 첨부, 케이스 디자인까지 소장가치 높은 비디오로 영화를 통한 복음을 실천했다.[67]

지금까지 살펴본 중앙비디오테크, 씨네마떼끄, 분도시청각, 대우마스터피스 컬렉션 등의 고전예술 비디오 출시는 비디오산업의 성장 및 VHS 형식의 가정용 비디오 플레이어가 확산한 1990년대 초부터 시작되어 예술영화 붐이 절정에 이르렀던 90년대 중반에 집중적으로 이루어졌다는 특성이 있다. 비디오는 필름 기반의 영화경험에 비해 미학적 손상이 동반됐지만, 한국의 시네필들에게 비로소 정전 접근이 가능해지는 기회를 제공했고, 소유적인 실체로 다가왔다. 서구 및 일본과는 달리 소장이 전통적으로 정립되지 못했던 오랜 문화적 특성과 IMF 이후의 위기로 인해 성공적이지는 못했지만, 산업적으로 대여 중심으로 형성된 비디오 문화를 소장 중심으로 바꾸고자 하는 시도는 고전 예술영화 비디오를 통해 주로 이루어졌다. 따라서 이 컬렉션들이야말로 필름과 비디오라는 매체성의 본질과 차이를 가장 근본적으로 사유하게 하는 계기를 제공했다고 볼 수 있다.

---

67 아카이브 프리즘 편집부, 「임세바스찬 신부」, 앞의 책, 110쪽.

3) 동네 시네마테크: 영화마을의 영상문화운동

가. "으뜸과 버금의 명성을 아십니까? 이제는 영화마을이 그 자리를 대신합니다."

"<십계>와 <안드레이 루블료프>를 아직도 못보셨습니까? 영화마을에서는 세계영화사의 최고 걸작들로 꼽히는 희귀한 명작 영화를 100% 소장하고 있습니다."

"『영화저널』을 기억하십니까? 60호로 휴간했던 우리나라 최초의 본격 영화신문 주간 『영화저널』을 월간으로 복간, 영화마을에서 재창간합니다. 명작·희귀·컬트 영화를 중심으로 뽑은 영화마을 특선 1000편 목록이 실린 『영화저널』 재창간 준비호가 4월 15일에 나옵니다."

나. "당시 비디오 가게는 '거리의 시네마테크' 기능을 했다고 생각합니다. 숍 주인들도 영화에 대한 감식안을 갖고 있는 이들이 많았고, 눈 밝은 이들이 큐레이션 해 추천하는 것들이 당시 영상문화에 영향을 미쳤다고 생각하기 때문입니다."[68]

영화마을은 1994년 4월 '우리나라 최초의 비디오 편의점'이라는 수식어와 함께 태어난다. 설립 주체는 YMCA 건비연(건전비디오문화를 연구하는 시민의 모임) 회원단체인 '으뜸과 버금'을 창립하고 주도적으로 이끌어 온 박상호('으뜸과 버금' 전 회장), 권영호(전 부회장)로 시민단체로서 벌여왔던 '좋은 비디오 보기 운동'이라는 영

---

68 「인터뷰: 옥선희(비디오칼럼니스트)」, 『아카이브 프리즘』 9호, 96쪽.

상문화운동의 제약 때문에 좀 더 전문적이고 적극적인 활동을 위해 따로 주식회사의 형태로 독립한다.**69**

이에 따라 광고 지면에는 다이어그램으로 개인 비디오 가게 '비디오 천지(박상호)'와 '그랜드 비디오(권영호)(1989)'에서 동호회 형태의 모임 '으뜸과 버금(1992)'으로, 다시 체인점 형태의 사업체인 '영화마을(1994)'로 변천해 온 이력을 밝히고 있다.

이에 따라 비디오 정보지의 이력도 『영화저널』에서 『으뜸과 버금』을 거쳐 『영화저널』 복간으로 거듭난다. 영화마을은 1994년 4월 열네 개의 지점으로 시작해서, 1995년 100호점, 1996년 260호점, 1998년 500호점, 2001년 800호점을 내며 한국 최대 비디오 체인점으로 성장한다. 이러한 전문성과 질적 우위를 앞세운 체인점화의 시작은 국내 비디오 시장의 급성장과 예술영화 붐이 맞물리면서 시작되었다. 인구나 시장 규모가 더 큰 미국이나 일본보다 한국의 비디오 가게 수가 더 많았던 데는 비디오를 소장하는 문화가 거의 없고 대여 위주였던 것에도 이유가 있었다. 이 시기 비디오 대여점이 전국 3만여 개까지로 급증한 것은 덤핑 경쟁이 심해진 것과도 관련 있다.

영화마을은 설립 당시부터 으뜸과 버금의 영상문화운동을 계승했다는 점을 강조하는데, 공익성과 영화의 문화적 가치를 중요

69 「우리 영화 가꾸는 비디오문화 전사」, 『경향신문』, 1996. 8. 3., 27면.

시하는 정신에 따라 사업구상을 다음과 같이 밝힌다. 첫째, 많은 유명 영화평론가가 편집위원으로 참여하는 『영화저널』을 발행한다. 둘째, 자체예산으로 흥행성과 무관하게 작품성 있는 영화를 비디오로 직접 제작, 출시한다(희귀 비디오 출시, 품절 비디오 복원 출시). 셋째, 소형·단편영화 제작팀과 합작으로 단편영화를 제작하고 비디오로 출시한다. 넷째, 영화마을 자체 소장비디오 목록, 영화비디오 관계 서적을 출판한다. 다섯째, 『영화저널』을 영상으로 편집한 비디오 영상 신문을 제작, 배포한다. 여섯째, 비디오 서적 등 관계 자료 확보 후 영화 비디오 자료실을 운영해서 일반인 열람이 가능하게 한다(약 1년 후 본격 운영계획). 영화마을은 체인점 운영자들이 단순한 자영업자가 아닌 우리 영화 부흥을 이끄는 영화보급 '전도사'의 눈을 가질 수 있도록 자료 공급에도 힘썼다.

사업적으로 영화마을이 기존 대여점들과 구별됐던 점은 새로 출시된 비디오 프로그램의 작품성과 흥행성을 철저하게 분석해서 가맹점에 구입목록과 수량을 제시, 비디오 선호 경향을 분석했던 것이다.70 또한 영화마을은 설립과 함께 명화 1천 편의 목록을 비치해 두고, '희귀·명작 영화 48시간 내 대여-보상제도'를 홍보했는데, 이 제도는 어떤 희귀 비디오라도 '48시간 내' 대여해 주는 서비스다. 특히 『영화저널』 복간 준비호에 실린 '특선 비디오 1000편'을 가맹점에 예약했을 때 48시간 내 대여하지 못할 경우 다른 작품을 무료로 대여하는 보상제도가 있을 만큼 보고

70 「4월 문연 '영화마을' 벌써 55곳 가맹, 희귀영화 목록 등 효용」, 『한겨레』, 1994. 9. 23., 13면.

싶은 모든 비디오를 구비하고 있다는 점을 특장점으로 강조했다. 이는 두 설립 주체가 운영했던 개인 비디오 가게들이 이미 강남과 강북에서 각각 마니아들에게 소문난 대여점이었기 때문에 전국을 돌며 오래된 대여점을 찾아가 희귀 비디오를 수집해 영화평론가들이나, 영화과 학생들에게 공급해 온 노하우가 집약된 결과였다.

그러나 영화마을이 목표했던 건 위의 사업구상에도 드러나듯, 건전한 영화문화를 위한 좋은 영화의 보급에만 그치는 것은 아니었다. 주간지 시절 『영화저널』이 했던 것처럼 단순 정보지 이상의 전문성 있는 담론을 만들어내고, 아카이브를 구축해 자체 소장비디오 목록을 만들고, 영화비디오 관계 서적을 출판하며, 영화비디오 자료실을 운영하겠다는 계획, 그리고 단편영화 제작 지원 및 비디오 출시라는 구상은 비록 계획처럼 실현되지 못했을지라도 시네마테크의 역할을 일부(비디오 아카이브, 도서관 등) 지향하고 있었다고 볼 수 있다. 이처럼 영화마을은 "초기 으뜸과 버금이 가지고 있던 영상문화운동의 목적과 개념을 흡수, 확대해서 비디오 대여사업을 기본으로 하면서도 고전영화와 예술영화, 독립영화에 대한 지원을 병행하는 차별화 전략을 구사"71했다.

영화마을은 한국영화아카데미의 우수 단편(봉준호의 <지리멸렬>(1994), 장준환의 <2001 이매진>(1994) 등)을 모아 태일영상이 제작한 <이상한 영화 1>(1995), 해외 유명 단편영화 여덟 편

71 오세섭·한상헌, 앞의 논문, 89쪽.

을 모은 <이상한 영화 2>(1996)를 배급한 데 이어, 1995년 <킬리만자로의 눈>(1952), <메피스토>(1981), <제3의 사나이>(1949) 같이 절판되거나 출시되지 않은 고전 명화를 출시했다. 육상효의 <슬픈 열대>(1994)와 김성수의 <비명도시>(1993) 등 국내외 단편영화제에 초청됐거나 수상한 한국 단편영화 다섯 편의 모음집 <슬픈 열대>(1996)의 제작 및 출시는 영화마을이 꿈꾸는 '좋은 영화 전파'를 위한 작업 가운데 하나였다. 이러한 우수 단편영화의 발굴과 작품 선정에는 기획을 맡은 이진숙의 노력이 컸다. 또한 임원진들이 으뜸과 버금 시절 일본의 츠타야를 시장조사하며 느낀 문화사업에 대한 구상이나, 일본비디오협회와의 대담은 자국 영화 비디오가 대여시장의 30%를 차지한다는 점에서 이후 한국 독립, 단편영화를 지원하는 사업 계획에 큰 영향을 끼치는 계기가 됐다.[72] 『KINO』 96년 6월호에는 '영화마을 명화찾기 ④' 시리즈로 한국 단편영화 걸작선인 <슬픈 열대>의 전면광고가 게재된다. 광고 지면에는 <슬픈 열대>에 수록된 헬렌 리의 <먹이>(1995)의 한 장면이 가득 채우고 있는데, 캐나다 이민 3세대로 정체성에 고민을 가진 젊은 여자가 권총을 들고 있는 강렬한 이미지다. 이 영화의 광고 지면에 추천사를 쓴 『KINO』의 편집장 정성일은 다음과 같이 말한다.

---

72 옥선희, 앞의 책, 95쪽.

"포스트 식민주의 시대를 경쾌하게 질주하는 멋진 한방!
때로는 제인 캠피온처럼, 부분적으로는 왕가위처럼,
그리고 타란티노처럼 단숨에 결론을 내리는
2001년 시네아스트와의 '앞지른' 만남."

　사업의 확장에 따라 예술성과 실험성을 겸비한 한국 영화문화의 활성화를 위한 독립, 단편영화 지원은 비디오 배급이나 제작에서 더 나아가 단편영화 제작지원으로 확대되었다. 영화마을은 400번째 지점이 문을 연 1998년 5월 전국 가맹점에서 협찬받은 비디오테이프를 판매해서 단편영화 제작 지원기금 천만 원을 모았다. 이 기금으로 선정된 지원작은 임필성의 <베이비>(1998)와 최금학의 <페르소나>(1998)였다. 영화마을은 지원작 단편영화 제작발표회와 함께, 지원대상자의 다른 작품 (임필성의 <소년기>(1998), 최금학의 <불똥>(1997, 부지영과 공동 감독)과 클레르몽 페랑 수상작 김진한의 <햇빛 자르는 아이>(1997)도 특별 상영했다. 그리고 이와 함께 영화마을의 이 단편영화 지원사업에서 심사를 주로 맡았던 젊은 영화비평 집단의 '한국 독립-단편영화 현주소와 전망' 포럼도 열렸다. 1990년대 중반 이후 단편영화 제작 붐에 따라, 90년대 후반에는 민간 차원의 제작 지원인 영화마을의 지원사업 외에도 영화진흥공사의 단편영화 대규모 제작지원사업도 발표되고, 문화학교 서울의 16mm 영화 워크숍을 비롯해 스튜디오 미메시스의 단편애니메이션 워크숍처럼 단편영화 제작을 교육하는 프로그램도 늘어났다. 이에 따라 소장 평론가들로 구성된 젊은영화비평집단에서 토론의 자리를 마련한 것이었다. 발제자인 실험영화 감독 임창재는 지원제도가 현장에서 얼마나 올바르게 집행되는가가 문제라며, 상영공간을 원활하게 확보하려면 독립영화 전용관이 필요하다고 주장했다. 평론가 이명인은 영화에도 보호품목이 필요하다면 최우선 고려할 것이 단편영화라며, 단편영화를 살리려면 아무 조건 없이 등급심의 면제 대상이 돼야 한다고 말했다. 참석자들 대부분은 이러한 지원책의 일회성이 아닌 장기지속성을 촉구했다.[73]

영화마을은 1998년 11월에는 500호점 개점을 기념해 지원 대상과 지원 금액을 조금 늘리면서 '제2회 단편영화 제작지원을 위한 비디오 판매전'을 열었다.[74] 두 번째 제작지원에서는 단편영화 세 편에 편당 1,000만 원씩 제작비를 지원하는데, 지원작은 박찬욱의 <선데이 서울>(35mm, 25분), 박기형의 <피해망상>(35mm, 15분), 김지운의 <권태>(35mm, 17분), 이렇게 세 작품이었다. 영화마을은 세 작품의 제작발표회를 열고, 단편영화 제작지원을 위한 비디오판매전에서 비디오를 1,000원에서 3,000원에 판매하고 수익금은 제작 지원비로 사용했다. 또한 행사가 열린 코아아트홀에서는 압바스 키아로스타미, 짐 자무쉬, 제인 캠피온 등 저명한 해외 감독들의 단편영화 다섯 편도 함께 상영했다.

73 「'영화마을' 지원 단편영화 제작발표회」, 『한겨레』, 1998. 7. 3., 13면. ; 「한국 단편영화를 진단한다: '젊은 영화비평집단' 오늘 첫 포럼」, 『경향신문』, 1998. 7. 7., 25면. ; 「단편영화 지원 잇달아」, 『조선일보』, 1998. 7. 10., 13면.
74 「500호점 개업 영화마을 단편영화 제작비지원」, 『한겨레』, 1998. 11. 27., 15면.

1999년이 되면서 인터넷, DVD 등의 보급과 함께 비디오산업에는 쇠퇴기가 찾아온다. 이에 따라 경영진들은 콘텐츠 사업을 하기로 하고 자체 제작사 CNP를 차린다. 류승완은 1999년 인디포럼 영화제에서 영화마을의 차기 지원작으로 선정된 단편 <현대인>을 만든 바 있었다. <현대인>은 제25회 한국독립단편영화제 최우수작품상과 관객상을 받았고, <현대인> 전인 1998년 만들어 부산단편영화제에서 수상했던 <패싸움>이 있었는데, 류승완은 단편 네 편을 모아 장편을 만들 계획을 갖고 있었다. 영화마을은 이 시기에 콘텐츠 사업에 대한 구상이 있었던 까닭에 장편 전체에 투자하게 된다. 그렇게 CNP 엔터테인먼트는 첫 장편 제작지원으로 류승완과 계약하면서 기존 두 작품에 <악몽>, <죽거나 혹은 나쁘거나>를 덧붙여 장편을 완성했다. 즉, 가맹점주들이 개미 주주 형식으로 출자금을 10만 원에서 2천만 원까지 내서 최종 2억 원 남짓이 마련되는데, 이 자금으로 만든 단편 네 편 모음이 <죽거나 혹은 나쁘거나>(2000)인 셈이었다. 원래는 16mm 영화였지만 당시 코아아트홀만 16mm 영사기를 보유 중인 상황에서 매진이 이어지자, 35mm로 블로우 업을 해서 전국으로 확장 개봉을 한 후 10만 정도의 관객이 든다.[75] <죽거나 혹은 나쁘거나>는 영화의 뛰어난 만듦새 못지않게 단편이 장편으로 변하는 독립영화의 제작과정이나 16mm 영화가 본격적으로 극장 배급망을 탄 최초의 사례로도 중요한 의미를 갖는 작품이다. 그러나

75　아카이브 프리즘 편집부, 「이진숙 인터뷰(영화사 하르빈 대표, 전 영화마을 기획자)」, 앞의 책, 105~107쪽.

장편 제작지원은 계속 이어지지 못했고 비디오산업이 사양길에 접어들면서 2000년 3월 국내 최대 비디오 체인인 영화마을은 삼성전자 계열의 회사인 스타맥스에 매각된다. 회사는 인터넷 시대를 맞이해 영화수입도 하고 자체 브랜드도 출시하며 콘텐츠를 확보하거나 DVD로 전환하고자 했지만 산업의 퇴조 흐름에 맞서기는 어려웠다.

1998년 8월호『KINO』의 비디오 특집에서 편집진은 31편의 숨은 비디오 특집 기사를 위해 도움을 제공한 영화마을에 감사의 말을 전하며, 96년부터 매년 8월 비디오 연속 특집을 준비하면서 두 가지 상반된 사실을 발견했다고 말한다. 그 하나는 아직도 비디오들은 거의 화면비, 화질, 자막, 원제목 등을 개의치 않으며 관객의 관람을 방해한다는 점이고, 다른 하나는 이제 비디오에서 '발견'의 재미가 거의 사라져 버렸다는 점이다.76 이는 좋은 비디오를 출시하던 군소 비디오 회사들이 도산하면서 점점 비디오 출시사들이 단일 창구화 되어가고 있다는 점을 지적한 것인데, 그에 따라 수많은 미지의 영화광 직원들이 불타는 의무감으로 출시한 작품들의 목록이 거의 사라지고 있다는 점이었다. 따라서 비디오가 아니었더라면 지금과 같은 영화들(호금전에서 올리비에 아사야스까지, 또는 데이비드 크로넨버그에서 조지 로메로까지)조차 볼 수 없었을 한국의 영화문화에서 이 시급한 비디오 특집은 계속 진행될 것이라고 밝힌다.

76 「비디오 98 야화(제3집): 서른 하룻밤의 비디오 불면증을 위하여」,『KINO』, 1998. 8., 48~49쪽.

1990년대 시네필 문화를 구성했던 중요한 원천은 분명 비디오필리아였다. 1980년대 후반 VTR이 가정으로 활발히 보급되고 빠른 속도로 비디오 제작 및 배급 사업이 성장하면서 형성된 비디오필리아는 여러 이질적인 취향과 가치를 포함한 특수한 종류의 사랑이었다. 즉 소유와 다시보기의 매혹이 되었던 대상에는 '홍콩 누아르'로 알려졌던 갱스터 영화, 주요 극장은 물론 동네 재개봉관에서도 상영되었던 액션영화와 에로영화, 아동용 애니메이션 영화가 포함되어 있었다. 따라서 '한 편의 비디오, 사람의 미래를 바꾸어놓을 수도 있습니다'라는 건전 비디오 문화 조성 및 불법유통 비디오 방지를 위한 유명한 공익광고 문구가 대표하듯, 비디오필리아는 한편으로는 사회적 규율화의 대상이자 은밀하고도 저급한 취향으로 인식되었다. 그러나 다른 한편으로 비디오 시장의 빠른 성장에 맞추어 직배사와 국내 비디오 제작사에서 우후죽순처럼 출시했던 그 다양한 영화들에는 비록 불완전하고 불순한 상태일지언정 영화광들의 발견을 기다리는 보석들이 있었고, 1990년대 들어 그 보석들의 음미 과정은 사적인 취향과 지식의 형성에서 영화적 가치의 공적인 공유와 인식까지 포함하는 다양한 시네필리아의 실천으로 이어졌다.

이런 관점에서 볼 때 한국의 시네필 문화에서 비디오는 가정용 수상기나 비디오테이프와 같은 미디어 객체로만 환원될 수 없었고, 비디오필리아 또한 시네필리아와는 엄밀하게 구별되는 열화된 관람성으로 규정될 수 없었다. 비디오는 시네필리아의 형성과 이를 가능하게 했던 영화들의 시청각적 유통에 기여하면서 관객의 취향과 감각, 지식을 기저에서 물질적으로 구성하기도 했다. 따라서 비디오는 1990년대에 시네필리아의 미디어 인프라구조 였다. 다음 장에서 살펴보게 될 문화학교 서울의 상영, 교육, 스터 디, 제작 활동은 네트워크로 파악될 수 있는 비디오의 이와 같은 광범위한 역할을 토대로 생겨났고 전개되었다. 1970년대 중반 홈비디오 초기 역사에서 소니 같은 제조사들은 비디오를 영화를 배급하기 위한 테크놀로지로 상상하지 않았다. 기술적으로 우위 에 있었던 소니의 베타맥스가 비디오테이프 포맷 전쟁에서 패배 하게 된 것은 VHS가 가정용으로 조작이 더 간단하고 두 시간 상 영시간인 영화를 저장하는 데 상용화하기 유리한 매체라는 점 때 문이었다. 이러한 비디오의 접근성과 매체의 민주적 확장성은 영 화를 사랑하는 비서구, 비메트로폴리탄, 비주류 시네필들에게 무 한한 활용 가능성을 부여했다. 1990년대 한국에서는 (그들을 무엇 이라 부르든 간에) 영화를 사랑하는 사람들이 홈비디오가 어떻게 사 용될지를 정의하고 실천했던 것이다.

영화진흥위원회 50주년 기념 총서 04

시네필의 시대

한국 영화문화에서
비디오필리아와 시네필리아

2장

비디오테크에서 시네마테크까지
: 문화학교 서울

2장
비디오테크에서 시네마테크까지
: 문화학교 서울

"문화학교 서울은 지난 10년간 (…) 영화 아카이브의 역할을 해 왔습니다. 또한 영화신문 『Fantôme』을 비롯해 수십 여종의 영화 간행물을 발간해왔으며, 『불타는 필름의 연대기』, 『한국영화 비상구』, 『루이스 부뉴엘의 은밀한 매력』, 『에릭 로메르』(…) 등의 '시네마테크 총서'를 간행했습니다. 국내 최대의 독립영화축제인 인디포럼을 매년 개최하여 독립영화의 저변을 확대하고, 독립영화 전문배급사인 인디스토리를 통해 영화제작과 독립영화 배급에도 각별한 노력을 기울이고 있습니다. 한 마디로, **90년대 문화학교 서울은 대안적인 아카이브이자 시네마테크의 모체로서의 역할을 충실히 해 왔습니다.**"[77]

시네마테크는 단지 고전 예술영화를 상영하는 극장이 아니다. 1930년대에 탄생한 최초의 시네마테크들은 무성영화의 소실, 질산염 필름의 훼손 등 초기 영화의 문화유산이 사라지고 있다는 위기감에 직면하여 영화의 보존 및 보관의 필요성을 절감하고 박

---

77 문화학교 서울, 「2002 프리츠 랑 오디세이」, 『제8회 문화학교 서울 영화주간(2002. 10. 18.~10. 25.)』 카탈로그 중(강조는 필자).

물관, 혹은 필름 아카이브가 필요하다는 공감대를 형성하며 시작
되었다.[78] 따라서 영화의 박물관, 도서관, 영화관이라는 성격이
결합된 시네마테크는 공공성이 강한 도서관, 미술관처럼 고전 문
화예술을 보존하고 전승하는 시민의 문화 공간이자 영화교육 공
간의 성격을 띠고 있다. 그러나 한국영화사에서 1990년대가 '영
화의 시대', '시네필의 시대'였다는 인식과는 달리, 엄밀히 말하
자면 1990년대 한국에는 서구적 의미에서의 시네마테크나 시네
필은 존재하지 않았다. 대신 2장에서 살펴볼 비디오테크 '문화
학교 서울'이 상당 부분 시네마테크의 역할을 대안적으로 수행
하며 주체적인 관객이자 미래의 영화인인 시네필을 양성해 왔
다. <노란문: 세기말 시네필 다이어리>에서도 볼 수 있듯 1990
년대 초 활동했던 영화 공동체는 무수히 많았다. 1980년대 영화
운동을 계승한 지향이 강했던 '영화공간 1895', '씨앙씨에'를 비
롯해 1990년대 명멸했던 수많은 비디오테크들 가운데서도 어
떻게 '문화학교 서울'만이 1990년대 내내 지속되면서, 독립영화
및 예술영화의 새로운 문화에 영향을 끼치고 21세기 민간 시네
마테크의 탄생으로 이어질 수 있었을까?[79] 2장에서는 문화학교
서울이 '시네마테크 운동론'의 정립 속에 상영과 교육에 집중했

---

78 에릭 르 로이, 민진영 옮김, 『시네마테크와 영화아카이브센터』, 전남대학교출판문화원,
    2023, 11~12쪽.

79 여기서 살펴볼 몇 가지 이유를 가능하게 하는 더 근본적인 원인은 문화학교 서울이 추구했
    던 대안영화 문화운동의 방향성이 1980년대 대학 영화운동의 노선과 정신, 의제들을 계승하
    여 1990년대 시네마테크의 정체성에 결합시켰기 때문일 것이다. 주류적인 흐름에 대항해 새
    로운 영화(New Cinema)의 담론을 만들어내고, 소형영화의 제작과 상영, 배급망의 확대, 독
    립영화라는 비제도권 영화에 대한 열정, 토론과 집단적 공유작업 등은 이후 문화학교 서울이
    '비판적 시네필리아'로서의 정체성을 형성해 가는 데 초석이 된 것으로 보인다.

던 시기를 1기(1992~1995)로, '전국 시네마테크연합' 결성 이후 제작 및 배급에 대한 실천, '인디포럼'개최 등 대안적 한국영화 및 독립영화에 천착하며 활동 영역을 넓혔던 시기를 2기(1996~1999)로, 필름영화제로의 전환 및 민간 시네마테크 전용관으로 거듭나는 2000년대 전후의 활동을 3기(2000~)로 파악하고, 문화학교 서울이 모색했던 '수용자 중심'의 영화운동을 살펴본다. 이와 함께 2002년 사단법인 한국시네마테크협의회가 운영하는 '서울아트시네마' 및 시네마테크 탄생 이후 동시대까지 지속되는 한국 시네마테크의 과제를 모색한다.

1) '새로운 영화읽기의 제안'
: 장기적 비전의 의제설정과 공론장

우리 문화학교 서울은 그동안 영화에 대한 관심과 애정으로 영화 소
그룹 활동을 해왔다. **그간의 경험을 통하여 작은 대안을 도출해 내고
'진취적이고도 새로운 한국영화의 토양의 형성'이라는 목표를 설정하
고 본지80를 발간하게 되었다.** 우리는 수동적인 영화소비자에서 능동
적인 수요자로, 영화에의 유희적 접근에서 논리적 접근으로, 영화조직
의 국외자인 관찰자의 위치에서 영화조직의 한 구성원인 참여자의 위
치로, 변화된 위치에서 영화를 바르게 대하고 검토 연구하며 그 결과
들을 같이 공유하고자 한다.81

1990년대 초반 존재했던 여러 사설 비디오테크들82 가운데서
도 문화학교 서울이 가장 오랫동안 많은 회원 수83를 유지하며

---

80 문화학교 서울에서 1994년 4월 발간하기 시작한 격월간 영화잡지 『씨네필』은 같은 이름을
가진 저널 (『씨네21』의 편집진인 남동철, 김봉석 참여) 등장 이후 4호를 마지막으로 이름을
변경해야 했다(강조는 필자). 그러나 해당 잡지 또한 폐간된 다음인 1990년대 후반, 책자가
아닌 작은 월간소식지가 다시 '씨네필 Cinephile'이라는 제명으로 간행되었다.

81 문화학교 서울, 「창간사」, 『씨네필』 1호, 1994. 4., 3쪽. ; 창간사를 쓴 문화학교 서울 대표 최
정운은 청년 시절 소형영화를 찍고 영화의 꿈을 키우기도 했던 혜민국한의원 원장으로, 문화
학교 서울의 설립 시기부터 대표이자 후견인으로 함께했다. 최정운은 2002년 한국시네마테
크협의회 이사장으로 취임하며 시네마테크 전용관인 서울아트시네마를 개관하는 등 30여 년
동안 한국 시네마테크 문화운동의 버팀목으로 활동하다 2022년 별세했다.

82 문화학교 서울, 『씨네필』 4호, 1994. 10., 63쪽.

83 문화학교 서울의 회원 수는 시기별로 차이가 있지만, 94년 10월 자료에 의하면 3,500명이 넘
었으며, 회원 종류와 가입 방법은 다음과 같았다.
"일반회원: 일반회원은 씨네마떼끄에 참여하실 자격이 있으며 두 달에 한 번씩 있는 회원 영
화제에 무료로 초대되며 기타 모든 영화제에 50%의 할인 혜택을 받으실 수 있습니다. 그 외
에 문화학교 서울이 개최하는 각종 행사에 우선 참여하실 수 있습니다. 회원이 되는 방법은
가입비 1만 원에 6개월 회비 2만 원입니다.
연구회원: 연구회원은 문화학교 서울이 개최하는 모든 영화제에 무료 초대되며, 영화공부를
할 수 있는 공간과 자료를 제공합니다. 자체 소모임을 통해 영화이론 공부와 영화분석 비
평 등을 공부할 수 있습니다. 가입비 1만 원에 6개월 회비 6만 원을 내시고 자기가 하고 싶
은 분야를 열심히 하면 됩니다."(회원모집 공고, 『씨네필』 4호, 1994. 10.)

활동 영역을 넓혀 나갈 수 있었던 것은 장기적인 비전을 도모한 프로그래밍, 회원들의 참여를 이끌어냈던 토론 프로그램, 왕성하게 간행된 출판물, 강좌, 영화제작 워크숍 등 다양한 활동들 때문이었다. 이러한 활동을 통해 문화학교 서울은 대안적 영화문화를 모색하는 시네마테크로서의 정체성을 만들어나갔다.[84] 1990년대 문화담론의 폭증과 영화매체의 강력한 영향력에 대한 인식은 영화를 사랑하던 젊은이들에게 단지 영화를 보고 소비하는 것에서 더 나아가 영화를 '읽을' 필요성, 영화읽기를 통해 사회를 변화시킬 수 있는 가능성들을 발견할 필요성을 제기했다. 문화학교 서울의 다양한 활동을 아우르는 '새로운 영화읽기의 제안'은 이러한 요청들에 화답하기 위해 시행착오를 거듭하며 자기 수업 과정에서 도출한 아젠다였다. 1994년 8월에 발행된 『씨네필』 3호 '발간사'에서 이러한 논의 과정을 살펴볼 수 있다. "우리는 씨네마떼끄라는 단어를 원래의 의미와 상관없이 '영화읽기'라고 이해하고 쓰고 있다. 왜냐하면 씨네마떼끄 프랑세즈라는 프랑스의 영화도서관은 수많은 영화를 소장하고 공개적이고 적극적인 영화읽기를 주문했고 그 속에서 세계적인 감독을 배출했기 때문에, 씨네마떼끄라는 단어는 단순한 라이브러리의 개념이 아니라 적

---

84 이후 문화학교 서울에서 정리한 시네마테크의 주요한 역할은 다음과 같다.
"①고전 및 예술영화의 레퍼토리 상영을 통한 영화문화의 체험 ②영화에 관한 안내 책자, 강연과 심포지엄 등의 활동을 통한 교육적 기능의 수행 ③영화 애호가들, 일반 대중, 영화연구자들, 영화 제작자들의 커뮤니케이션을 활성화하기 위한 포럼 및 교육적 활동 ④시네마테크가 보유하는 컬렉션에 보다 많은 사람들이 접근할 수 있는 기회의 제공." 김성욱, 「시네마테크 활성화를 위한 개선방안」, 『(사)한국시네마테크협의회 심포지엄 '시네마테크는 지금'』 자료집, 2003, 53쪽.

극적인 영화읽기의 개념이 되어야 한다고 생각한다."[85] 당시 운영위원이었던 이주훈은 2003년 열린 대담에서 '새로운 영화읽기의 제안'이라는 모토가 94년에 정기적으로 영화제를 진행하고 토론 프로그램을 하면서 정립된 것 같고, 당시로서는 중요한 개념이었고, 지금까지도 지탱해 온 힘이었던 것 같다고 회고한다.[86]

문화학교 서울은 특정 주제에 맞추어 단순한 영화보기가 아니라 영화에 담긴 의미를 분석하고 이해할 수 있도록 '정기 영화제' 프로그램을 진행했다. 이는 영화를 소비하는 데 그치지 않고 생산적인 방식으로 '읽기'위한 것이었다. 이를 위해 영화제 때마다 자료집을 발간했으며 비디오로 상영되는 작품에는 모두 한글 자막 작업을 했다. 초기 프로그램을 살펴보면, 1992년 11월 첫 영화제인 '작은 영화제: 신세대의 선두주자-레오 까라와 짐 자무쉬'를 시작으로, 1993년 1월 '중국 영화제: 제5세대 감독의 영화세계', 3월 '제3세계 영화제', 8월 '종교 영화제', 9월 '로드 무비 영화제', 10월 '동구권 영화제', 12월 '출발점의 영화들: 영화작가 11인의 데뷔작' 등을 개최했다. '시네마떼끄'는 매월 여섯 편에서 열 편 가량의 영화를 정하거나 거장과 동시대의 작가 2인을 선정해서 영화를 보고 분석하고 토론하는 프로그램이었다. 1993년 11월에는 '영화언어의 이해를 위하여', 12월에는 '할리우드 장

---

85 문화학교 서울, 「발간사」, 『씨네필』 3호, 1994. 8., 4쪽.

86 이주훈, 「'문화학교 서울'을 추억하다: 곽용수, 김형석, 이주훈, 조영각 음주대담」, 『독립영화』 18호, 2003, 113쪽.

르에 대한 이해', 94년 1월에는 '이탈리아 1(비토리오 데 시카, 베르나르도 베르톨루치)', 2월에는 '이탈리아 2(로베르토 로셀리니, 따비아니 형제)', 3월에는 '프랑스 1(로베르 브레송, 장 뤽 고다르)', 4월에는 '프랑스 2(프랑스와 트뤼포, 장 자끄 베네)', 5월에는 '영국(스탠리 큐브릭, 피터 그리너웨이)', 6월 '독일 영화(프리츠 랑, 베르너 헤어조크)', 7월 '폴란드(안제이 바이다, 크쥐시토프 키에슬롭스키)' 등이 프로그램화되었다. 94년 11월부터는 영화탄생 100주년을 앞두고 문화학교 서울이 선정한 '걸작 베스트 20'을 바탕으로 3개월의 진행 기간 동안 한 권의 자료집을 묶어냈다. 초반 프로그램이 상대적으로 고전적인 감독이나 정전들, 내셔널 시네마를 소개하는 데 주력했다면, 90년대 중반 이후의 프로그램에서는 동시대나 21세기의 영화를 전망하는 프로그램의 비중이 늘어난다. 아톰 에고이앙, 압바스 키아로스타미, 그렉 아라키, 마티유 카소비츠를 소개하는 '21세기 미래의 작가들(1996. 7. 25.~8. 12.)', 할 하틀리, 리처드 링클레이터, 난니 모레티, 김성수의 <비명도시>(1993)와 같은 한국의 단편영화 등을 소개한 '영화 제2세기의 전사들(1996. 1.)' 등이 있다. 여의도 쌍용 300홀에서 개최한 '선댄스 키즈 페스티발(1997. 1. 28.~2. 1.)'은 <파리는 불타고 있다>(1990), <천국의 루비>(1993) 등 1990년대 이후 선댄스가 배출한 감독의 주목할 만한 영화 열 편을 선보였다. 영화제 카탈로그에는 '선댄스에 주목하는 이유'로 인디펜던트 정신을 실천하는 "20세기 마지막 뉴 씨네마"라는 점, "한 명의 신예 감독에 대한 좋은 후원자"라는 점, "한국 독립영화에 주는 시사점" 등을 강조한다.[87] 96년 10월 한 차례 선댄스영화제 관련 프로그램을 마련한 후 연속적으로 영화제를 기획한 데는 문화학교 서울이 90년대 후반 이래 한국 독립영화의 제작 및 배급의 실천에 더욱 천착했기 때문일 것이다.

문화학교 서울은 개인 소장 비디오를 상영하던 동호회 성격으로 출발해 제작 단체인가 아닌가에 대한 구성원 간의 견해 차이를 조율하면서, 초반에는 비정기적이었던 영화제 및 토론 프로그램을 정례화하고 체계적인 영화 해설 등을 제공하면서 시네마테크 개념을 점진적으로 정립해 갔다. 좋은 영화를 상영하고 토론하고 자료집을 내면서 영화에 대한 수용자 중심의 영화운동을 하며 새로운 시각을 제시하겠다는 열정은 능동적이고 주체적인 관객을 '시네필'로 호명하는 것으로 이어졌다. 이를 통해 문화학교 서울은 당시 소비문화의 주체로 부상하던 영화광, 영화마니아와는 차별화된 관객을 지향해야겠다는 자의식을 형성해 갔던 것으로 보인다. 『씨네필』 창간호에 실린 문화학교 서울에 대한 단체 소개의 일부가 이 점을 보여준다.

문화학교 서울은 결코 전문 단체는 아니지만, 언제나 영화에 대해서만은 전문가의식을 가지고 있습니다. 좋은 영화는 좋은 관객이 있어야만 존재할 수 있다는 신념 아래 보다 좋은 영화, 보다 좋은 관객과의 상시적인 만남을 위해 노력하고 있습니다. 좋은 영화와 만날 수 있는

---

87 「우리가 선댄스에 주목하는 이유」, 『선댄스 키즈 페스티발』 카탈로그, 문화학교 서울, 1997, 1~2쪽.

곳, 영화를 진지하게 감상할 수 있는 곳, 그리고 영화에 대한 바르고 깊이 있는 전문적 지식까지도 습득할 수 있는 곳. <문화학교 서울>이 바로 추구하는 것입니다. 88

1990년대 문화학교 서울의 활동은 한국에 시네마테크의 필요성을 환기시키는 것과 함께 예술영화의 제도화 과정에서 이상적으로 상정된 관객을 뜻하는 시네필을 공론화하는 과정이기도 했다. 문화학교 서울에서 발행하는 초기 격월간 간행물의 이름이 『씨네필』(이후 월간 소식지 이름)이기도 했지만, 웹사이트 주소도 www.cinephile.co.kr이었고, 발행하는 책자에도 'cinephile은 영화를 사랑하는 사람입니다'라는 구절을 강조하는 등 대안적인 시네마테크의 주체적인 관객을 가리키는 방식으로 시네필은 자주 호명되었다. 이는 감식안 있는 관객에서 비평적 글쓰기를 하는 관객, 영화를 만드는 관객으로 이어지는 트뤼포식 '시네필 성장의 내러티브'를 반영하고 있었음을 의미한다. 그러나 시네마테크의 물리적 선결조건인 필름(film) 영화와 영화의 집으로서의 극장, 아카이브의 기능이 부재한 비디오테크, 비디오필리아로서의 한계는 1990년대 내내 구성원들이 거듭 자문했던 정체성이자 한국의 영화문화가 지닌 특수성이었다. 문화학교 서울이 서구적 의미에서 시네마테크인가 아닌가 하는 것은 이 글의 강조점이 아니다. 대신 나는 '새로운 영화읽기의 제안'이라는 아젠다를 전

---

88 문화학교 서울, 「문화학교 서울 소개」, 『씨네필』 1호, 1994. 4., 77쪽. 같은 페이지에 있는 '문화학교 서울이 하는 일'을 살펴보면, '정기영화제', '회원영화제', '시네마떼끄', '강좌' 등이 있다.

개한 문화학교 서울이 당시 영화문화의 번성에 화답하면서 비판적 시네필리아의 형성을 이루어낸 실천의 과정들에 주목해야 한다고 주장한다. 곽용수가 말하듯 이러한 시네마테크의 본질을 규정하는 데 중요한 것은 "영화적 경험을 구현하는 매체의 질보다는 활동에 담겨진 고민들, 생각들"이었기 때문이다.[89] 필름과 아카이브, 표준적인 극장의 부재에도 불구하고 자생적 시네마테크로서의 문화학교 서울에서 발견할 수 있는 것은 희소가치가 있는 영화의 지속적인 상영, 원자화된 개인들이 모여 이루었던 연대, 집단 토론의 열기를 만들어내는 공간의 아우라였다.[90]

문화학교 서울이 자신들의 의제를 설정하고 비판적 시네필리아로 형성되어 가는 과정에서 준거로 삼았던 것은 『카이에 뒤 시네마』의 작가정책'과 '시네마테크 프랑세즈' 모델이었다. 문화학교 서울이 꿈꾸었던 '새로운 한국 영화 토양의 형성'을 위해 1994년 만든 첫 번째 영화잡지 『씨네필』을 보면 '한국영화의 발전을 위하여'라는 기획의 첫 번째 주제가 '시네마떼끄 운동에 대한 일 제언'이다.[91] 사무국장이었던 곽용수가 쓴 이 글은 시네마테크 프랑세즈의 사진과 함께 "이곳에서 수많은 감독들이 자신

89 곽용수, 「문화학교 서울'을 추억하다: 곽용수, 김형석, 이주훈, 조영각 음주대담」, 앞의 책, 117쪽.

90 "문화학교 서울은 영화가 가지는 그 무한하고 광대한 힘을 믿으며 또한 영화가 빠질 수 있는 그 오만과 부패 그리고 왜곡의 함정을 경계하면서 영화와 사회 사이에 놓여있는 그 팽팽한 긴장을 놓치지 않을 작정입니다. 비록 그것이 위험한 줄타기가 될지라도, 혹은 그 질식할 긴장에 심장이 터질지라도 우리는 포기하지 않을 것입니다", 문화학교 서울, 정기영화제 자료집 『출발점의 영화들-그 두 번째 이야기(1994. 12. 23.~31)』, 1994, 2쪽.

91 곽용수, 「시네마떼끄 운동에 대한 일 제언」, 『씨네필』 1호, 1994. 4., 33쪽.

의 영화적 상상력을 펼쳤고 결국 그들은 자신들만의 영화세계를 창조하였다. 이곳이 바로 시네마천국인 것이다"라는 다소 선언적 구절로 시작한다. 이상적인 영화문화를 위해 그가 제안하는 것은 집단적으로 영화에 대한 토론과 논쟁이 활성화될 수 있는 '수용자 운동'으로서의 시네마테크 운동이었다. 곽용수에 의하면 1990년대 들어 서울뿐 아니라 부산 '시네마떼끄 1/24', 천안 '영화공방' 등 수많은 영화단체들이 생겨나며 활동하고 있었지만, 각 비디오테크들은 공통의 문제점에 직면해 있었다. 첫째는 공간 운영상의 경제적인 어려움, 둘째, 운영자들의 장기적인 전망 부재, 셋째, 불법성(공연법과 저작권법 관련 규정)이었다. 곽용수는 『씨네필』 4호 '한국 시네마떼끄 운동사'에서도 한국 비디오테크들의 문제들을 다시 심도 깊게 다루었다. 이 과정에서 그는 물적 토대의 결핍과 여러 현실적 제약 속에서도 이상적인 시네마테크에 대한 큰 그림을 그리면서 '올바른 영화 읽기'의 중요성과 장기적인 기획력, 구성원들의 커뮤니케이션의 긴요함을 강조하고 시네마테크들 간의 연대를 주장한다.

세계영화사에서 시네필리아의 전성기는 1950년대부터 1960년대 후반으로 이야기되곤 한다. 이 시기는 2차 대전의 폐허로부터 벗어나 경제 붐이 형성되고, 전쟁 기간에는 볼 수 없었던 다양한 종류의 영화들이 유럽의 극장에 밀려들면서 새로운 대안적 영화문화가 생겨났으며, 모던 시네마, 예술로서의 영화에 대한 성찰이 절정에 이르렀던 시점이다. 유럽-미국 사이에 대서양을 횡

단하며 시간과 공간의 우회와 지연이 이루어진 이들 시네필리아
의 형성 과정92과 달리, 한국의 1990년대는 80년대의 정치적 격
변기 속에서 접근이 봉쇄되었던 영화의 정전들이 한꺼번에 수용
되었고, 매체 또한 사적 매체인 비디오가 공적 상영의 형태로 변
모하면서 독특한 지형을 형성했다고 볼 수 있다. 그러나 문화학
교 서울이 1990년대 한국의 시네필 문화 형성 과정에서 유럽의
작가주의 모더니즘을 네크로필리아(시체애호증)적으로 수용했던
것만은 아니다. 정전화된 유럽의 작가에 대한 탐구 못지않게 동
구권 및 제3세계, 변방의 영화 또는 동시대 세계영화의 경향에
열려 있었고,93 언제나 독립영화에 지지를 보냈으며,94 궁극적으
로는 한국영화의 현실에 대한 질문을 잊지 않았다.95 때로는 공
식적으로 볼 수 없는 '저주받은 걸작'이나 금기시되는 영화(예를
들면 수입이 금지된 일본영화는 언제나 인기 상영작이었다)들의 유혹에서 자
유롭지 못했지만96, 감식안을 가진 시네필로서 새로운 영화에 대

●

92 시공간적 우회와 지연 속에서 1950년대에서 1970년대 파리-런던-뉴욕을 가로지르며 번창
한 시네필리아의 대서양 횡단의 흐름의 역사에 대해서는 토마스 엘새서의 "Cinephlia or
the Uses of Disenchantment"를 참조.

93 문화학교 서울의 정기간행물 『Cinémathèque』에서는 1993년 10월에 '동구권의 영화세계',
1995년 5월에 '1990년대의 영화들1'(No.13)과 '1990년대의 영화들 2'(No.15)를 다뤘다.

94 문화학교 서울, 「특집: 인디펜던트 영화의 어제와 오늘」, 『씨네필』 2호, 1994. 6., ; "우리는 독
립영화 제작과 소집단 활동이 한국영화발전의 한 방법이며 그 또한 새로운 영화를 위한 하나
의 뿌리됨을 믿는다", 최정운, 「창간사」, 『씨네필』 1호, 1994. 4., 3쪽.

95 문화학교 서울, 「1995년 한국영화를 말한다」, 『한국영화 비상구』, 문화학교 서울, 1996,
11~37쪽.

96 수많은 '걸작' 영화제들, 이를테면 뉴 씨네마 걸작 세 편(1995. 1.), 1960년대 걸작 여섯 편
1(1995. 2.), 1970년대 걸작 여섯 편2(1995. 3.) 등이 있다.

한 '발견'[97]의 소임 또한 중요시했다. 이에 따라 "올바른 영화읽기의 과정이 담보되어야만 진정한 시네마테크로서의 자기 위상을 갖게 되는 것"임을 강조하고, "단순히 희귀영화에 대한 만족감은 지배 이데올로기에 의한 영화의 왜곡과 또 다른 물신숭배에 빠질 수 있는 소지가 있다"[98]며 경계하고자 했다.

---

[97] "김형석: 내 기억에 젤 좋았던 영화제는 여의도에서 했던 선댄스영화제가 제일 좋았어요. 그때는 정말 선댄스영화제 아무도 주목 안 했어. 우리가 일본까지 가서 테입 구해서, 밤새 번역하고 자막 넣고 그래서 상영했는데, 사람들도 많이 왔고. (…) / 이주훈: 정말 우리가 발견해냈고, 우리가 스스로 의제를 설정했다는 건 진일보하지 않았냐는 거지." 「'문화학교 서울'을 추억하다: 곽용수, 김형석, 이주훈, 조영각 음주대담」, 앞의 책, 126쪽.

[98] 곽용수, 「한국 씨네마떼끄 운동사」, 『씨네필』 4호, 1994. 10., 문화학교 서울, 63쪽.

2) 영화교육: 스터디, 강연, 출판

"젊은 그들은 자신이 스크린에서 본 것들과 함께 스스로의 역사를 만들어 갔"고 (…) "시네필 문화는 그 나름의 지식과 강의, 학생과 선생을 갖고 있었다"[99]

문화학교 서울의 가장 큰 목표 중 하나는 시네마테크의 주요 역할이자 단체의 이름이 '학교'라는 점에서도 드러나듯 교육기능을 수행하는 것이었다. 이들이 아젠다로 내건 '새로운 영화읽기의 제안' 또한 '영화를 보는 방법'을 배우는 것에 대한 인식의 중요성을 엿볼 수 있는 대목이다. 문화학교 서울의 구성원들은 학교가 아닌 영화(시네마테크와 영화잡지)를 통해 교육받고, 제도권의 영화학교에 가지 않아도 스스로 영화를 배우고 만들 수 있어야 한다고 믿었으며, 하루 종일 영화를 보고 공부할 수 있으며 영화와 관련된 문헌을 접할 수 있는 도서관의 필요성을 인식했다. 영화비평과 이론의 측면에서 『카이에 뒤 시네마』의 가장 큰 기여 중 하나가 '영화보는 법'에 대한 혁신이었던 것처럼[100], 문화학교 서울의 '영화읽기'와 관련된 교육과정은 배우고 성장할 수 있는 관객의 능력에 대한 신뢰에 바탕을 둔 핵심적인 주요활동이었다.

이러한 인식하에 문화학교 서울은 1994년 7월, 회원들의 보

---

99 에밀리 비커턴, 정용준·이수원 옮김, 『카이에 뒤 시네마 영화비평의 길을 열다』, 이앤비플러스, 2013, 63쪽.

100 위의 책, 26쪽.

113

다 진지한 영화경험과 구체적인 토론 문화 형성을 위해 연구회원을 모집했고, 초기에는 일곱 개의 팀이 활동하다 다섯 팀으로 정리된 후 스터디를 하고 자료집을 발행했다.[101] 이들의 커리큘럼은 작가론, 장르론, 초기영화사에서부터 미국 독립영화에 이르는 영화사, 현대영화이론, 마르크스주의, 프랑크푸르트학파의 비판이론, 페미니즘, 포스트콜로니얼리즘, 정신분석학 등 1990년대 한국의 인문학 혹은 영화학과 대학원에서 다루는 대부분의 이론과 비평을 다뤘다. 각 연구팀은 앤솔로지 형식의 책 'Another View'를 만들어 자신들의 공부의 결과물을 다른 멤버들이 공유할 수 있도록 했다. 신뢰할 만한 영화이론이나 비평 서적이 드물던 시절, 자료를 축적하고 공유하는 것은 영화를 보는 것 이상으로 많은 시간과 노력을 할애해야만 하는 일이었다.

예를 들어 연구 5팀이 펴낸 『Modernity / Postmodrnity』[102]의 목차를 보면, ① 메타픽션·패러디 ② 저작권 침해 ③ 여성, 원주민, 타자 ④ 한국 / 포스트모더니즘 / 영화 ⑤ 한국, 모더니티 ⑥ 커리큘럼으로 구성되어 있다. 연구팀은 총론으로 이진우의 『포스트모더니즘의 철학적 이해』, 데이비드 하비의 『포스트모더니티의 조건』, 프레드릭 제임슨의 『포스트모더니즘 혹은 후기자본주의의 문화논리』, 테리 이글턴의 『자본주의, 모더니즘, 포스트모더니즘』을 12명이 함께 공부한 후, 전체 팀을 넷으로 나누어

---

101 김규찬, 「연구 1팀 Criticino 소개」, 『Criticino와 함께하는 Cinémathèque-City Image』, 1995. 11., 4쪽.

102 문화학교 서울 연구 5팀, 「Another View」, 『Modernity/Postmodernity』, 1997.

각 조별로 소주제를 정해 심화시키는 방식으로 학습했고, 책 말미에 참고도서 목록을 제시했다.

연구 4팀의 『Melodrama』는 11명의 구성원이 두 달 반 동안 강도 높은 스터디를 진행하며 펴낸 결과물이다. 한국어로 번역된 자료가 거의 없다 보니 팀원들은 영문 원서를 함께 공부했다. 이 자료들은 토마스 엘새서, 린다 윌리엄스(Linda Willliams), 크리스틴 글레드힐(Christine Gledhill) 등이 쓴 멜로드라마 연구의 고전적 논문들이었다.[103] 아울러 팀원들 모두는 이론적인 부분에 대한 서술은 물론, 더글러스 서크나 라이너 베르너 파스빈더, 배창호 등의 작품 분석에 참여하여 각 작품에 대한 글을 집필했다. 이 자료집을 바탕으로 1997년 3월 7일에서 28일까지 문화학교 서울 멜로드라마 영화제가 연계해서 진행되었다.

이렇듯 문화학교 서울의 연구팀은 개인적인 학습을 하는 데 머물지 않고 영화에 관한 담론의 토대를 마련하거나 토론을 이끌어 내고자 노력했다. 대학원 커리큘럼 수준의 심도나 강도에 달하는 과정 속에서 꾸준히 영화보기와 이론, 토론을 병행해서 공부한 연구팀원들은 이후 대학원에 진학해 아카데믹한 길을 계속 가거나 영화평론가, 기자 같은 저널리스트, 영화제 프로그래머, 감독 등이 되는 진로를 선택하게 된다.

그러나 문화학교 서울의 연구 활동은 영화학과 대학원 진학 및

---

103 린다 윌리엄스의 "Something Else Besides a Mother': *Stella Dallas* and the Maternal Melodrama", 토마스 엘새서의 "Tales of Sound and Fury: Observations on the Family Melodrama" 등이다.

평론가/기자를 위한 예비수업에만 그치지 않는 것이었다. 1970
년대 이후 현대영화이론은 물론 이후 문화연구의 주요한 흐름들
을 망라한 문화학교 서울의 이론적 지향은 시네필의 정체성이
라는 차원에서도 흥미로운 사례였다. 엘새서는 작가이론에 근거
하던 『카이에 뒤 시네마』의 시네필 모델이 70년대 이후 할리우
드 영화에 대한 비판적 성찰로 이행하면서 '스크린 이론(Screen
theory)'으로 전환된 과정에 주목한다. 이러한 전환은 시네필리
아가 단순한 영화에 대한 사랑을 넘어서 영화에 대한 의혹 또
는 부정 또한 포함한다는 점을 뜻한다. 엘새서가 보기에 사랑과
증오는 시네필리아라는 동전의 양면과 같은 것으로, 영화에 대
한 부정적 태도는 영화관람과 영화의 풍부한 시청각적 특질들에
대한 매혹에서 깨어나 그것들의 이면을 보게 되는 일종의 각성
(disenchantment)이다. 그런데 엘새서에게 이는 단순한 각성이 아
니라 '생산적 각성(productive disenchantment)'으로, 70년대 영미
권에서 현대영화이론 및 영화연구의 정립은 바로 시네필리아가
영화의 마법적 역량에 대한 매혹을 넘어 그 역량의 작동 방식을
지적으로 성찰하는 데 투자한 결과였다. "70년대 초 할리우드에
대한 실망은 '부정적인' 혹은 부인된(disavowed) 시네필리아를 영
미권 아카데미 영화연구가 설립된 한 순간으로 전환함으로써 작
가주의의 핵심에 있는 합법화의 기획을 새롭게 일신했다."**104** 영

---

104 Thoma Elssaesser, "Cinephlia or the Uses of Disenchantment,", *Cinephilia:
Movies, Love and Memory*, eds., Marijke de Valck and Malte Hagener,
Amsterdam: Amsterdam University Press, 2005, p.32.

미권의 영화연구가 정신분석학, 기호학, 마르크스주의 등의 방법론과 문제의식을 끌어들이면서 스스로를 제도화한 동기는 영화의 이미지와 내러티브 기제들을 꼼꼼하게 읽음으로써 영화가 대중의 의식과 문화에 미치는 강력한 영향을 설명하기 위해서였다. 그런데 이러한 꼼꼼한 읽기는 영화에 대한 매혹과 사랑이 없이는 불가능한 것이기에, 매혹과 그 매혹을 넘어서려는 욕망은 서로 긴밀히 연루된다. 엘새서가 제시한 시네필리아의 변증법을 통해 살펴볼 때, 나는 문화학교 서울의 연구 활동이 작가주의 모델을 넘어서 이러한 '생산적 각성'을 지향했다고 주장한다.

　문화학교 서울에서 추진했던 또 다른 교육 사업 중에는 제작이나 비평 등에 대한 강좌가 있다. 1990년대 초부터 코아아트홀, 뤼미에르 극장처럼 예술영화를 개봉하는 영화관이 생기고, 한국민족예술인총연합('민예총')이나 한겨레 문화센터 등에서 개설한 사설 영화강좌도 폭발적인 수강률을 기록하는 등 영화에 관한 기대와 관심이 고조되었던 시기, 1994년 문화학교 서울에서도 '영화 전반에 대한 폭넓은 이해와 전문 인력 양성이라는 목표'[105]를 내걸고 '명작과 함께 세계영화사를'이라는 제목의 연속강좌를 4기로 나누어 시행했다.[106] 강좌가 끝난 후에는 강의 녹음 테이프를 기초로 강의록을 제작했고, 강의록 말미에는 수강생들의 영화 감상문까지 수록했다. 2기 강의의 경우는 '다시 읽는 할

105　문화학교 서울, 「문화학교 서울이 하는 일」, 『씨네필』 2호, 1994. 6., 76쪽.

106　문화학교 서울 영화비평강좌 강의록, '명작과 함께 세계영화사를 3', '새로운 영상의 모색: 유럽과 아시아, 제3세계의 뉴 시네마' 1994년 9월에서 12월까지 진행된 이 강좌는 조희문, 이충직, 김경욱, 편장완, 정용탁, 변재란 등 대학의 현직 교강사들이 강의했다.

리우드의 생존법'이라는 주제로, 주 2회의 강좌가 6주 동안 진행되었다. 강좌는 강의 내용과 연계되는 영화상영과 함께 병행되었다. 예를 들면 8월 셋째 주에 9강 '우리에게 내일은 있다-60년대 할리우드(김영진 강의)', 10강 '새로운 역사와의 조우-70년대 할리우드(신강호 강의)'가 진행된다면, 같은 주에 강의와 관련된 영화인 샘 페킨파의 <와일드 번치>(1969)와 조지 루카스의 <THX-1138>(1971)을 상영하는 방식이었다. 3기 강의의 경우 '새로운 영상의 모색: 유럽과 아시아, 제3세계의 뉴 시네마'라는 주제로 뉴 시네마 사조를 각각 다루고 사조별로 대표작을 소개하면서 회원들의 감상문을 수록하는 구성이었다. 3기 강좌 강의록은 총 90페이지로 구성되어 있는데, 1부에는 총 12강의 강의내용이 요약되어 있고, 2부에는 대표감독과 작품 소개, 3부는 회원들의 영화감상문이 실려 있다. 이같이 일회적 강의에 그치지 않고, 강사들의 강의를 녹음해서 강의내용을 아카이브하고 책자로 발행하며 수강생들의 글쓰기를 독려하는 방식은 전문교재가 부족한 상황에서 수많은 간행물들을 양산했고, 회원들의 읽기 자료가 되기도 했다.

이러한 연속적인 기획 강좌 외에도 영화제 상영 프로그램과 연동되거나 별도의 섹션으로 마련된 강좌의 주제는 다양했다. 『씨네필』에서는 '문화학교 서울이 하는 일' 네 가지 중 하나로 강좌를 들면서, 영화 전반에 대한 폭넓은 이해와 전문 인력 양성이라는 목표 아래 본격적인 교육의 장으로 자리매김하려는 것이 강좌 개설의 목적이라고 밝힌다. '제1기 촬영강좌'(1993. 3.~7.), '한국영화사'(1994. 12. 15.~1995. 3. 9., 이효인, 조희문 강의), '21세기 영상 아카데미-영화스타일 분석' 전문강좌(1994. 12. 21., 편장완, 김영진, 조혜정, 이충직 강의), '영화스타일 분석-숏바이숏'(1995. 6. 29.~9. 7., 편장완, 이은주, 최병근, 박상준 강의), '성의 정치학-영화와 섹슈얼리티'(1996. 1. 18.~2. 22., 서동진 강의), '모더니즘과 영화'(1996. 4. 11.~5. 16., 문재철 강의), '페미니즘과 영화'(1997. 1. 23.~2. 27., 주유신 강의), '비평강좌-미국영화 지형도 그리기&텍스트 읽기'(1997. 10. 2.~11. 27.) 등 촬영이나 시나리오 등 제작 강의에서부터 영화분석, 한국영화사, 모더니즘이나 포스트모더니즘, 페미니즘, 퀴어 시네마 등의 현대영화이론 및 문화연구의 영역까지 대학과 비제도권 단체를 넘나드는 강사진들의 참여 속에 영화상영과 연계한 토론을 통해 참여를 유도했던 다양한 강좌는 수강생들의 열기로 뜨거웠다. 강좌는 중요한 수익사업의 역할을 했고, 연구팀 운영과 강좌의 교육활동은 시네마테크의 인적 자원을 성장시키는 데 큰 역할을 했다고 볼 수 있다. 복제 비디오를 상영하고 법적으로 불법의 영역에 있었음에도 주요 일간지나 잡지들에서 문화학교 서울의 영화제나 강좌를 비중 있게 다루고, 대학에서 강의하는 제도권 연구자들이 적극적으로 참여했다는 것은 문화학교 서울이 공적 시네마테크의 부재 속에 그 역할을 대리하고 있는 것에 동의하고 이러한 활동을 지지하고 있었던 것으로 보인다.[107]

---

107 이는 문화학교 서울에서 강의를 하며 『한국영화 비상구』(1996)에 '추천사'를 썼던 정재형 교수가 『불타는 필름의 연대기』에 쓴 '추천의 말'에도 드러난다. "문화학교 서울은 영화의 정열과 혼이 끓어 넘치는 '영화청년'들의 집합소로서 널리 알려져 왔다. (…) 『불필연』은 판을 거듭해가는 '영화 개설서의 베스트셀러'로 떠올랐다." 같은 책의 표지에 수록된 '추천의 말'에서 전찬일 평론가는 다음과 같이 썼다. "그 책자는 구체적 평가를 떠나, 어쩌면 영화 선진국들의 잔치에 불과할 수도 있는 영화 역사 1세기를 맞이하여 그 노정을 더듬는 국내 최초의 영화 서적이라는 데에 그 가장 큰 의의가 있다고 할 수 있다."

1992년 11월 첫 영화제를 시작으로 문화학교 서울이 출간한 수십여 권의 자료집과 생산적인 출판물들, 그리고 교육에 대한 노하우를 집대성하여 영화탄생 100주년을 기념해 출간한 야심 찬 기획이 바로 『불타는 필름의 연대기』(이하 『불필연』)이다. 『불필연』은 원래 문화학교 서울에서 1995년 1월부터 10월까지 진행한 '영화탄생 100주년 기념, 세계 걸작 영화 100편 페스티발'의 자료집으로 기획된 것이었다. 영화만 상영할 것이 아니라 영화에 대해 좀 더 전문적인 접근을 해보자는 의도로 출판했는데, 4개월 만에 재판을 찍을 정도로 베스트셀러가 됐다. 『불필연』은 '세계 영화사의 연대기(영화사조), 작가, 장르, 걸작'이라는 몇 가지 원칙에 의해 영화사 100년의 걸작 100편을 선정해 소개하고 있다. 각각의 영화는 한 페이지에 감독 소개와 작품해설, 스틸사진이 포함된 내용으로 집필되었는데, 오늘날의 시각에서 본다면 정보의 출처도 불분명하고 내용의 오류나 비평적 시각의 부족함이 많이 눈에 띄는데도 불구하고 이 책은 영화 부문 베스트셀러를 넘어 한동안 스테디셀러가 되었다108. 『불필연』이 또 다른 베스트셀러 『영화에 대하여 알고 싶은 두세 가지 것들』(구회영 저)과 더불어 꾸준히 팔려나갔던 것은 1990년대 중반까지도 영화에 관한 정보가 수요에 훨씬 미치지 못했고, 전문서적이 부족했다는 것을 반증함과 동시에 다른 한편으로는 걸작 100선을 포함하는 『불필연』의

---

108 "곽용수: 그땐 『불타는 필름의 연대기』에 대적할 책이 없었다. / 조영각: 맞아. 베스트셀러 1위에 몇 달 동안 올랐다. 처음으로 김홍준 감독이 쓴 『영화에 대하여 알고 싶은 두세 가지 것들』을 밀어낸 게 『불타는 필름의 연대기』다." 「문화학교 서울'을 추억하다: 곽용수, 김형석, 이주훈, 조영각 음주대담」, 앞의 책, 114쪽.

구성방식이 시네필들을 포함한 한국 독자들의 백과사전적 지식 탐색의 욕망에 부합하는 것이었기 때문으로 여겨진다.109 영화탄생 100주년의 해인 1995년 창간한 『KINO』는 10월호 에디토리얼에서 이 책에 대해 다음과 같은 메시지를 전한다. "씨네마떼끄 활동을 불법으로 규정하는 남한에서 '자생적으로' 태어나서 활동하는 영화광들의, 이보다 더 생산적이고 생생한 진실의 자기고백은 달리 없다. 만일 이들의 노력이 없었다면 우리는 '책으로 읽은 지식'으로 '보지도 못한 영화'에 관해서 수다를 늘어놓는 앵무새 같은 복화술사가 되었을 것이다."110 이 메시지의 뜻은 『불필연』의 100편의 리스트가 문화학교 서울이 자신들의 감식안으로 회원들과의 수많은 토론과 논쟁의 수업을 거치며 생산해 낸 결과물이라는 의미일 것이다.

제목에서 이미 제3세계 혁명영화의 비전을 암시하고 있는 『불필연』은 서구영화의 작가들을 정전화하는 관점이 아니라 영화와 사회, 혹은 영화와 역사에 대한 성찰적 고민을 담아내는 비판적 시네필리아, 즉 엘새서가 말하는 의미에서 '생산적 각성'으로서의 시네필리아의 시각으로 기술되었다. 이 책은 영화가 기계장치일 뿐 아니라 그 자체로 구조와 이데올로기의 산물이라는 인식에 근거했기 때문이다. 이런 점에서 볼 때 이 책은 낭만적 작가 신화에 근거한 작가주의에 매몰되지 않으려는 시도이자 영화가 세

109 "(…) 이 100편을 다 볼 수만 있다면 당신의 영화 보는 눈은 달라질 수 있다고 확신한다." 「책머리에」, 『불타는 필름의 연대기』, 1995, 4~5쪽.
110 「에디토리얼」, 『KINO』, 1995. 10., 『불타는 필름의 연대기』 뒤표지 '추천사' 중에서.

상을 바꿀 수 있다는 결연한 믿음의 표현이었다. 그리하여 『불필연』의 필진들은 에이젠슈타인으로 시작해 독립영화나 제3세계 영화, 퀴어나 페미니즘 등 일정한 정치성을 담지한 동시대 영화들의 흐름으로 이 책의 끝을 맺고 있으며, <오발탄>(유현목, 1961), <바보들의 행진>(하길종, 1975), <길소뜸>(임권택, 1985), <파업전야>(장산곶매, 1990) 등 한국영화의 시대별 대표작들과 '동시대 아시아 영화들과 한국독립영화의 어제와 오늘'을 이 책 이후의 한국영화의 과제로 제시하고 있다. 이 중 조영각의 <파업전야>에 대한 평가는 문화학교 서울의 영화사 재구성 작업이 한국 독립영화의 역사화와 현재라는 당대의 실천적 문제에 대한 참여적 활동과 연동되었음을 드러낸다.

<파업전야>의 아쉬운 점은 이 영화가 영화운동의 차원에서 기폭제가 되기는 했지만 진보적 영화운동 진영의 내용적 성과로 자리매김하지 못했으며, 제도권 영화에서도 당시 사회구조의 문제를 정면으로 다룬 이 영화의 성과를 끌어안지 못했다는 것이다. (…) '장산곶매'가 이루었던 성과와 한계를 뛰어넘을 때 한국 독립영화계는 새로운 도약을 할 수 있을 것이다.[111]

---

111 조영각, 「파업전야」, 『불타는 필름의 연대기』, 165쪽.

3) 독립영화 제작, 배급과 인디포럼, 시네마테크 연대운동

김소영은 시네필은 "그 자체가 비정치적인 집단이라기보다는 어떠한 문화 정세 속에 놓여있고 어떠한 지향점을 갖느냐에 따라 영화문화를 풍요롭게 하는 수용자와 생산자가 될 수 있는 잠재적인 집단"[112]이라고 지적했다. 그는 영화에서 시네필로 하여금 무언가를 쓰도록 추동하는 에너지와 욕망이 생산되는 바로 그 순간, 시네필은 과잉적 순간을 포착하고 그것은 글이나 영화로 옮기는 작업으로 이어질 수 있다고 말한다. 서구영화와 이론의 압축적 수용과정 속에서 서구와는 다른 시간성 속에 작동한 한국의 시네필리아는 서구의 경우처럼 '영화의 영광스러운 과거에 대한 투여'와는 다른 시네필 성장의 내러티브와 함께 영화의 본질과 정체성을 고민했다. 그리고 그 과정에서 새로운 비판적 가능성을 제시하고, 새로운 한국영화의 모색에 있어 중요한 주체들을 배출해 냈다.

문화학교 서울은 1992년 몇몇 멤버들이 단편영화를 찍기 위한 목적으로 영화스터디 모임을 하던 과정에서 시작되었다. 따라서 운영위원들 중 영화제작에 대한 지향이 분명한 사람들이 처음부터 존재했고, 다양한 활동을 해나가는 과정에서도 이것을 한국 (독립) 영화 현장과 어떻게 연계시킬 것인가에 대한 고민을 끊임없이 해왔다. 단체의 활동이 좀 더 전방위적으로 영역을 넓혀

---

112 김소영, 「시네필리아와 네크로필리아」(1996), 『근대성의 유령들』, 씨앗을뿌리는사람, 2000, 237쪽.

갔던 1995년이 지나면서부터는 영화제작과 배급, 독립영화라는 화두에 대한 고민이 더욱 가시화된다. 이에 문화학교 서울은 회원 및 운영위원들의 단편영화 제작 및 상영회, 제작 워크숍을 하거나 감독을 초청해 상영회를 갖기도 하고, 단편 시나리오를 공모했으며, 1996년부터는 작가가 함께 만들어가는 비경쟁 독립영화제인 '인디포럼' 또한 병행하게 된다.113 1996년에는 운영위원 두 사람이 자체 시스템으로 단편영화를 만든다. 곽용수가 만든 퀴어 시네마 <새가 없는 도시>(1996)와 이주훈의 <고스트>(1996)다. 영화를 보고 비평하는 것을 넘어 제작단계에 접어들면서, 문화학교 서울은 시네마테크 활동과 함께 자체에 독립영화 제작소 CP16R을 두고 독립영화를 생산함으로써 한국영화의 범주를 확대해 나가고자 했다. 1990년대 중반은 한국영화계에 단편영화와 독립영화의 가능성이 증가하던 때라 문화학교 서울은 이러한 새로운 영화의 수요와 공급에 주목했다.114 이들은 제도적인 인정을 받으면서 시네마테크 활동을 할 수 있는 방법 중 하나는 독립영화 라이브러리를 운영하는 것이라고 생각했다. 판권은 갖지 않더라도 감독들로부터 위임받는 형식을 취하고 최대한 상영공간을 마련한 뒤 수익이 발생하면 보장해 주는 방식을 생각했다. 이

●

113 "조영각: 그전에 장산곶매 주최로 비공개 시사회하고 그랬잖아. 봉준호 감독의 <백색인>, 조근식 감독 <발전소> 이런 거 상영하고 품평하고 그랬지. 또 어떻게 독립영화 하는 사람들이나 한국영화계하고 교류를 맺을까 이런 걸 고민하면서 초청강좌도 열고 그랬잖아. 지금은 메이저에 있지만 <유리> 양윤호 감독 초청강연도 하고 박종원 감독도 오고 이정국 감독도 오고 그랬지. (…) 인디포럼 전에 '독립영화작가와의 대화'라고 류승완 영화도 틀고 장기석, 오점균 감독 영화도 틀고 그런 관심의 폭을 가지고 인디포럼을 하게 된 것이다." 「'문화학교 서울'을 추억하다: 곽용수, 김형석, 이주훈, 조영각 음주대담」, 앞의 책, 117쪽.

114 이연호, 「우리들은 모두 시네마떼끄에서 시작하였다」, 『KINO』, 1997. 7., 136~141쪽.

러한 새로운 모색의 결과로 '전국 시네마테크연합'이 성사된다.
전국 13개의 비디오테크가 참여한 이 모임의 목적은 내부 결속
에만 있는 것이 아니었다. 이 연합체가 가장 지향하는 것은 "한국
영화의 자양분이 될 독립영화와 다큐멘터리, 단편영화의 상영과
배급, 유통구조를 확보하는 일"이었다.[115] 이러한 모색은 1996년
부터 개최해 온 '인디포럼'을 통해 갖게 된 인식이었다. 인디포럼
은 독립영화인 스스로 작품을 만들고 영화제 프로그래밍을 하며
직접 관객과 소통하고자 문화학교 서울이 중심이 되어 주관하는
영화제로, 1996년 이래 한국독립영화들을 총괄하고 대중에게
다가갈 길을 모색하면서 문화학교 서울의 중요한 행사로 자리
잡았다.

　이러한 제작이나 배급 쪽에 대한 고민들과는 다른 한 축으로
문화학교 서울의 한국영화 연구모임 '비상구'는 1994년 12월
'한국영화사 강좌'를 기획했고, 이는 그때 모인 사람들을 주축으
로 형성되었다(박지연, 구정아, 김규찬, 김태연, 손소영, 이태관, 조영각). 이
들이 1950년대부터 1980, 90년대까지의 한국영화사를 공부한
후, 1995년 3월 '비상구'를 조직해 한 해 동안 개봉되는 한국영
화를 매주 관람하고 토론과 글쓰기 두 가지 방식을 병행해 네 개
의 섹션(여성의 삶 / 장르의 법칙 / 사회파 영화? / 1995년의 작가영화) 22편
의 영화를 선정해 비평집으로 펴낸 것이 문화학교 서울의 두 번
째 단행본인 『한국영화 비상구』(1996)다. 이들의 모토는 영화탄생

100년의 자리에서 한국영화의 정체성 혹은 전망을 찾아나간다는 것이었는데, 이는 비판적 거리를 확보한 채 한국영화에 대한 냉철한 인식에 근거해 '출구 찾기'를 한다는 문제의식이다. 『불타는 필름의 연대기』나 『한국영화 비상구』의 경우 책의 내용 자체가 훌륭하다는 평가적 차원보다는 구성원들이 가진 영화에 대한 주체적인 문제의식이나 결기, 그 모색의 에너지가 야심 찼다.

책의 서두에 실린 당시 기획팀장인 조영각이 쓴 "기획글- 1995년 한국영화를 말한다"는 영화 100주년의 해이자, 이상적인 문화의 열기 속에서 역동적인 변화가 많았던 한국영화 전반을 한국영화계(산업)과 한국영화(작품)으로 나누어 총평한 글이다.[116] 조영각은 이 글에서 삼성, 대우 등 대기업의 참여 속에 주류 영화는 획일화 되어가고 독립영화는 메말라 가는 한국영화의 현실을 신랄하게 비판한다. 그런가 하면 1995년 개봉한 <희생>(안드레이 타르코프스키, 1986)의 흥행 성공 등 문화로서의 영화에 대한 사회적 열풍 속에 개관한 예술영화전용관 '광장(동숭씨네마텍)'에 대한 보도 방식에 대해서도 다룬다. 그는 예술영화전용관은 할리우드 영화와 홍콩 영화 일색인 한국의 영화 풍토에 반가운 사건이고 관객 수준을 높이는 계기가 될 것이 분명하지만, 이를 다루는 매체들이 "'예술영화전용관'과 '씨네마떼끄'를 혼동하는 오류를 범"하고 있다고 지적한다. 시네마테크란 예술영화 몇 편을 보는 곳이 아니라 토론과 연구에 집중하고 미래의 영화 인력을 배출하는

---

116 조영각, 「1995년 한국영화를 말한다」, 『한국영화비상구』, 문화학교 서울, 1996, 11~37쪽.

역할을 한다는 점을 강조한 것이다. 그러면서 이를 계기로 토론, 연구, 제작 등을 겸하고 있는 전국의 작은 시네마테크들에 대한 조명과 더불어 국가 차원의 시네마테크 개설을 위한 '관객 운동' 차원으로 확대해야 할 필요성을 역설한다. 또한 독립영화와 관련해서 크고 작은 다양한 영화제들 속에 삼성영상사업단 주최의 서울단편영화제와 인디라인 주최의 제1회 서울국제독립영화제에 대해서도 논평한다. 서울단편영화제는 잠재 인력을 발굴하고, 단편 / 독립영화에 대한 관객들의 인지도를 높인다는 의미가 있지만, 해외 유학생 작품의 대거 진출 및 수상이 열악한 풍토에서 영화작업을 하는 독립영화인들을 쓸쓸하게 한다는 점을 지적하며 외국 배우가 등장하고 영어로 제작된 영화가 한국영화로서 어떤 가치를 갖는지 질문한다. 이에 주최측인 대기업의 품격을 높이기 위한 지원보다는 독립영화인들이 직접 준비한 독립영화인들의 영화제의 필요성을 말한다. 인디라인에서 마련한 서울국제독립영화제는 독립영화인들의 토론의 장을 마련하고 스스로 기획했다는 점에서 의미가 있지만, 독립영화인이 준비했음에도 해외 독립영화를 상영하는 데 그치고, 사전 검열 문제로 한국 독립영화를 상영하지 못했다는 점을 한계로 지적한다. 그밖에도 영화진흥법과 음반과 비디오에 관한 법률의 '개악', 대기업의 영화진출과 제작체계 변화에 따른 한국영화의 정체성과 자기전망의 필요성, 독립영화의 활성화 방향을 모색한다.

한편 이 장문의 비평을 맺는 섹션인 '한국영화에 대한 단상'에서 조영각은 한국영화계를 향한 전반적인 성찰을 문화학교 서울의 활동에 대한 자기 성찰로 연장한다. "서울의 수많은 영화광들이 모이는 문화학교 서울에 스크린쿼터를 적용한다면 어떻게 될까? 아마 우리 스스로 간판을 내릴 것이다. <시계태엽 장치 오렌지>(스탠리 큐브릭, 1971)나 <파리에서의 마지막 탱고>(베르나르도 베르톨루치, 1972), <이레이저 헤드>(데이비드 린치, 1977)를 상영할 때 그렇게 많은 관객들이, <파업전야>나 독립영화를 상영하면 두세 명으로 줄어든다. 좋은 영화 풍토를 만들겠다는 의도가 자칫 외국영화에 대한 환상을 심어주는 것은 아닌가 비애감도 든다. 과연 이 땅에서 한국영화는 살아남을 수 있을 것인가? 한국영화를 사랑한다는 것은 무엇인가? (…)"117 그는 90년대의 변화하고 있는 한국영화의 현실 속에서 전사는 아니지만 한국영화를 위해 싸울 것이고, 진정한 한국영화의 가능성을 찾아낼 것이며 한국영화에 비상구는 있다고 마무리한다.

한편 문화학교 서울은 90년대 후반 자체 연구소 'son-image'를 두고, 월간으로 발행한 간행물 『Fantôme』을 통해 영화비평의 새로운 방향을 모색한다. 김성욱을 편집장으로 하고 김형석, 박지연, 장병원, 박재윤, 박춘수, 홍수경 등이 편집위원으로 참여해서 만들었던 『Fantôme』은 '이슈' 코너를 통해 영화계의 화제에 있는 인물을 인터뷰하고, 작가, 장르, 시네마떼끄 등의 코너에서 비평을 펼쳤다. 인터뷰 코너인 'on the front...'에서는 주로 독립/단편영화 관련 감독이나 배급단체, 정책담당자 등 현장의

117 조영각, 위의 글, 37쪽.

인물을 만나고, '시네마떼끄'는 문화학교 서울의 토론 프로그램과 연계한 비평 지면이었다. 비평은 편집위원들의 글 외에도 내부의 연구팀(영화사 1팀, 2팀, 멜로드라마팀 등) 구성원들이 필자로 활약했다. 말하자면 문화학교 서울 내부의 연구소와 제작소의 다양해진 활동과 방향성이 집약되는 매체이자 오랜 시간 연구팀에서 활동해 온 비평과 이론 지향을 가진 회원들이 진지한 비평을 전개한 지면이었다.

그런데 다양한 '새로운 영화읽기의 제안'으로 기획된 영화상영과 이들 작품과 토론으로부터 고무된 비평적 글쓰기, 영화제작, 왕성한 출판 등과 같은 문화학교 서울의 폭발적 에너지는 1990년대 후반 구성원들의 활동이 다양한 차원에서 외부적으로 확장되는 것과 함께 조금씩 희미해져 갔다. 서울과 지역의 다른 시네마테크들과의 연대, 핵심 운영위원들이 배급사인 인디스토리나 한국독립영화협회 등에서 일하게 되거나, 연구팀 회원 및 열성 회원들이 대학원 진학과 같은 다른 진로를 모색한 것이다. 이러한 변화에는 다양한 이유가 있을 텐데, 매체 환경 변화에 따라 비디오테크에서 필름 시네마테크로 전환하는 하나의 과정이었을 수도 있고, 독립영화계가 분화하고 제도화되어 가면서 일어난 변화일 수도 있을 것이다. 다른 한편, 운영위원들과 회원들도 시네필로서의 성장과 함께 나이가 들어갔고, '학교'는 언젠가는 졸업을 하도록 예정되어 있는 곳이기도 하다. 문화학교 서울은 1998년 최초의 필름영화제인 제1회 영화주간 '시네필리아의 시선', 2000년 3월 제2회 영화주간 '아시아 감독 3인전'을 시작으로,

2000년 12월 제3회 영화주간 '루이스 부뉴엘 회고전' 등을 하면서 필름영화제를 활발히 개최하게 된다. 그러나 비디오테크 기반의 상영 및 활동은 필름영화제와 함께 병행하는 형태로 2000년대 초반까지도 한동안 지속되었다.

4) 민간 시네마테크 '서울아트시네마'의 탄생과 과제

"이번 브뉘엘 감독의 회고전을 시작으로 해서 **이제는 정기적인 문화학교 서울의 필름영화주간으로 유수한 영화들을 필름으로 소개할 것**이라는 소식을 알려드립니다. 다양한 기획으로, 보다 안정적인 시스템으로 여러분을 찾아뵐 수 있도록 만반의 준비를 하고 있습니다. **2001년, 문화학교 서울 내부의 시사실 공간과 외부 극장에서 각각 다른 형태로 병행될 프로그램들은 씨네마떼끄 본연의 기능에 가까운 모습이 될 것입니다.**"[118]

문화학교 서울은 1990년대 후반으로 접어들면서 영화 환경의 변화와 함께 필름 시네마테크의 필요성을 절감하면서, '시네필리아의 시선(1998. 10. 9.~18.)'이라는 제목으로 필름영화제를 시작한다. 1회 영화제에서는 1970년대부터 1990년대까지 영화광들이 열렬하게 지지했던 영화 열다섯 편을 선정해 상영했는데, <러브레터>(이와이 슌지, 1995), <공각기동대>(오시이 마모루, 1995), <7인의 사무라이>(구로사와 아키라, 1954) 등의 일본영화와 <도살자>(클로드 샤브롤, 1970), <스크림>(웨스 크레이븐, 1996), <아귀레, 신의 분노>(베르너 헤어초크, 1972) 등의 영화들, 압바스 키아로스타미, 에릭 로샹, 월터 살레스 감독의 주요작이 소개되었다. 2000년 3월에는 필름영화주간 두 번째로 '아시아 감독 3인전- 홍상수, 차이 밍량, 이시

---

118 김노경, 「문화학교 서울의 세 번째 필름영화주간을 찾은 여러분을 환영합니다!」, 『루이스 브뉘엘 회고전』 카탈로그, 문화학교 서울, 2000, 2쪽(강조는 필자).

이 소고(2000. 3. 10.~12.)'를 통해 세 감독의 대표작을 상영하고 감독과의 대화의 시간을 마련했다. 2000년은 루이스 브뉘엘 탄생 100주년의 해로 세계 각지에서 기념행사 및 회고전이 열렸고, 스페인에서 공식 선포한 '브뉘엘 2000'행사의 일환이자 문화학교 서울의 제3회 필름영화제인 루이스 브뉘엘 회고전이 서울에서 열렸다. 여러 영화를 모아 기획했던 1, 2회 필름영화제와는 달리 한 감독의 전 생애의 영화세계를 조명한 회고전 형식의 영화제였고, 상영작도 초현실주의 영화부터 멕시코 시기의 영화 여섯 편을 포함해, 후기의 모던 시네마까지를 망라하는 열두 편을 상영하는 충실한 프로그램이었다. 이렇듯 동시대 세계영화계의 주요한 이벤트에 동참하며 큰 규모의 감독 회고전을 관객들의 열렬한 호응 속에 성공적으로 개최했다는 것은 시네마테크의 의미를 실천하고 운영해 온 오랜 노하우가 없었다면 척박한 한국 영화문화에서는 불가능한 일이었을 것이다. 이는 1999년 제2회 '필름 컬처 영화주간'에서 국내 최초로 로베르 브레송 영화 여덟 편의 필름을 상영했을 때, 그 시기가 세계 주요 도시에서 수많은 순회 상영들과 함께 브레송의 재발견이 이루어졌던 시기고, 그해 브레송이 사망했던 상황과 비슷한 의미를 갖는다. 즉 사설 시네마테크의 운영주체들과 관객들의 열정으로 21세기를 전후해서야 한국에서 본격적인 필름 시네마테크의 시대가 시작된 것이고, 비로소 한국에서 세계 영화문화와의 시차가 거의 없는 동시대적인 영화문화를 향유하는 것이 가능해졌다는 뜻이다. 그러나 브뉘엘 회고전의 성공이 바로 필름 시네마테크의 온전한 전환으로 이어진 것은 아니다. 필름영화제를 지속하기 위해서는 많은 자본과 인력을 필요로 했고 공적 지원이 이루어지지 않은 상태에서, 문화학교 서울은 한동안 사당동의 비디오테크와 필름영화제 운영을 병행했다.

문화학교 서울은 2001년에는 시네마테크 부산(2001. 8. 10.~8. 17.)과의 공동주최로 '사랑의 모럴리스트, 에릭 로메르 회고전 (2001. 7. 29.~8. 5.)'을 개최하는데 거의 전작인 열일곱 편을 상영하며 6천 명의 관객을 모은다. 이어진 '폭력의 엘레지-스즈키 세이준 회고전(2002. 2. 18.~2. 25., 서울 / 2002. 3. 2.~3. 9., 부산)'에서는 열다섯 편의 작품을 상영했으며 감독이 직접 내한해 관객들과 만났다. 이어서 '폭력과 성스러움-피에르 파졸리니 회고전(2002. 5. 3.~5. 9.)', '자연과 인간의 작은 극장, 장 르누아르 회고전(2002. 8. 9.~8. 18.)', '프리츠 랑 오디세이(2002. 10. 18.~10. 25.)' 등 일년에 4회의 필름영화제를 개최하며 회고전에 맞추어 시네마테크 총서인 감독 단행본 시리즈(『루이스 부뉴엘의 은밀한 매력』(2000), 『에릭 로메르』(2001), 『폭력의 엘레지 스즈키 세이준』(2002), 『감독 장 르누아르』(2002))를 출간한다.

2002년 문화학교 서울을 비롯한 전국 15개 시네마테크 단체들이 연합해 정식으로 사단법인 한국시네마테크협의회가 발족하고, 서울 유일의 시네마테크 전용관인 서울아트시네마가 소격동 아트선재센터를 대관해서 개관한다. 그러나 안정적인 상영공간과 필름 아카이브는 여전히 문제로 남는다. 문화학교 서울 사무국장 출신이자 한국시네마테크협의회 출범시 사무국장을 했던 김노경은 비디오테크로 10년을 버텨온 문화학교 서울에서 일할 때에도, 필름을 상영할 수 있는 극장 형태로 새로이 시작한 상황에서도 시네마테크를 바라보는 시선에는 변한 것이 없다고 말한다. "소수 엘리트만의 고급문화다. 서구 문화만을 일방적으로 추종한다"[119]는 등의 오해와 왜곡된 시각이 언제나 존재했다는 것이다. 그러면서 그는 전용관이라는 이름에 걸맞지 않게 1년 단위로 건물의 임대계약을 갱신해야 하는 공간 문제나 상영작품의 거의 대부분을 해외에서 임시로 공수하도록 만드는 공공 아카이브의 부재, 국가 차원의 장기적이고 단계적인 계획이 필요한 사안을 근시안적으로 접근하는 공공영역의 판단 등에 문제를 제기한다. 2002년 5월 파졸리니 회고전 카탈로그에서 문화학교 서울은 "그간 당연히 소개되어야 했음에도 그렇지 못했던 영화를 필름으로 소개하는 일"에 전력을 다하고 있고, "안정적인 공간에서 필름 자료보관소로서의 아카이브 기능까지 병행하는 '완전한 시네마테크'를 설립하기 위한 문화학교 서울의 행보는 앞으로도 계속 이어질 것"[120]이라고 밝힌다. 운영위원인 정지영은 "정부나 지자체가 큰 규모의 국제영화제를 늘릴 것이 아니라 지역 시네마테크 지원을 통해 내실을 다져야 한다"고 말한다.[121] 서울아트시네마는 2002년 출범 이후 아트선재센터-허리우드 극장-서울극

119 김노경, 「시네마테크 문화는 우리에게 절실한가」, 『독립영화』 22호, 2004, 104쪽.

120 문화학교 서울, 「제6회 문화학교 서울 영화주간(2002. 5. 3.~5. 9.), 폭력과 성스러움: 피에르 파올로 파졸리니 특별전」 카탈로그, 2002, 2쪽.

121 이영진, 「시네마테크를 만드는 사람들 2 문화학교 서울: 3500명의 '공범'이 만든 시네필의 천국」, 『씨네21』, 2001. 9. 7. http://m.cine21.com/news/view/?mag_id=4073, 2023년 10월 20일 접속.

장 시기를 거쳐 2022년부터 정동에서 관객을 맞이하고 있다. 서울아트시네마는 이같은 단기 임대방식과 낙후된 극장 시설, 자료실, 전시실 등의 공간부족, 프로그램의 공공성 유지 등의 문제해결을 위해 2006년부터 서울시에 시네마테크 전용관 건립을 요청해 왔다.

시네마테크 전용관은 2011년에 서울시의회에서 본격적인 논의가 시작되었고, 그해 말 비로소 지원을 위한 조례 근거가 마련되었다. 그러나 몇 차례 무산을 겪으며 좌초될 위기에 처하다 2016년에야 심의에 통과됐다. 2017년 국제 설계공모를 거쳐 가칭 '서울시네마테크(→ 현재 '서울영화센터'로 변경)'로 불리며 2020년 공사가 시작되어 충무로에 지상 10층 지하 3층 규모로 건설 예정이던 전용관은 현재까지 공사가 수차례 지연되며 2024년에도 준공이 불투명한 것으로 예상되고 있다. 서울시는 이 공간을 영화계의 오랜 숙원을 담아 "독립 예술 고전 영화 위주인 전용상영관과 영화 아카이브(도서관), 제작 시설 등을 갖춘 공간"으로 구상해서 "파리의 '시네마테크 프랑세즈', 뉴욕의 '필름 포럼'처럼 서울을 대표하는 영상문화공간으로 만들겠다"는 뜻을 밝힌 바 있다.122 그러나 관객을 위한 '영화의 집(시네마테크)'은 아직 온전히 마련되지 못했고, 서울시네마테크의 미래 또한 불투명하다.

이 장은 문화학교 서울의 활동에 초점을 맞추었기 때문에 시네마테크 서울아트시네마에 대한 구체적 논의와 정책 대안 등에 대

---

122 김현우, 「영화계 숙원이던 충무로 '서울영화센터', 공사만 5년째 (…) 올해도 준공 '불투명'」, 『한국일보』, 2024. 1. 23., https://m.hankookilbo.com/News/Read/A2024012214010003783, 2024년 2월 10일 접속.

한 점검을 위해서는 별도의 지면이 필요할 것이다. 모체라고 할 수 있는 1990년대 문화학교 서울 이래 서울아트시네마는 줄곧 서울 유일의 민간 시네마테크 역할을 담당해 왔다. 그런데 90년 대 비디오테크 시절도 아닌 21세기까지도 근본적인 문제들이 해결되지 않고 '시네마테크 문화가 절실한가'라는 질문이 필요하고, 여러 공간을 전전해야 한다는 사실은 관계자뿐 아니라 영화시민이자 관객들을 비참한 감정에 이르게 한다. 서울보다 이른 1999년 설립된 '시네마테크 부산'의 경우, 부산영화제의 성공과 연계되어 영화도시 추진계획에 포함된 후 부산광역시에서 설립해 공공에서 운영했기 때문에 사정이 다르다.[123] 현재 서울의 공공 시네마테크 역할을 수행하고 있는 한국영상자료원은 1990년 대 서초동 예술의전당 내에서 한국 고전영화 중심의 영화상영과 도서실을 운영하고 있었지만, 프로그램이나 운영방식 면에서 현재와 같이 시네마테크의 전방위적 기능에 집중한 것은 아니었다. 한국영상자료원이 오늘날처럼 시민의 영화공간으로 자리매김한 것은 상암동 이전 이후 2008년 시네마테크KOFA와 한국영화박물관 및 도서관 등을 개관하고 난 이후였다.

1990년대 한국 영화문화의 장에서 문화학교 서울의 활동들이 의미 있었던 것은 단지 필름과 극장이 결핍된 비디오테크의 물적 조건 속에서도 시네마테크 정신을 실현하고 주체적인 관객으로서의 시네필리아를 체현하고자 했다는 점뿐 아니라, 영화에 대

---

123 허문영, 「시네마테크 부산의 지원사례」, 『서울시의 시네마테크 지원을 위한 정책포럼』, 한국 시네마테크협의회, 2011, 21~27쪽.

한 매혹과 비판적 각성 사이의 생산적 긴장을 통해 '비판적 시네
필리아'를 만들고 키워낸 일일 것이다. 1990년대 비디오테크는
제도와 자본, 물적 토대의 부재로 인해 현대적 시네필리아의 중
요한 요건인 '진정성'의 존재론적 구성요소들(영화적 경험이 충만하
게 전달되는 매체로서의 필름, 그리고 매혹적인 영화 이미지와의 집단적인 조우
가 형성되는 '영화의 집'으로서의 극장)이 결여되어 있었다. 따라서 비디
오테크에서 시네마테크로의 전환은 현대적 시네필이 국내의 제
도적인 특수성으로 인해 서구의 시네필과는 다른 과정을 거쳐 형
성되었음을 나타낸다는 점에서 의미가 있다. 비록 고전영화, 예
술영화 중심의 정전화 및 이 과정에서 다른 영화들의 배제(다큐멘
터리, 아방가르드, 디지털 영화, 아티스트 필름 앤 비디오 등)라는 한계가 있
지만, 이러한 매체와 장소의 전환은 한국에서의 시네필의 의미가
정전화된 감독들의 목록으로 환원되지 않는 '영화' 및 '영화보기'
에 대한 자기반영적 고민을 수반했음을 시사한다. 더구나 이러한
이동이 VHS에서 DVD로의 이행기, 아날로그 시대와는 다른 시
각적, 매체적 쾌락을 전달하는 디지털 시대로의 이행과 맞물려
일어났다는 점에서 더욱 큰 함의가 있다. 그러나 다른 한편, 이러
한 진정성의 조건을 갖춘 시네마테크로의 매체 전환과 장소의 전
환이 반드시 감식력 있는 관객의 '계시(revelation)'능력과 연결된
다거나 영화 속의 포토제니적 '과잉'의 특권적 순간을 포착하게
하는**124** 시네필의 역량과 연결되는 것은 아니다. 오히려 필름 시

---

124 Paul Willemen, *Looks and Frictions: Essays in Cultural Studies and Film Theory*,
Bloomington & Indianapolis: Indiana University Press, 1993, pp.231~238.

네마테크로 전환되면서 영화 관람을 위한 물리적 환경은 향상되지만, 1990년대 비디오테크에서 수행했던 영화교육 프로그램이나 문화 활동들(토론, 출판 및 강연 등)이 줄어들면서 시네필 간의 상호작용이나 소통의 기회가 감소했다. 시네마테크에서 수행하는 대안적 영화문화라는 것은 극장의 하드웨어적 퀄리티나 서비스라는 말과 결코 등치될 수 없는 요소가 많다.

　수전 손택이 1996년 "영화의 쇠퇴(The Decay of Cinema)"[125]를 공표했을 때, 그것은 시네필리아의 전성기 때와는 달라진 영화의 현대적 상황에서 고전적인 시네필 원형의 부적합성에 대한 선언을 한 것이기도 했다. 뉴 미디어 시대의 시네필리아는 여러 형태의 무빙 이미지와 더불어 수많은 다른 참여들에 대해 포괄적 현상으로 바라볼 필요가 있다. 오늘날의 시네필들은 자신들의 권리와 욕망에 따라, 영화를 사랑하는 새로운 방법을 만들어내는 다양한 비아카데미적 실천으로부터 기인하는 이슈들을 탐구한다. 새로운 테크놀로지의 발전은 새로운 세대의 시네필리아를 출현시키고 ('비디오필리아', '텔레필리아', '모바일 시네필리아'등) 시네필리아 개념의 새로운 층들을 덧붙여 나간다. 다양한 층위에서 시네필리아를 재고찰하는 것은 영화의 본질에 대한 질문이자, 정체성에 대한 탐구, 또한 미래의 영화문화를 생산적으로 모색하는 일일 것이다. 이러한 시네필의 변화 또는 분화와 함께 시네마테크의 존립은 더욱 위태로워져만 간다. 영화의 집으로서의 극장은 이제

125　Susan Sontag, "The Decay of Cinema", *The New York Times*, 1996. 2. 25. https://www.nytimes.com/1996/02/25/magazine/the-decay-of-cinema.html, 2023년 12월 10일 접속.

불특정 다수가 모이는 광장으로서의 기능을 거의 상실했고, 영화 관람의 경험은 집단적인 것에서 개인적인 경험이 되어 가고 있으며, 이제 어떤 영화를 상영해도 관객들이 그 자체로 신비감을 갖는 시대는 지났다. 동시대 한국영화의 장에 비추어볼 때, 문화학교 서울이 추구했던 비판적 시네필리아-'새로운 영화읽기의 제안'은 단지 과거의 유산일 뿐일까? 시네필리아가 영화의 미래를 창조하는 데 어떻게 기여할 수 있을 것인가라는 질문은 다시 랑글루아의 아래의 말을 되돌아보게 한다.

> "내게 있어 시네마테크를 통한 문화는 미래를 창조하는 것을 의미한다. 왜냐하면 시네마테크가 살아 있는 예술을 위한 박물관이기에 그렇다. 시네마테크는 과거를 위한 박물관일 뿐만 아니라 미래를 위한 박물관이다."[126]

그런데 문화학교 서울 이외에도 영화의 과거와 미래를 위해 영화문화의 현재를 탐사하며 영화를 진지한 지성적 성찰의 대상이자 문화적 자본으로 정립하고자 하는 시도들이 있었고, 그 시도는 저널리즘 담론과 영화연구와 같은 서로 연결된 활동들을 통해 전개되었다. 다음 장에서 살펴볼 비평과 이론을 포괄하는 이 활동은 영화에 대한 사랑에서 출발하면서도 시네필리아를 1990년대와 2000년대 초 한국 당대의 문화적 구성물로 정립하는 데 기여했고, 이 과정에서 영화를 사유하고 서술하는 태도는 물론 영

---

126 김성욱, 「영화관의 사회학」 『영화와 사회』, 한나래, 2012, 271쪽에서 재인용.

화를 감상의 대상에서 과학적 분석이 필요한 미적 대상이자 심층적 독해가 필요한 사회적, 문화적 경험의 대상으로 전환하려는 시도들을 구체화하였다.

영화진흥위원회 50주년 기념 총서 04

시네필의 시대

한국 영화문화에서
비디오필리아와 시네필리아

3장

비평, 이론, 영화학의 협상
: 『영화언어』, 『KINO』, 『필름 컬처』

3장
비평, 이론, 영화학의 협상
:『영화언어』,『KINO』,『필름 컬처』

3장에서는 1980년대 후반부터 2000년대 초반까지 한국영화의 주요 담론을 형성했던 잡지 및 계간지를 살펴본다. 공론장으로서의 비평 지면은 영화문화의 바로미터이자 시대정신을 가늠할 수 있는 장이다. 1980년대 후반부터 본격화된 한국의 영화연구(cinema studies)는 1990년대 중반을 기점으로 역사나 현실에 대한 리얼리즘 비평, 작가비평에 국한되지 않고 영화매체에 대한 자의식 및 장르에 대한 탐색을 더욱 강조하면서, 페미니즘, 정신분석학 및 문화연구 등의 압축적 수용을 통해 학술적 형태로 분화한다. 3장은 한국영화 산업 및 제도, 미학과 정체성에 대한 성찰 속에 비평과 이론, 영화학 연구로 개화하며 논쟁과 협상의 담론양상을 보여준『영화언어』,『KINO』,『필름 컬처』를 살펴본다. 이 시기 백가쟁명의 담론장 중에 이 셋을 택한 이유는 각각이 시기와 지향을 차별화하며 1990년대 이후 한국의 시네필을 배양하고 비평 및 이론, 영화학으로 분화하며 영화문화에 의미 있는 영향을 끼쳤다고 판단되기 때문이다. 이 시기의 영화비평 담론장을 살펴보면 한국의 1980년대 후반부터 2000년대 초반까지 15년 정도가 시네필 문화형성에 있어 얼마나 '압축적인' 시간이었으며, 1990년대 전반부와 중반부, 후반부가 이질적인 불균질한 시간이었는지를 알 수 있다. 이에 각 저널의 아젠다와 구체적인 비평담론, 담론을 넘어선 문화활동 및 실천 등에 주목해서 살펴본다. 주요 내용은 다음과 같다. 계간지 『영화언어』는 1980년대 영화운동의 계승과 연대 속에서 작가주의와 신형식주의 이론 등의 적용을 통해 대안적 한국영화 / 독립영화의 정체성 찾기와 성장의 '지렛대' 역할을 했고, 그 결실로서 부산국제영화제를 탄생시키는가 하면, 한국영화학의 기틀을 다졌다. 영화잡지 『KINO』는 대중문화담론과 영화에 대한 정보 열망이 정점에 이른 90년대 중반, 한국영화가 산업적, 미학적으로 시스템을 갖추며 새로운 영화작가가 등장하던 시기, 인터뷰 및 현장 취재 노선을 통해 '한국의 작가주의'와 동반성장을 꿈꾸며 비평 및 이론을 매개하고, 시네필 독자를 배양했다. 『필름 컬처』는 세계영화계에서는 영화의 죽음이 논의되고, 인터넷 등장 이후 영화비평이 '정보'로 인식되기 시작한 시대, 국내에서는 IMF와 멀티플렉스 이후 예술영화 붐이 쇠퇴한 '버블 이후' 시기에 등장해, 영화의 존재론 및 시네필 비평에 대한 근본적인 화두를 던지고 '필름 시네마테크'를 모색한다. 3장에서는 1980년대적인 것부터 2000년대 동시대적인 것까지 한국 영화담론의 "복수적인 시간성들의 타협형성"127
이 치열한 공론장을 통해 비평 및 이론, 영화학으로 분화하고 협
상하는 역동적인 '시대의 공기'를 전하고, 그 담론들의 영향 및
의미를 조명하는 것을 목표로 한다.

---

127 김영찬, 「'90년대'는 없다: 하나의 시론, '1990년대'를 읽는 코드」, 『1990년대의 증상들
(계명대학교 한국학연구원 편)』, 2017, 16~17쪽.

1) 『영화언어』

(1) 1기(1989~1995): 한국영화연구의 체계화와 '새로운 한국영화'라는 브랜드 만들기

가. "영화에 대한 낡은 인식을 폐기하고 새로운 사고체계를 확립하기 위해 『영화언어』가 출발합니다. (…) 영화작업의 윤리성 회복, 한국영화연구의 체계화, 1984년 이후 괄목할 만한 성과를 이루고 있는 독립영화에 대한 관심은 『영화언어』가 지향하는 목표들입니다."[128]

나. "한국영화 비평과 이론은 80년대 후반에 새로운 도약을 했다. 이것은 소위 우리가 영화학 1세대라고 부르는 선배들의 업적이며 90년대 중반에 진입한 현시점에서 새로운 재도약을 위한 중요한 발판이기도 하다."[129]

1989년 기성 비평세대와의 차별화를 선언하며 모색된 계간 『영화언어』의 '과학주의'는 데이비드 보드웰의 신형식주의나 작가주의, 리얼리즘론 등의 이론을 통해 당대 한국영화의 서사와 미장센을 정밀하게 분석하는 방법론으로 구체화되었다. 가)에서 인용한 '창간사'에도 드러나듯, 『영화언어』는 체계적인 영화연구라는 미학적 추구뿐 아니라, 영화운동 진영의 참여와 공존 속에

---

128 「창간사」, 『영화언어』 창간호, 1989년 봄, 앞표지 안쪽.

129 문재철, 「한국영화비평의 어떤 경향」, 『영화언어』 15호, 1995년 봄, 156쪽.

서 영화계의 현안이나 독립영화 등 현실개입의 지향 또한 중요하게 모색했지만, 이 글에서는 비평, 이론, 영화학의 제도화 및 협상의 긴장을 주로 조명한다. 1997년 간행된 『영화언어』 열다섯 권을 엮은 합본호의 축사에서 안병섭은 『영화언어』의 공적을 "영화에 대한 분석적 연구와 한국영화의 옹호", "진정한 영화연구를 열망하는 '동인제' 시스템의 결속"으로 요약한다.130 안병섭은 1960년대 저널 평론가로 출발해 대학 영화과 교수를 지낸 세대로서, 『영화언어』 편집진들이 표방한 "미학적, 현실적, 미래지향적인 편집태도"를 이전 세대에서는 이루지 못한 "진정한 영화연구에 대한 열망"으로 규정한다. 그런가 하면 2003년 복간 이후 새로운 편집진으로 활동했던 후배 세대 연구자 문재철은 전양준, 이용관, 김지석, 이효인을 비롯한 『영화언어』의 주요 편집진을 "영화학 1세대"라고 명명한다. 한국 영화비평 또는 한국영화학의 세대를 엄밀히 구분하는 게 이 글의 초점은 아니지만, 선명한 비평적 아젠다를 지향한 유사 비평집단으로서 1980년대 후반에서 1990년대 중반까지, 그리고 복간 이후인 2000년대 중반까지 비평 및 영화학 연구 지형 형성에 중요한 영향을 끼친 『영화언어』에 대한 영화사적 맥락화를 위해서는 이 비평주체들의 지향점과 세대성을 우선 살펴볼 필요가 있다. 계간 『영화언어』는 1989년 봄에 창간되어 1995년 봄까지 총 15권이 발행된다. 이 책에서는 비평 지향 및 비평 주체, 한국영화학 연구의 변화 지형 등을 고려

---

130 안병섭, 「영화언어의 합본과 복간에 붙이는 글」, 『영화언어: 1989년 봄에서 1995년 봄까지 I』, 시각과언어, 1997, 5쪽.

해 이 시기를 1기로 부르기로 한다. 이후 『영화언어』는 8년간의 긴 정간기를 거친 후 1기에도 참여했으나 '신진평론가' 집단으로 불리던 김영진, 문재철 등을 중심으로 2003년 복간되어 2005년 까지 발행되는데 이 시기를 2기로 부르고, 이는 다음 절에서 다루기로 한다.

과학적이고 체계적인 비평을 위한 『영화언어』의 글쓰기는 이론적 근거를 바탕으로 한 '학술비평' 또는 '소논문'의 형식을 취하면서, 소구 대상을 대중 독자가 아닌 "영화전문인, 영화문화에 관심 있는 사람"으로 한정하고, 필자 또한 "젊은 세대의 비평가들, 대학교원들, 산업종사자들"로 경계 짓는다.[131] 『영화언어』가 창간된 1980년대 후반은 초기 구성원들 중 다수가 대학에 재직하거나 강의를 하면서 영화학 도서를 번역하고 집필하거나 연구논문을 쓰기 시작하면서 한국 영화학이 본격화되기 시작한 시점이다. 한국에 연극영화학과가 설치된 것은 1960년대 전후였지만 이는 제작을 중심으로 한 학부의 역사고, 대학원이 활성화되고 학위논문이 발표되기 시작하는 시점은 이 무렵부터다. 1971년 창립되었지만 활동이 미약했던 한국영화학회가 1988년 재출범하고 1989년 학회지 발간이 재개되는가 하면, 한국영화평론가협회(이하 영평)의 회지 『映畫評論 (영화평론)』도 1989년 첫 창간된다. 따라서 비평의 내용이나 형식 모두에서 기존의 저널비평이나 인상주의 비평을 넘어 영화를 '학문적 대상'으로 인식하게 하

131 이는 창간호의 창간사와 함께 주목도 높은 뒤표지에 공표되어 있다. 『영화언어』 창간호, 1989년 봄, 뒤표지.

고, 한국영화의 '미학과 정체성'을 모색하기 위해『영화언어』가 취한 비평 방법론은 선명한 의제를 띤 학술담론이어야 했을 것이다. 이는 같은 해인 89년 영평에서 발간된『영화평론』창간호의 구성 및 비평가 세대의 비교를 통해서도 뚜렷하게 드러난다.『영화평론』은 1년에 한 번 발행되는 영평의 단행본 회지로, 한국영화와 세계영화, 영화작가론 및 작품론으로 구성된 세 섹션에 참여한 필자들이 대부분 전후 비평 1세대 영평 회원들(이영일, 김종원, 안병섭, 변인식, 호현찬, 임영, 허창 등)로 구성되어 있고, 제호와 필자 이름, 주요 제목들도 한자로 되어 있다. 이는 1965년에서 1972년까지 영화전문지를 모색하며 발행된『영화예술』이나 유신 시대 이후 유일하게 발행된 영화진흥공사의 기관지『영화』지 레이아웃의 연장으로 보인다. 앞선 비평세대 역시 1989년 발간된『영화평론』창간호에서 리얼리즘을 강조하고 한국영화의 세계성을 주장하며, 유현목, 임권택, 이두용 등 당대의 영화작가를 주목했지만, 새로운 세대의 비평 방법론은 차별화되어야 했다.

『영화언어』창간호는 영화진흥법을 둘러싼 투쟁현장 사진이 표지를 장식하고 있으며, 붉은색 표지나 영화의 미학적 지향을 드러내는 제호 '영화언어'와 함께 창간 일성에서도 영화연구의 체계화와 비평 구성원의 젊음을 강조하며 집단 의제들("반(反)할리우드, 대안영화의 가능성" 등)을 전면화한다.『영화언어』1기의 후반부 편집인이었던 이효인은 이용관, 전양준 등에 의해 주도된『영화언어』의 작가정책 및 신형식주의 등의 이론적 행보를 일종의 '기획'으로 간주한다. 즉, 작가주의를 연구한 이용관의 학위논문(1984)과 한국영화학회지, 『영화언어』 등에 수록된 편집동인들의 일련의 이론적 행보가 "서구 이론의 도입인 동시에 계몽적 기획"의 일종이라는 것인데, "그 기획의 저변에는 '한국영화의 부흥'이라는 원대한 포부가 있었을 것이며, 한국 영화작가의 탄생을 통한 타 장르 및 외국영화와의 경쟁이 바로 그 기획의 내용"[132] 이라는 것이다. 이 글에서는 『영화언어』의 주요 동인이자 편집인이었지만 이론적 지향을 띤 이용관, 전양준과는 경쟁과 협력의 공존 속에 급진적 운동을 모색했던 이효인의 분석을 참조하고 이를 확장한다. 따라서 『영화언어』를 국가적인 것과 국제적인 것의 긴장 속에 '작가' 및 '새로운 한국영화'라는 브랜드 만들기의 비평적 기획이자 '한국영화학'의 학술담론 기획이라는 관점에서 조명한다. 이효인[133]은 『영화언어』가 발간된 6년간의 변화를 편집진과 필자 등의 특징에 따라 세 시기로 구분한다. 1기(1989년 봄~1990년 가을, 1~5호)는 전양준, 이용관이 주도하며 기존 평단과는 구별되는 이론적 비평, 대안 미학을 제안하면서도 한국영화계의 개혁이나 독립영화를 통한 현실개입 지향이 강했던 시기다. 2기(1990년 겨울~1992년 봄, 6~10호)는 김지석이 편집인을 하며 작가주의, 신형식주의 비평 경향이 강화되고, 김영진 등 젊은 필자 및

132 이효인, 「3장 독립영화의 미학」, 『한국 뉴웨이브 영화』, 박이정, 2020, 284쪽.

133 1980년대 중반부터 1990년대 초반까지 독립영화의 관점에서 본 영화미학론에 관한 연구는 이효인의 「독립영화 2세대의 영화미학론」, 『영화연구』 77호, 2018, 201~241쪽을 참고할 것(이효인, 『한국 뉴웨이브 영화』 3장에 재수록). 이효인은 이 시기 독립영화 운동의 주체이자 『민족영화』와 『영화언어』의 중심인물이었던 내부자로서 당대의 상황을 긴장감 넘치면서도 냉철한 거리두기를 유지한 채 정밀하게 맥락화한다. 따라서 이 글은 『영화언어』가 표방했던 한국영화연구의 체계화와 이를 위한 국가적, 국제적 기획에 초점을 맞추되, 이러한 담론적 실천들이 당대 시네필 문화와 어떻게 연결되는지를 추적하고자 한다.

'영화공간 1895'와 '씨앙씨에' 등 후배 영화인들이 실무를 맡았던 시기, 3기(1992년 여름~1995년 봄, 11~15호)는 이효인이 편집인을 하며 독립영화비평, 인터뷰, 감독론 외에도 대중영화 및 장르 비평 등 다양한 지면으로 구성된 시기다.[134] 이 장에서는 『영화언어』를 둘러싼 작가 및 내셔널 시네마 만들기라는 '국가적' 기획이 어떻게 점차 '국제적' 기획으로 변모하고, 이러한 비평적 실천들이 어떤 식으로 당대 시네필 문화와 관계를 맺고, 동시대 시네필 영화문화의 꽃이라 불리는 '부산국제영화제'의 설립으로 향해가는지에 초점을 맞춘다.

『영화언어』 2호는 지배적인 표현양식으로 자리 잡은 '고전 할리우드 영화' 형식을 비판하고 대안영화를 모색하고자 하는 기획으로, 아네트 쿤의 "내러티브 약호들의 역사(The History of Narrative Codes)" 번역과 해외의 대안적 작업의 사례로 안제이 바이다의 <철의 사나이>(1981) 분석, 한국영화에 대한 적용으로 팸 쿡과 데이비드 보드웰의 서사이론에 따른 "<바보선언>(이장호, 1983)에서 드러나는 대안적 측면"을 다룬다.[135] 이용관은 <바보선언>의 대안적 측면을 분석한 비평을 요약하면서, 이 텍스트가 서술구조에 있어 팸 쿡이 제시한 대안 체계에 속하며, 영화 약호에 있어서도 한국영화의 고질적 병폐를 상당히 극복한 것으로 평

134　이효인, 『한국 뉴웨이브 영화』, 277-278쪽. 이효인에 따르면 7호부터가 김지석 편집인의 시기로 분류되는데, 5호의 개편 안내나("새 편집인으로는 김지석 씨가 선임되었고, 이용관, 이충직, 이효인, 조재홍 씨를 편집위원으로 위촉하였으며"), 6호의 '편집인의 글("1990년 한국영화, 낡은 것과 새로운 것")'을 김지석이 쓴 것으로 보아 6호부터를 '김지석 시기'로 볼 수 있을 것이다.

135　이용관, 「<바보선언>에서 드러나는 대안적 측면」, 『영화언어』 2호, 1989년 여름, 18~31쪽.

가한다. 여기서 흥미로운 점은 "탈 할리우드, 탈 미국화"를 주장했던 당대 한국영화의 입장에서, 미국 학자들이 통계학적인 관점에서 할리우드 영화분석을 위해 정립한 방법론을 한국영화에 적용한다는 모순과 아이러니를 스스로 드러내고 있다는 점이다. 이용관은 이런 분석틀을 "잠정적 거울로 사용"하면서 "우리의 미학을 정착"시키는 것의 중요성을 역설하고, 궁극적 목표는 "우리의 교과서를 시급히 찾는 일"이라고 강조한다.[136]

1991년 봄과 여름에 발행된 『영화언어』 7호, 8호에서는 '새로운 한국영화의 시대' 특집 I, II가 연속 기획되는데, 이는 6호에서 편집진과 영화운동 / 제작 집단(여성영상집단 바리터, 영화공간 1895, 장산곶매, 영화독해자 집단, 조감독협의회 등)의 투표로 선정한 '1990년 한국영화 베스트 5'의 작품들을 중심으로 『영화언어』가 규정한 '새로운 한국영화'의 비평을 제시한 것이다. 여기서 '새로운 한국영화'의 조건은 첫째, 할리우드 고전적 스타일을 탈피하고자 하는 영화, 둘째, 60년대 이후 끊겼던 리얼리즘의 맥을 부활시킨 영화, 셋째, 영화의 사회적 기능을 인식하고 현시대 사회의 진솔한 모습을 담은 영화로 요약된다.[137] '1990년 베스트 5'로 선정된 작품은 1위 <그들도 우리처럼>(박광수), 2위 <남부군>(정지영), 3위 <파업전야>, 4위 <꼴찌부터 일등까지 우리반을 찾습니다>(황규덕), 5위 <우묵배미의 사랑>(장선우)이었다. 이러한 결과는 당시 <파업전야>와 <부활의 노래>(이정국, 1990)에 대한 검열 탄

---

136 이용관, 위의 글, 31쪽.

137 「특집: 새로운 한국영화의 시대 I 」, 『영화언어』 7호, 1991년 봄, 3쪽.

압과 UIP 직배상영으로 촉발된 한국영화산업의 위기의식 속에서, 80년대 말부터 부상한 새로운 스타일과 주제의식을 갖춘 한국영화들을 총체적으로 분석할 필요성에 뜻을 같이하는 교수, 영화감독, 젊은 비평가 및 영화운동 진영의 참여로 이루어졌다. 2회에 걸친 특집은 이용관, 변재란, 전양준, 이충직, 이효인 등의 필자가 베스트 5에 선정되거나 주목받은 작품들을 비평하는 형식으로 이루어졌다. 이용관은 7호에서 배창호의 <꿈>(1990)을 보드웰과 배리 솔트의 이론에 근거해서 롱 테이크 미학을 중심으로, 쇼트의 평균 지속시간이 19초인 이 텍스트를 자신이 『영화언어』 3호에서 분석했던 <안녕하세요 하나님>(배창호, 1987)보다 세련된 실험으로 평가한다.[138] 그러나 구조적 통일성 측면에서 아직 완성에 이르지 못한 작품임에도 배창호의 <꿈>을 옹호하는 이유로 "한국영화계에서 필요한 것은 무엇보다도 먼저 '감독' 그 자체"이며, "여전히 암울한 우리 영화계에서는 꼭 필요한 과정"이라고 설명한다.

2회에 걸친 '새로운 한국영화' 특집에서 각별히 주목되는 것은 둘째 조건의 항목인 '60년대 이후 끊겼던 리얼리즘의 맥을 부활시킨 영화'다. 이러한 인식은 이용관이 『영화예술』 창간호(1965)에 이영일이 썼던 선언문 격의 권두비평인 '한국영화의 좌표'를 소환하면서, '동시대 한국영화의 미학'을 리얼리즘을 기반으로 하되 그것을 '초극'하는 '국제적인 영화언어'의 방법론을 통해 모

---

138 이용관, 「철학적 탐험과 미학적 모험의 교차로에 선 배창호」, 『영화언어』 7호, 1991년 봄, 4~37쪽.

색해야 한다는 이영일의 주장에 입각하여 질의한다는 점에서 흥미롭다. 그리고 그는 이러한 작가비평의 동시대적 가능성을 80년대 배창호, 이장호, 임권택으로부터 발견하고자 한다.[139] 그러면서 한국영화에는 분명 새로운 미학적 움직임이 싹트고 있어서, 이영일이 말한 '한국적 영상'으로 기능할 수 있는 잠재성을 갖고 있고, 비평가의 임무는 이를 본격적으로 연구 분석함으로써 영화미학의 예술성을 찾고 감독들에게 정당한 권리를 찾아주는 것임을 제안한다. 즉, 나운규의 <아리랑>(1926)은 주제의식과 서사구조가 영화언어를 지배하거나 등가에 머물렀고, 유현목의 <오발탄>은 영화언어가 리얼리티와 서사구조를 모두 지배했으되 그 정도가 약했는데, 그 후의 80년대를 대표하는 세 감독의 대표작들을 통해 전 세계 현대영화에 통용되는 방법론적 장치로서 한국영화의 이정표가 될 만한 새로운 영화미학의 가능성을 발견하자는 것이다. 그런데 기성세대 비평과의 차별화를 주장하면서 이영일 비평의 작가주의, 리얼리즘을 소환하고, 반할리우드를 지향하면서 고전 할리우드 내러티브에 대한 대안은 존재하지 않는다는 보드웰의 이론을 차용하는 아이러니는 영화학이 아직 이론적으로 정립되지 않은 시기의 학문적 정당화를 위한 과정에서의 모순을 드러낸다. 당시 대학에 자리 잡고 있었고 영향력이 컸던 이용관의 비평을 대표적으로 살펴보았지만, 이러한 작가주의, 신형식주의의 결합을 통한 비평방법론은 『영화언어』의 주요 편집동

139 이용관, 「창작과 비평의 만남을 위하여」, 『한국영화를 위한 변명』, 시각과 언어, 1998, 35~50쪽.

인인 전양준의 <그들도 우리처럼> 비평, 김지석의 <황진이>(배
창호, 1986) 비평 등에서도 유사하게 발견된다. 이러한 '작가 만들
기'를 향한 지향은 편집진들이 참여한 한국영화 감독 단행본 발
행으로도 나타난다. 전양준은 5호 '편집인의 글'에서 계간지를 뒤
늦게 출간하는 이유를 누적된 재정 적자와 대부분의 필자가 한국
영화학회지와 유현목 감독론 전집의 원고를 동시에 준비하고 있
기 때문이라고 밝힌다. 전양준, 장기철이 책임 편집한 유현목 감
독작품론『닫힌 현실, 열린 영화』(1992)는 한국영화감독 연구서로
서는 정성일이 편집한『한국영화연구 1 임권택』(1987) 이후 두 번
째 발간이었는데, 뒤에서 다시 언급하겠지만 이후 한국 작가연구
및 비평에 중요한 영향을 끼친다.

　이렇듯『영화언어』의 작가 만들기와 '새로운 한국영화'를 위한
비평적 기획은 글쓰기 외에도 편집진들의 국제영화제에 대한 담
론조성 및 세계영화와의 소통을 위한 국제적인 네트워크 구축을
향한 지향으로 확장된다.『영화언어』11호의 '책머리에'에서 전
양준은 "지난달 이탈리아 페사로 영화제에서 열렸던 한국영화주
간 행사는 그동안의 우리의 노력이 결코 헛된 것이 아니라는 사
실을 확인할 수 있는 자리였으며, 1952년부터 10년마다 세계영
화걸작 10선을 뽑아온 영국의 전문지『사이트 앤 사운드』에서
우리에게 1992년 투표 참여를 의뢰해 온 것은 우리의 영화적 신
념이 소중하게 평가된 결과"라고 밝힌다. 이어 이효인 편집인 체
제로 바뀌는 앞으로의『영화언어』는 지금까지의 '전문화'라는 목
표와 함께 "'국제화'라는 2단계 목표를 위해 새롭게 출발"할 것임

을 알린다.**140** 김지석은 부산국제영화제의 '전사(前史)'를 밝힌 글에서 『영화언어』 편집인 시기에 게스트로 참가했던 1991년 야마가타 국제다큐멘터리영화제와 1992년 페사로영화제의 '한국영화특별전'이 부산영화제 창설의 중요한 계기**141**였음을 밝힌다. 『영화언어』 편집인을 맡고 있었지만, 미국, 홍콩, 서유럽 이외의 영화는 보기 힘들었던 한국 영화문화에서 야마가타 영화제 참석 후 받은 엄청난 충격은 『영화언어』 9호에 실린 20쪽이 넘는 참관기에 생생히 기록되어 있다.**142** 야마가타 영화제는 인구 25만의 도시에서 1989년부터 출발한 젊은 영화제지만 진보적인 다큐멘터리 감독 오가와 신스케의 영향 아래 유수의 해외영화인들의 교류의 장으로 자리매김했고, 김지석은 글의 말미에 한국 참관인의 입장에서 배울 점을 세 가지로 요약한다. 첫째, 다큐멘터리 영화 문화에 대한 인식 제고와 저변확대의 필요성, 둘째, 아시아영화에 대한 깊은 관심과 연구의 필요성, 셋째, 한국영화를 해외에 소개하기 위한 영화평론가/학자들의 분발의 필요성이다. 그는 대만 뉴웨이브 영화가 세계화되는 데 평론가 챠오 슝핑의 비평이

•

140　'세계 속의 한국영화'에 대한 모색은 『영화언어』 5호에서 번역 게재된 로이 암스(Roy Arms) 의 "동아시아 신흥공업국가들의 영화(The Newly Industrialzing Countries)"에서도 드러 난다. '편집자 주'에서는 "한국영화는 아직 세계의 변방에 머물러 있다는 인식 때문에 '서구 의 영화비평가와 학자들에게 한국영화가 어떻게 인식되고 연구'되는가를 살펴보는 계기를 마련하고 '여타 동아시아 국가들과의 비교연구'를 위해 영국 영화학자인 로이 암스가 쓴 저 서 『제3세계 영화제작과 서구(*Third World Film Making and the West*, Berkeley and Los Angeles: University of California Press, 1987)』를 소개한다"고 밝힌다(방추성 옮김, 「동아시아 신흥공업국가들의 영화」, 『영화언어』 5호, 1990년 가을, 73~80쪽).

141　김지석, 「부산국제영화제 전사 前史」, 『부산국제영화제 20년』, 본북스, 2015, 15~22쪽.

142　김지석, 「91 야마가타 국제 도큐멘터리 영화제(91 YIDFF) 현장기록」, 『영화언어』 9호, 1991년, 46~67쪽.

큰 기여를 했듯, 한 나라의 작가가 탄생하기 위해서는 작가의 예술적 재능과 제작 여건 외에 그것을 뒷받침할 수 있는 비평작업도 필요하다는 교훈을 언급하는데, 이는 이후 『영화언어』의 비평 방향 및 국제영화제 창립을 위한 모색에 큰 영향을 끼친 것으로 보인다.

1992년 페사로 영화제 '한국영화특별전'은 유럽에서 처음으로 1960년대에서 80년대에 걸쳐 제작된 30편의 한국영화가 대규모로 소개된 기획전으로, 김지석은 이를 하나의 '사건'이었다고 말한다. 배창호, 이장호, 박광수 감독, 안성기 배우와 함께, 『영화언어』 편집인 이효인, 김지석, 이용관, 전양준은 영화제에서 발행하는 200쪽 분량의 특별전 책자(『한국의 영화』)의 필자이자 평론가로서 초청된다. 새로운 국가의 영화나 작품의 발굴을 중요한 목표로 하는 페사로 영화제의 특별전은 유럽의 3대 국제영화제로 가는 관문으로도 여겨졌는데, 집행위원장인 아드리아노 아프라의 사회주의적 지향과 계간지 『치네마와 필름』을 통한 영화이론 및 비평지향은 영화진흥공사와 영화제 전문가 임안자, 평론가들의 적극적인 역할 속에 그간 외국 반출이 허용되지 않던 한국영화를 대표하는 사회드라마들이 해외에서 상영되는 계기가 되었다. 전양준에 따르면 이때 이탈리아 언론의 보도 방향은 크게 두 가지였다. 하나는 낯선 한국영화에 대한 개괄적인 소개고, 다른 하나는 이미 어느 정도 알려진 임권택 감독에 대한 평가와 함께 자국의 네오리얼리즘 영화와 비교하는 방식으로 한국의 정치,

사회 영화를 격려하는 것이었다.143 전양준은 한국영화비평의 현
황144과 상영작들에 대한 평가를 설명하는 영화제 토론회 자리
에서 "상영된 영화들과 한국에 남아있는 이삼십여 편의 영화는
명실공히 한국영화를 대표할 만한 영화들이고, 머지않아 그것들
을 '한국영화의 뉴웨이브'라고 부를 것"이라고 언명한다. 이러한
한국의 '뉴 시네마 만들기'에 대한 열정은 이후 뉴욕 현대예술박
물관과 런던에서의 대규모 한국영화 상영, 1993년 파리 퐁피두
센터의 한국영화특별전으로 이어지는데, 퐁피두 특별전의 프로
그래머가 페사로 영화제 집행위원장 아프라였고 이후, 그는 제1
회 부산국제영화제에서 한국영화공로상을 수상하고 전주국제영
화제와도 인연을 이어간다. 전양준은 "한국영화는 페사로에서 비
로소 가장자리 영화문화에서 벗어나 세계영화계에서 공적인 존
재가 된 셈"이라며, "평론가들과 영화학자는 영어로 된 한국영화
관련 서적이 한 권"145 밖에 되지 않는다는 사실에 경각심을 가
져야 할 것이라고 말한다.

　이렇듯 『영화언어』의 한국 영화비평의 전문화, 체계화 및 국제
화에 대한 문제의식과 공론화는 구성원들의 비평뿐 아니라 강연,
이론의 번역 및 출판 활동으로 실천되었다. 『영화언어』는 구성

143　전양준, 「페자로국제영화제」, 『영화관에서의 일만 하룻밤』, 작가, 2022, 35~41쪽.

144　특별전의 성공적 개최에 중요한 가교 역할을 한 임안자에 따르면, 토론회에서 평론가들 쪽
　　　에서는 " 저널리즘과 평론에 대한 개념 혼란 문제, 영화 수에 비해 부족한 평론가의 숫자, 자
　　　국 영화를 보지 않는 관객의 무관심, 자국 영화의 연구에 게으른 영화학과 교수 등 문제점을
　　　밝혔다"고 말한다. 임안자, 「페사로영화제-한국영화회고전」, 『영화제 전문가 임안자의 내가
　　　만난 한국영화』, 본북스, 2014, 121쪽.

145　전양준, 『영화관에서의 일만 하룻밤』, 41쪽.

159

원들 대다수가 대학에서 강의를 하긴 했지만 전임교원은 드물었고, 독립영화에 대한 지향이 분명했던 학술저널인 만큼 강연 활동은 비제도권에서도 활발했다. 그 가운데 비디오테크 '영화공간 1895'는 설립자 이언경이 『영화언어』의 편집부로 활동하고 비평을 기고(8호 '다큐멘터리의 잊혀진 가능성')하는가 하면, 『영화언어』의 편집진 및 주요 필자가 대거 강좌의 강사로 참여하거나 심포지움 개최 공간으로 이용되며 긴밀한 협력관계를 맺고 있었다. 1990년 가을에 발행된 5호에 실린 '영화공간 1895'의 전면광고를 보면, 매주 일요일 저녁 7시에 "진보적 대학교수들과 젊은 비평가, 감독의 강의"가 마련되어 있다고 안내되어 있다. 강연 프로그램으로는 김지석의 김기영 감독론, 전양준의 에이젠쉬테인론, 최진의 폴란스키론, 김용태의 영화 내러티브 강의가 있다. 또한 '영화공간 1895'에서는 이론강좌와 더불어 구하기 힘든 감독들의 주요 작품을 연계해서 비디오로 상영했다. 1991년 발행된 9호에서는 '영화공간 1895'의 강연 프로그램인 '24시간 영화학교'가 안내된다. 강연은 기초강좌로 이용관의 '영화보기와 영화읽기', 이효인의 '한국영화사 강의', 김지석의 '당신이 할리우드에 대해 알고 싶은 모든 것', 전양준의 '영화의 교과서'[146] 등 다섯 종류가 있고, 두 종류의 영화이론 고급반 강좌에서는 전양준이 영화의 분석, 정성일이 영화비평론을 강의한다. 일간지 『한겨레』는 이에

---

146 이 강의에서는 영국에서 유학했던 전양준이 팸 쿡(Pam Cook)이 편집하고 영화개론 교과서로 많이 쓰인 *The Cinema Book*(London: British Film Institute, 1985)을 다뤘던 것으로 보인다.

대한 기사를 다루면서 "민간 영상자료원 '영화공간 1895'가 영화
전문 계간지 『영화언어』와 공동주최로 '24시간 영화학교'를 연
다"고 알리고, 강사진은 "영화평단과 이론 분야에서 활발한 활동
을 하고 있는 젊은 평론가들"이라고 밝힌다.**147** 이론 강좌 외에 4
개월 과정의 촬영 워크숍인 '카메라를 든 사나이' 강좌에도 편집
위원인 이충직이 강사로 나서 영화촬영과 조명기법, 시나리오 작
법, 슬라이드 비디오와 16mm 필름제작을 지도한다.**148** 이와 같
이 1990년대 초중반 공공 시네마테크가 부재하고, 영화 교재나
영화학 대학원 과정도 이제 막 제도화되어가던 시기 비디오테크
영화공간 1895나 전문 계간지 『영화언어』는 상호교류 속에 영화
에 목마른 청년들을 대상으로 제도권과 비제도권을 넘나들며 교
육했다.

　한국영화에 대한 학술적 담론장과 좋은 영화문화를 위한 『영화
언어』 구성원들의 계몽의 기획은 비평 및 강연을 넘어 활발한 저
술 및 번역, 출판으로 이어졌다. 전문 학술지를 표방하며 영화문
화에 대한 자의식을 지닌 독자층에게 소구했던 『영화언어』는 대
중잡지와는 달리 기본적으로 상업광고가 거의 없었다. 반면 얼마
되지 않는 광고 지면은 독자들에게 영화 책을 소개하거나 당시
활동했던 비디오테크나 독립영화제작단체, 교육단체들('영화공간
1895', '씨앙씨에', '영화제작소 두레', '한길영화학교' 등)의 활동을 알리는

147 「영화공간 1895 '24시간 영화학교' 개설」, 『한겨레』, 1991. 12. 8., 11면.

148 「게시판」, 『동아일보』, 1991. 3. 9., 11면. ; 「카메라를 든 사나이 제2기 모집」, 『영화언어』 8
　호, 1991년 여름, 66쪽.

정보의 지면으로 기능했다. 『영화언어』1호의 마지막 페이지에는 1988년 말에 출간된 번역서이자 필독 교재였던 잭 씨 엘리스의 『세계영화사』(변재란 옮김) 책 광고가 전면 게재된다. "영화학은 이제 예술형태, 산업구조, 대중전달 매체, 그리고 사회적인 영향력의 연구로 전문화되었다. 즉 가장 어린 예술인 영화도 학문적인 연구분야로서 제 몫을 하게 되었다 (…)"라는 '역자의 말'을 발췌해 길게 인용한 광고문구는 마치 첫 페이지에서 제시된 편집진의 매니페스토를 수미상관으로 강조하는 것처럼 보인다. 그런가 하면 2호는 민족영화연구소의 간행물 『민족영화 I』과 『북한영화의 이해』(백지한 엮음)가 가장 눈에 잘 띄는 첫 표지에 자리 잡고 있다. 이 책들은 『영화언어』와 "경쟁과 협력의 관계로 이 시기 한국영화의 개혁을 위해 활동"[149]했던 민족영화 운동진영의 핵심 인물 이효인과 이정하가 참여한 '친구영화총서' 시리즈였다. 이는 창간 초기인 1989년에는 표지를 비롯한 지면 구성, 필진, 광고 등에 있어 대안영화 제시라는 미학적 지향 못지않게 현실개입에 대한 모색이 강했음을 유추할 수 있는 대목이다.

한편 1989년을 기점으로 학술담론의 필요성이 다양한 계기로 점화되고 영화연구 및 교육의 필요에 따라 1990년대 초반에는 『영화언어』필진들이 주도한 많은 학술서가 발간되고 『영화언어』지면에 빈번히 광고된다. 가령 1991년 봄에 발행된 7호에는 이용관이 번역한 조셉 보그스의 영화 분석론 책인 『영화보기와

---

149 이효인, 앞의 책, 265~266쪽.

영화읽기』가 표지 안쪽 상단에 광고되고, 이정하가 번역한 에이젠슈테인 선집 2권인 『몽타쥬 이론』과 이용관이 번역한 스테판 샤프의 『영화구조의 미학』이 나란히 배치된다. 뿐만 아니라 김지석, 전양준이 옮긴 리처드 다이어의 『스타』, 전양준, 장기철이 편집한 유현목 작품론 『닫힌 현실 열린 영화』, 전양준이 엮은 『세계영화작가전집』시리즈, 이용관이 편역한 『전위영화의 이해』, 한상준이 번역한 리처드 라우드의 『장 뤽 고다르』 등 『영화언어』 편집동인들이 번역, 집필하거나 엮은 책 10여 권이 대거 광고된다. 이 가운데 전양준이 편집한 『닫힌 현실 열린 영화』는 작가연구를 통해 한국영화사의 전통을 확립하고, 체계적인 분석을 도모해온 『영화언어』 편집인들의 당시 역량이 총동원된 기획이었다. 이 책은 총 3부로 구성되어, 1부에서는 이영일, 변인식, 김수남이 유현목의 작가세계를 개괄한다. 2부는 유현목의 데뷔작인 <교차로>(1956)를 시작으로 총 42작품에 대한 기본 정보와 짧은 신문비평, 학술논문 등 작품 분석을 모았는데, 비평가와 비평세대에 따른 비평 형식 및 방법론의 차이가 크게 눈에 띈다. 즉 이전 세대의 비평이 신문 단평 중심의 줄거리 소개와 인상 비평이 주를 이룬다면, 『영화언어』의 편집인들인 정재형, 이충직, 김지석, 김영진 등이 참여한 비평은 논문의 형식으로 이론과 선행연구 및 각주와 참고문헌을 동반하며, 숏-바이-숏 분석을 통해 내러티브와 미장센, 사운드에 접근하고 있다.150 이같은 학술서적의 증가

150 전양준·장기철 책임편집, 『유현목 감독 작품론: 닫힌 현실 열린 영화』, 제3문학사, 1992.

에 따라 『영화언어』 10호는 영화에 관한 서적 소개 지면을 별도로 구성해 두 페이지에 걸쳐 그 시점까지 한국에서 발행된 영화 관련 서적을 간추려 소개한다.[151] 편집자 주에 따르면 영화에 관심 있고 영화를 공부하는 사람들에게 도움이 되고자 하는 취지이고 여기서 소개한 마흔세 권이 당시의 영화 서적 전체를 대변한다고 볼 수는 없지만, 대부분이 영화이론, 영화사, 영화비평, 영화기술 등의 개론적 입문서고, 영화운동 무크지나 소련 및 동구권 영화사 및 이론서의 번역이 많고, 감독론의 경우도 열 권이 채 안 된다. 이런 맥락에서 1992년 봄까지의 영화서적 목록은 미미했던 영화연구 및 출판의 길을 열어나가고자 한 '영화학 1세대'의 담론적 실천의 여정을 보여준다. 외적으로는 할리우드 영화에 대한 대안을 모색하고 내적으로는 영화계 내부의 모순에 맞서면서 선명할 수 있었던 비평 노선은 1990년대 중반으로 접어들면서 새로운 영화경향 및 신진 비평가들의 참여와 함께 다양화된다.

정간을 예상하지 못한 채 1995년 봄 발행된 『영화언어』 15호는 여러 측면에서 변화를 예고하고 있다. 이용관, 정성일, 정재형, 이정하가 펼치는 심층 좌담은 1990년대를 1980년대와의 단절과 연속 모두의 관점에서 바라보면서 한국영화의 정체성, 영화 환경의 역동적 변화, 새로운 감독 및 기획자의 출현, 독립영화의 존재 형태와 가능성, 뉴 미디어 시대 비평의 과제 등 당대 영화의 주요 쟁점들을 첨예하게 논하고 한국영화의 현재를 돌아보며 미래를

---

151 「"영화"에 관한 서적 소개」, 『영화언어』 10호, 1992년 봄, 75~76쪽.

전망한다.152 편집인의 말에서 밝히고 있듯, 『영화언어』는 다음
호부터 편집진 및 필진의 세대교체를 예고하고, 비평노선 또한
이미 기존의 작가주의나 신형식주의, 리얼리즘 담론으로는 변화
하는 영화의 흐름에 창조적으로 개입할 수 없다는 인식에 이르고
있다. 이를 뒷받침하는 코너 중 하나는 편집위원들(이충직, 이효인,
주진숙, 이정하)이 선정한 '내가 주목하는 감독 2인'으로, 작가주의
가 한국영화를 이끌 것이라고 믿어왔던 인식에 대한 수정 및 균
열의 변화를 감지할 수 있다. 그런가 하면 문재철, 오영숙, 김소연
등의 신진비평가가 보여주는 비평방법론은 동시대 한국영화 비
평에 대한 반성적인 메타비평, 94년 등장한 주목할 만한 대중영
화들이 보여주는 활력 속에서 가능성과 시대정신 전망하기, 포스
트모더니스트로 선회한 장선우의 텍스트를 작가주의와 상업영화
의 이분법을 넘어 이 둘의 공존을 모순적으로 보여주는 '욕망의
보고서'로 읽기 등 다채롭다. '한국적인 영화이론의 확립'을 목표
로 했던 『영화언어』는 1995년 이후 긴 휴지기에 들어간다.

1997년에는 『영화언어』 편집위원회(권용민, 문재철, 오영숙, 이순진,
주창규)에서 『영화언어』 열다섯 권의 주요 글들을 두 권의 단행본
으로 묶은 선집 『영화언어: 1989년 봄에서 1995년 봄까지』 I,
II를 발행한다. 1권에는 이론, 텍스트 분석, 비평을 2권에는 시론,
산업, 제도 및 정책에 관한 담론을 모았다. 문재철은 엮은이를 대
표하여 쓴 글에서 『영화언어』를 '한국 영화비평의 새로운 물결'

152 「좌담, 한국 영화의 현실과 미래」, 『영화언어』 15호, 1995년 봄, 9~57쪽.

로 규정한다. 그러면서 90년대 초반까지 지속되어온 이 비평의 시대정신이 1990년대 중반에 이른 시점에서 중단되었는데, 이 두 권의 책은 새로 발간될 『영화언어』의 준비호임을 밝힌다.[153] 그리고 1권의 말미에는 97년 봄 재탄생할 복간호에 대해 다음과 같이 예고한다. "복간 1호(통권 16호)에는 '특집: 새로운 서사의 문을 두드린다', '해외 이론가 소개: 폴 월먼(Paul Wilemen)', '한국 영화사 탐구: 미군정의 영화정책에 관한 연구'를 비롯하여 '영화 <세 친구>(임순례, 1996) 및 한국 단편 실험영화에 대한 꼼꼼한 분석', 부록으로 '영화 관련 학위논문 목차' 등이 수록됩니다." 그러나 김영진을 편집장으로 한 복간호는 그로부터 6년 후인 2003년 여름에 발행된다.

김소영이 제언하듯 『영화언어』가 서구 영화이론과 비평을 수용하면서 보드웰로 대표되는 특정 이론에 치우친 결과, 문화연구 및 페미니즘 등 당대 인접 학문과의 교류 및 방법론들을 창조적으로 수용하고 이를 국내의 영화연구 및 비평에 생산적으로 적용하지 못했다는 점은 분명한 한계로 지적될 수 있다.[154] 그러나 『영화언어』는 '대안영화'에서 '대항영화'에 이르는 이론적 기획을 한국영화에 적용하며 동시대 한국영화의 현실에 개입하고 질문을 던지려는 태도를 견지했다. 이렇듯 동시대에 제작된 영화들에 대해 비판적으로 개입하고 창작과 비평이 상호 영향을 주고

---

153 문재철, 「책을 펴내며: 『영화언어』, 한국 영화비평의 새로운 물결」, 『영화언어: 1989년 봄에서 1995년 봄까지』, 시각과언어, 1997, 11~13쪽.

154 김소영, 「해설: 『영화언어』, 눈물과 축제의 현장」, 위의 책, 17~23쪽.

받은 것은 한국영화사에서는 거의 처음 있는 일이었다. 또한 국제적 언어로서의 영화에 대한 모색은 체계적인 학술비평을 통한 '작가' 만들기, 한국의 '뉴 시네마' 만들기라는 프로젝트와 함께 김지석, 이용관, 전양준 등 편집인들이 주도한 부산국제영화제의 탄생으로 이어진다. 영화제의 꽃이 관객문화에 있다는 것을 감안한다면, 1980년대 이후 열정의 산실이었던 한국의 비디오테크들과 전문비평지 『영화언어』의 '좋은 관객' 만들기라는 계몽의 기획은 시네필의 성장을 주도한 셈이고, 부산국제영화제의 성공에 힘입어 한국 최초의 필름 시네마테크가 1999년 부산(시네마테크 부산)에서 출범하는 결실을 맺는다.

(2) 2기(2003~2005) : '복간' 이후: 학술비평 담론의 전문화와 분화

"그 사이에 영화비평은 언어의 감옥 현상을 초래할 우려가 있는 글 작업이나 도덕적 판단이 결여된 영화적 사고를 완전히 극복하지 못했 다. 자생적인 비평 담론을 생산하지 못한 아카데미의 폐쇄성이 전자에 기울었다면 팽창기를 맞은 한국영화산업을 대하는 일부 저널리즘의 동업자적 태도는 후자에 가까웠다. 영화작업의 윤리성 회복, 한국영화 연구의 체계화, 독립영화에 대한 관심은 아직 이루지 못한 과제로 남 았다."155

'영화학 1세대'들이 주도했던 『영화언어』가 1990년대 비평 담 론 지형에 끼친 성과와 한계는 『영화언어』 15호에 실린 문재철 의 메타비평 '한국영화비평의 어떤 경향'에 구체적으로 제시된 바 있다.156 즉 영화에 대한 학문적 접근이 본격화되고 과학주의 가 "비평에 새로운 전기"를 마련한 것은 사실이지만, "도입기 수 준에서 진일보하지 못한 채, 이용관의 아류적 범주"에서 벗어나 지 못했고, 그에 대한 반복 적용만을 소모적으로 되풀이하고 있 다는 지적이다. 또한 문재철은 비평 이론이 작가론이나 텍스트의 형식에 대한 이해뿐 아니라 영화의 본질이나 미학적, 이데올로기 적, 역사적 함의에 대한 연구로 이론적 공간을 넓혀가야 한다고 주장한다. 이에 90년대 중반 급격한 변화의 기류에 선 한국영화 비평이 직면한 위기의 본질은 "학문적 전통의 부족에서 비롯되

---

155 김영진, 「[에디토리얼] 아주 더디게 청하는 악수」, 『영화언어』 복간호, 2003년 여름, 4~5쪽.
156 문재철, 「한국영화비평의 어떤 경향」, 『영화언어』 15호, 1995년 봄, 61~77쪽.

는 비평이론의 허약함"에 있으며, 따라서 그 위기는 "이론적 무장과 학문적 성숙을 통해서만 극복"할 수 있다는 것이다.

네 개의 영화주간지와 세 개의 월간지의 공존 속에 영화담론이 폭증하는 시기를 지나 하나둘 폐간을 맞이하며 '영화비평 담론의 소란스런 팽창과 위축'을 거친 후, 공백기를 가졌던 『영화언어』 복간호가 2003년 여름 발행된다. 이동진은 『영화언어』 정간과 복간의 시의성을 가리키며, "국내에서 영화에 대한 지적인 관심이 절정에 이르렀던 1995년에 정간하고, 모두가 '평론은 죽었다'라고 말하는 2003년에 복간한 이 잡지의 역설적 상황은 앞으로의 역할에 더욱 기대를 걸도록 한다"고 말한다.[157] 『영화언어』 1기부터 가장 활발한 비평 활동을 해온 소장 평론가로서, 90년대 후반 『씨네21』의 '예술영화 논쟁'에서 강한섭의 산업 담론에 맞서 '예술영화 옹호론'을 주장했던 편집장 김영진은 "영화에 대한 정보가 범람하는 시대, 속도전의 비평이 아닌, 계간지의 리듬으로 아젠다를 제기하며 지식을 생산하는 비평의 장을 마련하겠다[158]"고 출사표를 던진다. 편집위원인 문재철 또한 "비평과 이론의 만남의 장"을 구성하고, 한국영화에 대한 집중적인 논쟁 작업을 하며, 이론적 체계화의 계기로 삼겠다고 포부를 밝힌다.[159]

157 이동진, 「영화비평 전문 계간지 '영화언어' 복간」, 『조선일보』, 2003. 7. 27., https://www.chosun.com/site/data/html_dir/2003/07/27/2003072770224.html, 2023년 9월 2일 접속.

158 「영화계간지 '영화언어' 복간호」, 『동아일보』, 2003. 7. 24.. https://www.donga.com/news/Culture/article/all/20030724/7967129/9, 2023년 9월 2일 접속.

159 김의찬, 「기획리포트- 영화연구가 달라지고 있다」, 『씨네21』, 2003. 9. 22., http://www.cine21.com/news/view/?mag_id=20939, 2023년 9월 3일 접속.

인용한 복간호 에디토리얼에도 드러나듯, 김영진 편집장 체제의
『영화언어』 2기는 이용관을 발행인 겸 편집인으로 하면서 한국
영화에 대한 생산적이며 체계화된 연구 계승이라는 확고한 의지
를 가지고 출발한다. 그러나 그 방향은 단순한 연속성이 아닌, 이
전 세대의 공과를 넘어선 '비판적 계승'이었다. 『영화언어』 2기는
1기의 작가주의를 발전적으로 계승하면서도, 1기 당시에 김소영
이 한계로 지적했던 대중영화에 대한 문화연구적인 관점의 분석
을 수용했으며, 1990년대 후반 이후 축적되어 온 한국영화사 연
구와 디지털 시대 영화의 운명에 대한 기술적, 미학적 접근, 정신
분석학 등의 새로운 이론적 방법론 등으로 영역을 넓혔기 때문이
다. 그런데 2003년 여름에서 2005년 여름호까지의 에디토리얼
을 살펴보면 이론과 비평 사이에서 생산적인 학술 담론을 만들어
나가겠다고 약속한 『영화언어』 2기의 정체성 찾기에 대한 고민
이 자주 눈에 띈다. "복간 6호를 맞는 잡지가 여전히 정체성을 고
민하고 있다는 것은 희극적인 일이지만 사실이 그렇다. (…) 정통
학술비평 저널리즘을 표방하며 『영화언어』가 복간된 지 2년이
다 돼가지만 새로운 길을 제시했다고 생각하지 않는다. 결국 『영
화언어』가 찾아내야 할 비평의 길은 현장과 유리된 아카데미 이
론, 이론과 유리된 현장비평의 간극을 극복하고 그 양자의 조화
를 모색해야 하는 지점에 있을 것이다.**160**

　『영화언어』 1기에는 비평(이론) 지향과 운동 지향의 이질적인

160　김영진, 「에디토리얼-이론의 축복을 기대하며」, 『영화언어』 복간 6호, 2005년 봄, 6쪽.

구성원들이 공존하고 있었지만, 동인지 형식의 집단적 모색을 하며, 선명한 의제를 제시했고 공동의 목표가 있었다. 반면 『영화언어』 2기는 방법론적 다양성과 학문적 체계화에 어느 정도 이르렀지만, 각 필진들의 개인적인 역량을 모아 놓았을 뿐, 구체적 의제가 모호하고 집단적 모색이 있었던 것은 아니다. 이러한 이유를 가늠하기 위해 우선 편집진과 주요 필진들의 구성 및 세대성을 살펴볼 필요가 있다. 김영진 편집장과 문재철, 김미현, 김성욱 편집위원 체제로 출발한 『영화언어』 2기는 2년의 발행 기간 동안 지각출간과 편집위원 및 발행처의 변동 등 여러 난항을 겪는다. 편집위원의 경우 문재철, 김미현은 7호 내내 참여했지만, 복간 3호부터 이상용이 합류했고, 7호에서는 김소연과 정지연이 합류한다. 발행처도 1호는 주요 한국영화사 서적을 출판해 온 소도였다가, 2~5호는 김영진이 속해 있던 영화잡지 『필름 2.0』을 발행하는 미디어 2.0으로, 6~7호는 큰사람기획으로 변경된다. 편집위원과 함께 주요 필자로 참여한 정종화, 문일평, 김지훈, 박제철, 장병원, 조준형 등은 대부분 영화학과 대학원 학제에 소속되어 학술적인 담론생산에 학습되어온 소장 연구자들이거나 『필름 2.0』 스태프 평론가들이었다. 세대적으로 이들은 1990년대 홈비디오나 비디오테크, 영화잡지를 섭렵하며 분석적인 영화보기에 익숙해진 시네필 세대로 볼 수 있다. 1990년대 대중문화의 부상 및 영화의 시대에 청년기를 보내면서 영화가 대학원에서 학문적으로 승인 및 제도화되는 것을 지켜보고, 영화학과 대학원이 가장 활성화되었던 시기에 영화연구를 시작한 세대인 것이다. 이를 반영하듯 2003년 『씨네21』의 한 기획기사는 변화하는 '한국영화연구의 새로운 경향'을 조명한다.[161] 이 기사에서는 한국영화사부터 영화산업, 대중영화, '이영일 아카이브'의 결실까지, 작가 탐구나 외국이론의 번역을 넘어 다변화된 연구영역과 연구형태를 주목한다. 기사는 8년 만에 복간된 『영화언어』에 대해서 비중 있게 다루는데, 복간호를 가리켜 "아예 한국영화에 관한 연구서적"이라고 언급한다. 이는 『영화언어』 복간기 지면 구성의 무게중심이 학술적인 한국영화연구에 한층 더 쏠려 있기 때문이었다.

일곱 권의 발행 동안 『영화언어』의 '특집' 지면은 동시대 한국영화의 지형을 분석하는 데 할애됐다. 1기와 달라진 점은 작가주의적 접근에 국한되지 않고 대중영화의 경향 속에서 시대정신을 읽어내는 방식이었다. 예를 들면 2호에서는 공포영화에서 블록버스터까지 '한국 대중영화의 쾌락과 불쾌'를 분석하고, 3호에서는 윤리적 성찰의 관점에서 '한국영화의 콤플렉스'를 독해하는가 하면, 4호에서는 '한국영화, 과거와의 조우'를 익숙한 노스탤지어가 아닌 '대항-기억'의 관점에서 읽으려는 시도가 이루어졌다. 대중영화에 대한 깊이 있는 분석을 통해 이러한 생산적인 비평이 가능했던 것은 이 시기 박찬욱, 봉준호, 장준환, 류승완 등이 보여준 대중영화의 지형이 그만큼 풍부했기 때문이었다. 한국영화계에 장르 영화의 문법을 비틀어 자기만의 서명을 새기는 '상업적 작가'들이 등장했고, 이러한 '웰메이드 영화'의 시대에 대중영화

---

161 김의찬, 「기획리포트- 영화연구가 달라지고 있다」, 『씨네21』, 2003. 9. 22., http://www.cine21.com/news/view/?mag_id=20939, 2023년 9월 3일 접속.

와 작가영화의 구분은 더 이상 효력이 작동하지 않는 이분법이기
도 했다.

복간기 『영화언어』 지면 구성의 가장 중요한 특징과 변화라
면 당대 영화에 대한 비평적 개입뿐 아니라 '한국영화사의 뿌리
와 흔적을 찾는 작업을 병행'해서 시도한 것이었다. 복간호에서
는 '영화사 기술을 위한 증언' 코너를 비중 있게 연재하는 목적을
"거대 역사의 흐름에 묻힌 영화사료들을 청취해 한국영화사를
풍성하게"하기 위한 것이라고 밝힌다. 2호의 경우 한국영화사의
시네마스코프에 관한 논문(김미현)과 한국전쟁기 한국영화 기술인
력의 형성에 관한 연구(정종화), 1950, 60년대 영화기재를 직접 만
들며 작업한 안현철 감독과 촬영기사 안진순의 인터뷰 등 체계적
인 영화사 지식 생산을 위해 긴요한 글들로 채워져 있다. 역사적
사료가 부족한 영화사 연구에서 구술 방법론은 중요한 보완책이
된다. 더욱이 기존의 한국영화사연구가 작가와 정전 위주로 구성
되어 왔다는 점을 고려하면, 1호에서부터 주목한 기술사나 구술
방법론은 한국영화연구의 변화된 지형을 반영한 의미 있는 기획
이었다고 할 수 있다. 3호에 게재된 김소영의 '감상(感想)의 시대:
애활가(愛活家)와 부인석(婦人席)'은 한국영화사 서술방식에서의 관
습적인 문제 틀에 질문을 제기하며, '한국영화'라는 대상의 역사
적 재배열과 함께 텍스트와 관객의 상호작용에 주목하고, 작가영
화와 대중영화의 경계에 있는 영화들을 '콘택트 존(접촉지대)'의 관
점에서 생산적으로 접근할 것, 텍스트가 부재하는 조선영화사는
관객성과 극장가, 상영공간 문제설정 및 토픽을 중심으로 진행

할 것, 한국영화 분석의 의미소를 '활력, 환상, 외상'으로 연구할 것 등을 제안한다.162 김소영은 이 글에서 제안한 문제 틀 가운데 초창기 영화연구를 '감상의 시대'로 규정하고 관객과 극장이라는 공간을 분석함으로써 새로운 한국영화사 연구 방법론의 가능성을 제시한다. 4호에 실린 김소연의 '<오발탄>은 어떻게 "한국 최고의 리얼리즘 영화"가 되었나?'는 정전화된 작품을 둘러싼 리얼리즘 담론의 전개가 한국 영화비평 담론의 흐름과 어떻게 상호작용했는가를 탐색하는 꼼꼼한 메타비평의 사례다. 또한 5호에서 이길성, 이호걸, 이우석이 함께 진행한 연구의 일부를 게재한 '1970년대 서울의 극장산업과 문화연구'는 영화사의 퇴조기로 여겨지는 70년대를 텍스트가 아니라 관객들의 공간인 극장에 초점을 맞췄다는 점에서 영화연구의 사각지대에 대한 탐색이기도 했다. 보고서와 함께 실린 전(前) 협동흥업 / 대원영화사 영업부장 김형종과 단성사 선전부장 이용희의 인터뷰도 그간의 연구에서 간과되어 왔던 영화문화에 대한 기록이었다. 7호에는 한국영상자료원에서 발굴해 해방 전 영화사를 앞당긴 일제 강점기 극영화 네 편(<군용열차>(서광제, 1938), <어화>(안철영, 1938), <지원병>(안석영, 1941), <집없는 천사>(최인규, 1941))에 대한 영화사적 의미를 규명하고 작품을 분석한 정종화의 글이 실린다. 2000년대 초중반은 한국영상자료원의 1930~40년대 영화 발굴, 수집 프로젝트와 함께 실증연구가 가능해지면서 식민시기 한국영화사 연구

---

162 김소영, 「감상(感想)의 시대: 애활가와 부인석」, 『영화언어』 복간 3호, 2003년 겨울, 140~157쪽.

붐이 일어났던 시기였다. 『영화언어』의 한국영화사 연구 지면이 내실 있는 지식생산에 기여할 수 있었던 것에는 이러한 영화와 비평의 상호작용이 있었다고 볼 수 있다.

산업이나 정책 연구가 활성화된 데에는 민간 협의기구로 태어난 영화진흥위원회의 통합전산망 구축이나 산업동향 및 통계 공유 등의 요인도 있을 것이다. 그밖에 '이론' 섹션도 '들뢰즈 이론의 수용(1호)'에서부터 '현대영화를 감각하기(2호)', '멀티미디어 시대의 영화(3호)', '정신분석과 영화(6호)', '환상과 영화(7호)' 등 1990년대 서구 이론의 '이식' 단계의 접근을 넘어 새로운 세기의 영화를 분석하고 전망하는 데 통찰을 발휘하는 담론장으로 기여했다. 김정환은 1988년부터 2007년까지 한국사회에서 영화가 사회적 승인을 얻고 지성화되는 과정을 이 시기 학계의 논문(학위논문과 학술논문) 수와 영화 관련 출판의 증가를 통해 분석한다.163 논문의 통계에 따르면 1992년 처음 영화학 박사를 배출한 영화학계는 90년대 동안은 한 해에 한두 명씩 박사를 배출하다 2002년 8명을 기점으로 2003년 이후에는 10명에서 20명 사이를 유지한다. 대학원 석사과정을 운영하고 있는 영화학과도 1999년 8개에서 2007년 22개로 증가하는데, 이는 영화의 부상에 따라 1990년대 중반부터 정부가 연극영화학과 인가를 승인하고, 이에 따라 대학원 과정이 증가했기 때문인 것으로 보인다. 김정환의 연구는 한국에서 영화학의 승인과 정당화 과정에 대한 양적 분

---

163 김정환, 「한국 사회에서 영화의 지성화 과정에 관한 연구: 1988~2007년까지의 인쇄매체에 나타난 영화담론을 중심으로」, 『한국콘텐츠학회논문지』 13(2), 2013, 88~99쪽.

석에 집중한 연구로서 실제 영화담론 및 제도와 산업의 변화 등에 대한 분석은 다루어지지 않고 있다. 이 논문은 2007년까지를 연구대상으로 하고 있지만, 1990년대 '영화의 시대' 세례를 받고 2000년대에 입학한 대학원생이 박사학위를 얻는 시간 등을 고려하면 2010년대까지도 영화연구의 결과물들은 양적으로 증가해 왔다.

『영화언어』 2기가 발행되던 2000년대 초중반은 90년대 시네필의 성장에 따른 한국 영화학과 대학원의 활기와 한국영상자료원의 일제강점기 영화 발굴, 수집 프로젝트가 가져온 한국영화사 연구 붐이 있었던 시기였다. 그런데 1980년대 후반에서 1990년대 중반에 이르는 『영화언어』 1기의 경향이 영화연구의 정체성을 서구의 이론과 분석 틀을 차용하며 서사나 미장센 등의 '영화언어'를 통해 텍스트 분석에 집중한 것이었다면, 2기의 한국영화사연구는 국문학, 한국학 등 인문학 제 분야의 학제 간 연구를 통해 한국영화의 역사에 맥락적으로 접근하는 경향이 두드러졌다.

이순진은 논문 '한국영화사 연구의 현단계'**164**에서, 이효인이 한 좌담에서 논의했던 한국영화사 연구자의 세대 구분을 인용하면서 2004년 당시 한국영화사 연구 경향을 고찰한다. 이효인에 따르면 이영일로 대표되는 1세대의 경우는 기록이 없는 상태에서 남겨야 한다는 '전체상'의 완성이라는 문제의식에 사로잡혀 있었다면, 이효인 등이 속한 80년대의 2세대는 영화예술적 관점

---

164 이순진, 「한국영화사 연구의 현단계: 신파, 멜로드라마, 리얼리즘 담론을 중심으로」, 『대중서사연구』 12호, 대중서사학회, 2004, 189~192쪽.

의 추구와 리얼리즘 및 우파 민족주의 중심의 편향성을 복구하고자 했다는 것이다. 그는 2000년대 이후의 3세대 연구자들은 인문학적 문제의식을 바탕으로 접근하면서 지엽적인 데 천착한다고 보았다. 이순진은 3세대 연구자들이 2세대 영화사 기술보다는 1세대 연구자인 이영일에 더 천착하는 이유를 설명하면서, 냉전 이데올로기를 극복하고자 했던 2세대조차도 한국영화사 전체를 관통하는 '리얼리즘에 대한 강박'적 기술에서 자유롭지 못했다고 지적한다. 그러면서 새로운 영화사는 기존의 영화사가 오랫동안 억압하고 지나쳐온 지점인 신파/멜로드라마에 대한 역사적 연구로부터 시작되어야 한다고 역설한다. 실제로 2000년대 중반 이후 한국영화사 연구는 특정 이데올로기나 감독과 정전적 텍스트 중심의 연구에서 벗어나 페미니즘, 포스트콜로니얼리즘 등의 문화연구 및 구술사, 산업 및 관객성 연구 등으로 다변화되는 경향을 띤다.

이순진이 지적하듯 한국의 영화학과 연구자의 세대 구분은 좀 더 정밀한 기준으로 엄격하게 이루어져야겠지만, 이 논문이 쓰인 시점에서 정확히 20년이 지난 2024년에서 바라볼 때, 한국의 영화연구는 어떤 모습이며 새로운 세대의 영화연구는 어떤 특정한 경향을 띠며 전개되고 있는가? 『영화언어』 1기와 2기가 구축하고자 했던 정체성과 비평적, 이론적 지향이 새로운 세대에게 역사적으로 전승되고 있는 것인가? 영화 자체는 인접 문화와의 협동 속에서 탄생한 불완전한 존재였고, 영화연구는 영화 텍스트의 풍요로움과 영화문화의 활력에 깊은 영향을 받는다. 한국에서 영화학이 활성화되고 분화된 시기가 서구에서는 영화가 쇠퇴하거나 재배치되는 21세기 포스트-시네마 시대였다는 점을 감안한다면, 새로운 학문적 경향과 담론의 공론장 만들기는 『영화언어』가 학술비평과 이론의 분화와 모색에서 정체성의 혼란을 겪다 멈춰선 그 지점에서의 역사적 복기에서 시작해야 할 것이다.

2) 『KINO』

키노의 원칙과 제안, 첫 번째 일주년의 자기비판[165]

1. 동세대의 작가주의 수호, 동시에 미지의 영화 '발견'의 임무

2. '개입'의 실천: 영화는 세상 속에서 만들어지고, 세상은 영화의 토대이며 또한 모순이기 때문. 영화를 사랑하는 것은 세상과 싸우는 것

3. 독자들의 참여와 토론, 연대

'문화의 시대'인 1990년대 대안적인 담론을 선도하며 영화를 본격적인 학문과 비평의 대상으로 인식하게 한 영화잡지 『KINO』는 문화학교 서울과 더불어 '비판적 시네필리아(critical cinephilia)'의 생산적 각성(productive disenchantment)[166]을 추구했다. 『KINO』의 여러 지면에서 찾아볼 수 있는, 영화에 대한 매혹과 거리두기의 변증법은 '비판적 시네필리아'를 형성했다. 이는 『KINO』의 활동이 엘리트주의, 게토화된 영화광 문화의 전도사라는 부정적인 평가만으로는 환원될 수 없는, '생산적 각성'에 입각한 비판적 영화읽기의 모색과 실천들이었음을 입증한다.

이에 따라 3장 2절에서는 1990년대 『KINO』의 특집 및 비평과 번역, 외부 필자 기사들, 에디토리얼 등 주요 지면들에서 전개한 서구 영화이론 및 비판철학, 문화연구의 번역과 수용과정을

---

165 「에디토리얼」, 『KINO』 창간 1주년 특집호, 1996. 5., 32쪽. 「에디토리얼」 재구성(강조는 필자).

166 Elssaesser, "Cinephlia or the Uses of Disenchantment," pp.27~43.

이 시기의 문화정치의 맥락에서 읽고 그 성과와 한계를 조명한
다.167 이를 통해 『KINO』의 담론적 실천들이 당시의 문화연구
담론에서 진지하지만 탐식적이고 딜레탕트적인 문화소비 주체로
규정된 '마니아'를 넘어선 비판적 시네필의 형성에 일정하게 기
여했다는 점을 주장한다. 이는 절차적인 민주주의가 확립되고 영
화문화에 대한 토양이 모색되기 시작하면서, 2장에서 살펴본 '문
화학교 서울'의 수용자 운동인 시네필 관객론과 함께 한국 영화
문화에서 성찰적인 관객으로서의 시네필이 본격적으로 호명되는
역사적인 맥락에 대한 탐구이기도 하다. 이를 통해 이 절에서는
영화에 대한 사랑과 소비를 넘어 영화와 관객의 존재론, 영화와
사회와의 관계, 문화적 실천으로서의 영화를 성찰했던 『KINO』
의 문화정치학을 규명하고, 영화 및 비평의 정체성에 대한 질문
들과 함께 『KINO』가 이르고자 했던 '대안-얼터너티브 영화'168
의 실체를 주목한다.

---

167 『KINO』는 1995년 5월에 창간되어 2003년 7월에 마지막 호를 발행했지만, 이 책에서는
     1990년대 시네필리아의 특정성과 영화담론의 수용을 중심으로 1990년대 발간됐던 잡지들
     을 주된 연구 대상으로 한다.

168 실제로 창간호부터 『KINO』는 대안적인 영화잡지를 표방하면서 잡지명 앞에 '얼터너티브 영
     화'『KINO』라는 수식어를 갖고 있었다.

(1) '영화 깊이 읽기'와 담론들의 압축적 수용

텔 켈 『앙상블로서의 이론』 '텔 켈'은 집단이다. 그러나 아무도 정의 내리지 못한다. 필립 솔레르와 줄리아 크리스테바, 손님으로서의 롤 랑 바르뜨, 미셸 푸코, 자끄 데리다 (…) 그들은 문학과 철학, 미술, 과 학, 정치학 사이의 그 어딘가에서 '앙상블'을 이룬다고 생각한다. 그들 사이의 합의는 단 한 가지다. 이 모든 노력이 좋은 세상의 곁에 한 걸 음 다가서서 그것을 준비한다는 것이다. 그것을 솔레르는 '되찾는 천 국의 진행'이라고 부른다. **바로 그런 의미에서 『KINO』는 동의한다. 『KINO』는 진행 중인 '준비하는' 천국이며, 천국으로 다가가며 연대하 는 집단이다. 우리는 더 많은 친구를 만날 것이다. 그래서 『KINO』는 더욱 철학적이며, 더욱 과학적이며, 더욱 실천적인 영화에의 사랑에 몰두할 것이다.**[169]

1990년대 중반 이전까지 한국의 영화이론과 비평이 『영화언 어』의 작가주의와 신형식주의처럼 영화주의를 추구하거나 영 화운동론의 입장에서 기술되었다면, 1990년대 중반부터는 변 화하는 영화문화 지형과 함께 보다 확장된 담론의 형태를 띠 게 된다.[170] 한편으로 일간신문 영화평의 확대, 주간지 『씨네21』 및 '정은임의 FM 영화음악' 등의 방송비평, 『리뷰』, 『상상』 등의 문화 계간지 등이 대중적인 외연을 넓혀갔다면, 『KINO』는 소수

---

169 「에디토리얼」, 『KINO』, 1996. 5., 33쪽(강조는 필자).

170 문재철, 「1980년대 이후 영화비평과 이론의 흐름」, 『한국영화사공부 1980~1997(한국영상 자료원 엮음)』, 이채, 2005, 236쪽.

의 충성도 높은 독자층을 상대로 예술이자 문화로서의 영화의 존재론과 가치에 대한 인정투쟁을 전개했다. 1990년대 중반에서 2000년대 중반 영화문화의 붐과 영화학 연구세대의 활동으로 서구 영화/문화이론의 번역서들이 다양하게 출판되고 비평과 이론이 분화되기에 이르는데, 이러한 이론들의 홍수 속에서 비평과 이론을 매개한 것이 『KINO』와 같은 비평저널이었다. 서구에서는 1950년대 작가주의를 지나 68 이후의 정치적 모더니즘 시기, 그리고 1970년대 거대 이론 (grand theory)의 시기를 지나면서 유행하고 경쟁했던 다양한 담론들이 한국영화계에서는 1990년대 중반 '압축적'으로 수용되면서 마치 이론들의 춘추전국 시대와 같은 양상을 띠었다. 그러나 『KINO』는 학술비평지가 아닌 영화계 현장을 취재하고 인터뷰하는 '영화잡지'였음에도 불구하고, 인터넷의 대중화 이전 영화에 대한 정보와 지식에 목말랐던 대중들에게 서구 이론을 소개하고 정보를 제공하는 영향력 있는 담론장 역할을 수행했다.

작가주의, 정치적 모더니즘, 장치이론 등의 영화이론 및 철학, 비판이론 등을 압축적으로 수용하면서 이론의 춘추전국 시대에 합류한 『KINO』의 비평작업은 비판적 시네필리아를 형성하기 위한 담론적 실천이었다. 『KINO』는 창간 초기부터 프랑크푸르트학파의 이론에서부터 마르크스주의, 페미니즘, 기호학, 정신분석학, 포스트모더니즘, 탈식민주의 등 다양한 이론들을 소개(또는 번역)171하고 자신들의 비평에 이용했다. 『KINO』의 이러한 이론 지향성은 현학적이라거나 스노비즘이라는 비판을 피할 수 없었다. 실제로 '독자로부터의 편지' 지면은 언제나 난해함에 대한 비판과 성토가 빠지지 않았다("독자의 대뇌혁명을 일으키는 『KINO』. 월간지 보는 데 최소 25일이라니 이해하려면 얼마나 걸리는 거야?(김태익)", "아는 것을 백과사전식으로 쏟아놓기보다 자기소화하여 정곡을 찌르는 글로 내놓는 것은 모든 글쟁이들의 의무일 것(허수은)", "키노의 좋은 점은 이름부터 폼이 난다. 나쁜 점은 읽기가 겁이 난다(양진우)" 등). 그러나 『KINO』가 문화의 버블 시대에 한국을 풍미했던 담론들의 경연장이었다는 점에서 지식 수용사 측면에서의 주목이 필요하고, 문화학교 서울의 '새로운 영화읽기의 제안'처럼 『KINO』가 제시한 '영화 깊이 읽기'라는 의미를 조명할 필요가 있다. 『KINO』에서 이론이 활발히 소개된 지면으로는 '에디토리얼', '디스쿠르', '특집' 등을 들 수 있다. '에디토리얼'의 구성은 편집장의 사설과 함께 한 권의 책, 영화 스틸 한 컷, 음반 하나가 두 쪽에 걸쳐 '몽타주'되었다. 에디토리얼은 책의 표지와 함께 책에 대한 간단한 소개와 『KINO』의 화두가

171　그런데 여타 잡지들과 『KINO』의 차별점이기도 했던 이러한 이론들의 잦은 소개나 번역은 상당 지면이 제공자의 이름 없이 게재되곤 했다. 『KINO』는 '한 달 안에 다 읽지 못하는 잡지'라는 평판이 있을 정도로 정보량이 많은 잡지였다. 여기에 소개된 다양한 이론들의 취사선택이 어떤 방식으로 이루어졌으며, 수많은 번역은 누가 담당했던 것인지, 또한 정확성에 대한 감수나 확인 절차는 있었던 것인지 등에 대해서는 좀 더 면밀한 접근이 필요요할 것이다. 프랑스어권 기사의 번역을 불문학을 전공한 영화연구자 故 류상욱 씨가 했다는 것 정도를 확인한 바 있고, 1998년 4월호 「디스쿠르」코너의 로빈 우드 인터뷰처럼 가끔은 기사를 제공한 필자의 이름 및 간단한 이력-토론토 요크대학 앳킨슨 칼리지 영화과 대학원에 재학 중인 영화광이자 로빈 우드의 제자인 유종균 씨-이 제시되는 경우도 있었다.

같이 제시되는 형태였는데, 소개된 책으로는 자끄 데리다의 『마르크스의 유령들』(1995년 5월호), 질 들뢰즈, 펠릭스 가타리의 『철학이란 무엇인가?』(1995년 12월호), 필립 헤이워드, 타나 월렌 편, 『미래의 비전들: 영화의 새로운 테크놀로지들』(1997년 1월호), 로만 드 라 캄파라, 앤 카플란, 마이클 스프링커 편 『후기 제국주의 문화』(1997년 4월호), 자크 라캉 『세미네르 Ⅳ; 대상과의 관계』(1999년 5월호) 등이 있다.

『KINO』의 '디스쿠르(discours)'는 단어의 사전적 의미 외에 『KINO』식의 정의로 '깊고 넓게, 다시 이야기하기'의 의미를 띤 지면이었는데, 감독/비평가들의 글(책)이나 철학자, 사상가들의 담론이 자주 번역되어 소개되는 코너였다. 푸코의 '영화라는 보수반동주의 권력'(1995년 6월호), 들뢰즈의 '결론, 이미지-움직임, 이미지-시간: 달리는 자본주의 정신분열증 속에서 영화를 사유하며'(1995년 12월호), 파졸리니의 '68년 5월 혁명전야, 격분한 파졸리니-왜 쁘띠 부르주아 영화들은 프롤레탈리아의 계급의식을 담아내지 못하는가'(1996년 6월호), '좌파 영화 비평가 로빈 우드가 생각하는 지금의 영화보기에 관한 인터뷰'(1998년 4월호) 등 고전적 담론과 동시대적인 담론이 함께 소개됐다.

『KINO』는 또한 여러 번의 특집을 통해 영화와 철학, 또는 이론들의 만남을 주선했고 영화와 책에 관한 특집도 수차례 기획했는데(1998년 2월, 11월 등), 이때 들뢰즈의 『영화 Ⅰ』**172**이나 슬라보

---

172 들뢰즈의 *Cinema 1: The Movement-Image*는 국내에서 두 차례에 번역된 바 있는데, 『영화 Ⅰ』은 주은우·정원의 영역본 번역으로 1996년 새길에서 출판됐고, 『시네마 Ⅰ 운동-이미지』는 유진상의 번역으로 시각과언어에서 2002년 프랑스어본 번역으로 출간되었다.

예 지젝의 『삐딱하게 보기』, 이진경의 『필로시네마』 등이 소개되기도 했다.173 '영화와 이론'의 만남이 가장 심도 깊게 소개된 기획으로는 'When Cinema Met Philosophy(영화가 철학을 만났을 때: 영화의 친구들과 함께 떠나는 사유의 여행)'174을 들 수 있다. 여기에는 벤야민, 푸코, 들뢰즈, 지젝, 비릴리오, 에드워드 사이드, 장-루이 쉐페르, 주디스 버틀러, 부르디외, 보드리야르, 빌렘 플루서 등 영화매체이론에서부터 정신분석학, 탈식민주의, 후기구조주의, 페미니즘 등 당대 한국에서 영향력 있었던 이론들이 총망라되면서 그들의 이론을 적용한 동시대 영화들에 대한 분석이 시도되었고, 대표적 저서들 또한 소개되었다. 이 특집의 필진들의 명단에 철학자 김진석(미셸 푸코의 『지식의 고고학』과 <비정성시>, <희몽인생>), 사회학자 이진경(들뢰즈, 가타리의 『천 개의 고원』과 <와호장룡>)을 비롯해 퀴어 문화이론가 서동진(주디스 버틀러의 『젠더 트러블』과 영화의 화용론)이 있었다는 점은 영화비평이 1990년대 대중문화계의 중심으로 부상함에 따라 영화비평 및 연구가 영화인들만의 전유물이 아니라 다른 분야의 학자나 예술가들이 참여하는 학제간 연구의 대상으로 인식되기 시작했음을 입증한다.

그런데 이러한 담론 및 이론들은 1960년대부터 동시대인 1990년대의 것까지 압축적으로 수용되었다는 특징을 띤다. 이러한 압축적 경향은 『KINO』에 많은 영향을 준 『카이에 뒤 시네

---

173 「Cinema Book(s) 두 번째 특집, 지금 당신은 영화에 관한 무슨 책을 읽고 계십니까?」, 『KINO』, 1998. 11., 98~129쪽.

174 「특집: When Cinema Met Philosophy 영화가 철학을 만났을 때: 영화의 친구들과 함께 떠나는 사유의 여행」, 『KINO』, 2001. 11., 96~149쪽.

마』(이하 『카이에』)를 수용하는 데 있어서도 나타나는 현상이다. 앙
드레 바쟁에 이어 에릭 로메르가 편집장을 맡으며 시네필주의를
앞세웠던 '황색시대'에서부터 현장의 전투와 뉴 시네마를 지지했
던 자크 리베트를 거쳐 루이 알튀세르를 적극적으로 수용하고 정
치화를 모색한 장-루이 코몰리, 장 나르보니 등이 주도했던 68이
후의 '적색시대'를 지나, '세르주 다네의 시대', 그 이후까지 『카
이에』는 수십 년의 시간이 흐르는 동안 시대의 사상이나 철학,
잡지의 노선과 편집 등에 있어 여러 차례 인식론적 단절을 겪었
다.175 반면에 『KINO』는 8년의 시간 동안 거의 유사한 편집 노
선에 따라 시네필주의 혹은 미학주의에서부터 마오쩌둥주의, 후
기구조주의 같은 어찌 보면 양립 불가능해 보이는 수많은 아젠다
를 설정하고 실험했다. 말하자면 영화의 존재론 및 미학 탐구, 대
안적인 영화 '발견'의 임무, 아카데미로부터 거리를 유지하고 현
장에 다가가기, 시네필들의 우정과 연대 강조, 영화를 둘러싼 노
동조건과 경제구조 비평, 불합리한 세계에 대한 맹렬한 투쟁 선
언 등을 동시다발적으로 쏟아냈던 것이다.

지금까지 『KINO』에 나타난 비판적 시네필리아 담론들의 전
개 양상을 파악하기 위해 『KINO』에 수용되고 번역된 서구의 이

---

175 에밀리 비커턴, 이수원·정용준 옮김, 『카이에 뒤 시네마 영화비평의 길을 열다』, 이앤비플러
스, 2013. 정성일은 이 책의 추천사를 썼는데, 『KINO』가 추구했던 원칙들이 『카이에』의 태
도와 노선에서 상당히 큰 영향을 받은 것임을 알 수 있다. 또한 '두 번째 창간호'를 표방하며
지면과 디자인의 획기적인 혁신을 단행했던 2001년 6월호에서 편집장의 말을 통해, 『카이
에』의 초대 편집장이었던 바쟁이 선언한 비평저널리즘의 임무를 다음과 같이 비장하게 상
기시킨다. "영화저널의 임무는 존재하지도 않는 진리를 편하게 만들어서 제시하는 것이 아
니라 관객의 지성과 감성을 바탕으로 영화가 주는 충격을 최대한 연장시키는 것이다." (「에
디토리얼」, 『KINO』, 2001. 6., 18~19쪽).

론과 비평들을 살펴보았다. 이와 관련해서 빈도 높게 소개되는 이론과 저서, 비평저널 등을 심층 분석하고 통계화하거나, 또한 특정 비평 및 이론의 유행 및 수용 시기(ex. 들뢰즈, 푸코, 지젝 등)와 그 국내번역서나 학술논문이 나오는 시기 등을 비교하여 한국영화학 내에서 「KINO」가 매개했던 이론과 비평의 경향에 대해 고찰하는 후속 작업이 필요할 것이다. 아울러 이론 수용 과정에서 굴절과 비판적 거리두기의 전략의 흔적을 살피는 일 또한 중요하다. 「KINO」에서 들뢰즈가 빈도 높게 소개(95년 12월, 96년 5월, 98년 11월, 2001년 11월 등)된 이유는 그가 철학자들 중 거의 최초로 영화를 체계적인 철학적 논의의 대상으로 했다는 점, 「KINO」가 추구한 잡지로서의 노선이나 지지했던 영화 및 사상이 프랑스 쪽에 많이 경도되어 있었다는 점, 무엇보다도 「영화 I」이 1996년 국내에 처음 번역되었기 때문일 것이다.

1990년대 또 다른 중요한 비평 및 이론의 흐름이 90년대 중반부터 부상한 한국 대중영화에 대한 주목, 그리고 감독과 영화 외의 산업, 정책, 영화사 등에 대한 관심이었음을 감안할 때, 「KINO」의 이러한 노선은 「씨네21」을 비롯한 다른 잡지와 확연히 구분되는 지향이었다. 이러한 접근은 단지 영화에 대한 맹목적인 사랑만으로는 설명될 수 없는, 비판적 거리두기와 생산적 각성의 과정을 포함하는 비판적 시네필리아의 실천으로 볼 수 있을 것이다. 이 점에 주목함으로써 이후의 서술에서는 「KINO」가 스스로의 아젠다 설정에 있어서 당시에 유행했던 마니아나 컬트, 작가주의, 예술영화 담론에 매몰되지 않고 서구의 비평과 이론들을 통해 비판적 거리를 견지한 채 '영화 깊이 읽기'를 실천하며 대안적 영화문화에 대한 이상을 실천해 나가고자 했음을 밝히고자 한다.

(2) 시대정신과 실천적 '개입'의 전략

가. "영화는 관념도, 담론도, 취미도 아니다. 그것은 자본주의하에서
　　생산되고 소비되는 상품이다. 그리고 그것의 생산에 대한 관계,
　　현상, 구조 그리고 사회적 장치다."**176**

나. 프로레탈리아는 지식인에게 무엇을 기대하는가?
　1. 부르주아 이데올로기를 깨부수는 것
　2. 역사의 동인을 규명해 내는 것. 특히 비혁명적 상황에서 혁명
　　을 지속시킬 수 있는 것은 혁명적 지식인 계급뿐이다.
　3. 이데올로기와 무관한 순수이론을 도출해 내는 것...

- B. 브레히트**177**

　여기서는 『KINO』의 비판적 시네필리아를 1990년대 영화문
화를 특징지은 예술영화전용관 , 비디오 문화, 비디오테크, 영화
저널리즘, 국제영화제 등 당대의 영화환경과 사회문화적 맥락에
서 살펴보고자 한다. 또한 영화 저널리즘의 홍수 시대에『KINO』
가 추구했던 시대정신과 개입의 전략을 같은 시기 공존했던 비평
저널들과 비교해 살펴봄으로써 『KINO』의 정체성을 조명한다.
　'이념의 시대'였던 1980년대를 지나 '문화의 시대'로 일컬어졌
던 1990년대 한국의 시네필리아 문화는 특수한 상황을 띠고 있
었다. 영화광은 언제나 존재해 왔지만 1990년대에는 영화광이

---

176 「에디토리얼」, 『KINO』, 1996. 5., 32쪽.
177 「discours: 영화잡지는 무엇을 할 것인가」, 『KINO』, 1996. 5., 36쪽.

탄생하게 되는 사회경제적, 문화자본으로서 대중문화의 토대가 어느 정도 구축되어 있었다. 즉 이 시기 시네필리아의 부상은 영화산업 면에서의 외화수입 자유화 정책과 대기업들의 영화산업 진출을 비롯해 예술영화전용관 등장, 마니아 취향의 비디오 문화(으뜸과 버금, 영화마을), 다수의 영화 저널리즘과 문화 계간지를 통한 폭증하는 문화담론, 한국예술종합학교 영상원 설립(1995), 민예총 문예아카데미 및 문화학교 서울 등에서의 사설 영화강좌, 부산, 부천 등 국제영화제, 대학 영화동아리 증가178, 대학 교양 과목으로서 영화의 인기, 그리고 PC통신 영화퀴즈방 등을 통한 영화광의 증가 등에 따른 것이었다. 『KINO』의 2대 편집장을 지냈던 이연호는, 1995년은 "문화담론 자체의 패러다임이 바뀌는 시기"이자 "영화사 100주년이 되는 해"였고, "오피니언 리더들의 머릿속에 지식과 정보가 가득 차서 더 이상 주체하지 못했을 때 『KINO』가 창간"됐다고 창간 배경에 대해 말한다.179 '100년을 기다려온 그 잡지가 온다'라는 야심 찬 캐치프레이즈와 함께 『KINO』는 그렇게 시작되었다.

•

178 'X세대'의 문화 코드를 전시한 드라마 〈응답하라 1994〉(신원호, 2013) 11화에서 주인공 성나정(고아라 분)은 연세대 영화동아리 소속으로 나온다. 어느 날 동아리방에서 회장인 선배가 『KINO』 창간호를 읽고 있자, 나정은 "뭔가 있어 보인다"며 정기구독하자고 말한다. 또 다른 동아리 멤버가 부록인 쿠엔틴 타란티노의 〈저수지의 개들〉(1992) 포스터가 탐난다고 하자, 동아리 회장은 "요즘 왕가위 감독처럼 노출 풀어서 찍는 게 유행이라 동아리 카메라도 한 대 살 것"이라고 말한다. 『KINO』는 창간호에 실제로 〈저수지의 개들〉 포스터를 증정했으며, 왕가위와 타란티노는 『KINO』의 독자들이 가장 열광했던, 1990년대 시네필 문화의 아이콘인 감독들이기도 하다. 이를 반영하듯 동아리방 벽에는 1990년대 왕가위 신드롬을 일으킨 영화 〈중경삼림〉(1995)의 포스터가 붙어 있다.

179 원승락·이정민, 「사라진 잡지, 남겨진 것들 - 키노 KINO (이연호)」, 『D+』 Vol.1, 2009. 5., 다음 사이트에서 읽을 수 있음. https://seojae.com/kino/index-up/dplus.htm, 2017년 6월 15일 접속.

이러한 문화지형 안에서 태어난 『KINO』는 작가주의를 지지하고 미지의 영화를 '발견'하는 임무를 수행했으며, 예술영화 전용극장, 비디오테크 문화학교 서울, 컬트 비디오 문화 등과 함께 시네필 담론을 선순환시키고자 했다. 실제로 창간호부터 『KINO』의 지면에는 '시네마테크' 코너가 있었는데, 여기에는 가장 자세히 다루어졌던 문화학교 서울의 상영 일정과 함께 전국 비디오테크들의 프로그램, 프랑스 / 이탈리아 문화원 상영 소식, 독립영화협의회 등의 월간 프로그램과 기자들의 추천사가 게재되곤 했다.**180** 예를 들면 이런 식이다. 문화학교 서울의 "5월 시네마떼끄는 90년대 걸작시리즈를 상영한다. 이들 중 <저수지의 개들>, <얼지마, 죽지마, 부활할거야>(비탈리 카네브스키, 1990), <아시아에서 여성으로 산다는 것>(변영주, 1993)은 소위 영화를 사랑하는 사람들이라면 만사를 제치고 봐야 할 영화들이다." 이처럼 상영 정보를 제공하는 것 이상의 영화 관람을 권장하는 설득의 수사학은 『KINO』식 화법이자 독자들에게는 시네필의 강령 같은 것이었다. 미개봉작이나 컬트 영화, 수입금지 작품에 대한 갈급은 한편으로는 희귀 비디오 출시작이나 비디오테크로 충족되는 부분이 있었고, 『KINO』의 다종다양한 영화 리스트는 영화를 보기 전에 글로 먼저 걸작을 접한 관객들에게 욕망의 대상이 되곤 했다. 그런데 『KINO』의 시네필들이 '꼭 봐야 할 영화 리스트'들에는 비디오의 비중이 상당했다. 96년 1월호와 2월호 연속 기

---

180 「Cinematheque」, 『KINO』, 1995. 5., 212쪽.

획인 『KINO』의 '비디오떼끄' 특집에서 '영화 일백 년, 비디오 일백 편', '한국영화 오십 년, 비디오 일백 편'을 제시하고, 96년 8월호에서도 '희귀' 비디오를 소개하고 비디오라는 미디어에 대해 심도 깊게 조명한 특집기사들('비디오 백일야화-슬픈 열대 또는 비디오를 찾아 나선 영화광의 백일 밤 이야기')이 이를 반영한다. 그 이유는 1장에서도 다뤘지만 이 시기 한국 영화문화에서 비디오는 '은밀하고도 공공연한, 상처투성이의 시네마테크' 역할을 대리하고 있었기 때문이다. 『KINO』는 '영웅적인' 비디오숍들이 제공하는 숨은 비디오들의 보물섬을 제시하며, 영화광이라면 이러한 비디오들을 찾아나서서 '발견'의 고통과 동시에 원본의 훼손으로 엉망진창이 된 '시체'를 보는 고통을 느껴볼 것을 권유한다.[181] 즉, 원본에 대한 손상이 심한 비디오(화면 비율, 화질, 사운드, 자막 등)일지라도, 영화관에서 볼 수 없는 영화들을 접할 수 있는 차선의 방식으로나마 시네필들은 감사한 마음으로 비디오 발견의 여정을 감내할 수밖에 없다는 뜻이다.

창간 6주년을 기념해 편집부가 두 권의 단행본으로 출간한 『2001 키노 201 감독』 1, 2는 어떤 점에서 『KINO』가 추구했던 작가주의 노선의 결정판이라고도 할 수 있을 것이다.[182] 이 책에는 편집부에서 선정한 201명의 감독들이 수록되어 있고, 앤드류 새리스(Andrew Sarris)가 『미국영화: 감독과 연출 1929~1968』

181 『KINO』 96년 8월호는 비디오 특집에 도움을 준 비디오 가게들이면서 잡지에서 제시한 100편의 비디오를 쉽게 구할 수 있는 '보물섬(비디오 숍)'으로 '필름다르 사당점(구 푸른영상)', '시네마천국', '명화비디오', '영화마을 강남점', '영화마을 중곡점' 등을 언급하며 감사를 전한다. 「보물섬」, 『KINO』, 1996. 8., 106쪽.

182 KINO 편집부, 『2001 키노 201 감독 1, 2』, 2001.

(The American Cinema: Directors and Directions 1929~1968, 1968)에서 동시대 미국 영화감독들을 분류했던 11개의 카테고리(만신전 감독[Pantheon Directors]에서 평범한 감독[Miscellany]까지)를 차용했다.183 그러나 이 책의 분류 카테고리에는 새리스의 범주와는 달리 위계가 없고, 현역 감독을 대상으로 자신들만의 감식안으로 '발견'했다고 여기는 희귀한 감독들도 다수 포함되어 있을 뿐 아니라, 한국 감독 14명이 수록되어 있다. 여기에는 영화사에서 이미 정전화된 감독들만의 명단이 아닌, 동시대적으로(21세기) 가장 중요한 감독들을 스스로 선택하겠다는 의지, 잠재력 있는 새로운 주역들을 발굴하겠다는 의지, 세계영화사와 어깨를 나란히 하는 한국 감독들을 함께 주목하겠다는 의지 등이 담겨 있는 것으로 보인다.

또한 국내외 명망 있는 영화감독, 비평가, 영화학자, 영화잡지 등으로부터 조사된 '영화사상 베스트 10 앙케이트'184나 키노 편집부가 뽑은 '10 Best Films 1995'185, '98~99 베스트 10 영화(들) : 열 편의 영화를 고른다는 것은 영화를 사랑하는 방법을 열 번 물어보는 것이다'186 등의 기획기사에서는 영화를 보는 것을 넘어서

---

183 감독을 작가로 분류하는 위계적 기준에 대한 새리스의 잘 알려진 또 다른 글은 다음을 참조. A. Sarris, "Notes on the Auteur Theory in 1962", *Film Theory and Criticism: Introductory Readings*, 6th edition, eds. Leo Braudy and Marshall Cohen, New York: Oxford University Press, 2004, pp.561~564.

184 「10 best films-영화사상 베스트 10 앙케이트: 당신이 사랑하는 영화 열 편은?」, 『KINO』, 1995. 9., 96~107쪽.

185 「KINO 1995 베스트 10」, 『KINO』, 1996. 1., 48~63쪽.

186 「98~99 베스트 10 영화(들): 열 편의 영화를 고른다는 것은 영화를 사랑하는 방법을 열 번 물어보는 것이다」, 『KINO』, 1999. 3., 78~89쪽.

'깊이 읽는 것'의 중요성을 강조했다. 『KINO』는 자신들이 이와 같은 베스트 영화목록을 만드는 이유가 결코 영화의 서열을 정하고자 하는 게 아니라, 국내에 개봉되지 않은, 보고 싶은 영화들을 널리 알리고 보고자 하는 욕망을 드러냄으로써 영화를 상업적 가치로만 평가하는 현실에 대한 자신들의 저항 전략을 보여주는 것이라고 밝힌다. 이는 단순한 수용과 소비의 주체로서의 영화마니아를 양산하는 것을 넘어, 좋은 영화를 함께 보고 토론하며 또한 영화현실의 모순에 맞서 싸워 나가는 시네필을 이상적 관객으로 상정하고 있는 것이라고 할 수 있다. 독자들의 베스트(한국영화/외국영화) 10을 해마다 함께 소개하고, 모니터 기자들의 베스트 10을 선정해 공개했던 건 정전의 강조나 리스트의 위계화를 떠나 자신만의 감식안을 만들고 비평의 기준을 세우기 위한 『KINO』의 교육법이었다.

『KINO』는 작가주의를 표방했음에도 불구하고 그 작가주의는 1950년대 프랑스 영화문화에서 정립된 정통적 작가주의의 토대였던 낭만적 작가 개념과는 다른 것이었다. 『KINO』의 작가주의는 영화가 자본에 잠식되어 예술로서 존재하기 어려운 현실인식에 기반한 것이었다. 따라서 『KINO』는 작가주의를 영화의 자본화에 대한 저항으로 주창했으며, 이에 근거하여 이론을 통한 계몽, 전략으로서의 영화의 현실 개입을 중시했다. 이를 위해 『KINO』의 편집진은 알튀세르적 마르크스주의, 프랑크푸르트학파의 문화산업이론, 장치이론에서 교훈을 얻곤 했다. 95년 6월호 에디토리얼에서 편집진은 이 점을 분명히 한다. "우리는 따분

한 영화 근본주의자들이 아니며, 영화가 모든 것이라고 믿는 위험한 영화 원리주의자들이 아니며 (…) 영화에 관한 담론은 영화에서 시작하는 것이 아닌, 영화에 관한 모든 방법은 철학은 미학은 언제나처럼 사랑은 우리가 발 딛고 서 있는 지금 여기에서 다시 시작되어야 합니다. 그래서 형이상학으로서의 영화, 권위로서의 영화, 하나뿐인 영화, 파시즘으로서의 영화를 쳐부수어야 합니다."[187] 또한 1997년 11월에는 '영화와 정치'에 대한 직접적인 질문이라고 할 수 있는, 대선 후보들에게 영화정책을 묻는 특집코너를 마련하기도 했다. 이때의 에디토리얼에는 "지금 우리의 중심에 있는 담론은 정치이며 (…) 우리들의 현실 속에서 영화는 무엇인가에 관한 새로운 질문방식을 찾아내려는 것"[188]이었다. 이렇듯 『KINO』에는 유난히 현실, 전투, 투쟁, 싸움, 저항 등의 단어가 자주 등장하는데, 특히, '전투의 정치(la politique des combats)'[189] 코너는 국가, 제도, 검열, 자본 등 시네필들이 맞서야 할 구체적 대상과 함께 투쟁의 과정을 다룬다.

사회운동의 한 축으로서 1980년대의 전투적 영화운동론과는 다른 것이었지만, 이러한 현실개입의 추구와 투쟁의 노선은 동

---

187 「에디토리얼: 영화라는 교과서를 찢어버리고, 거리로 나와 '영화들'을 만나자」, 『KINO』, 1995. 6., 30쪽.

188 「에디토리얼: 대통령은 영화에 관해서 무슨 생각을 하고 있을까: 또는 영화와 정치의 비합리적인 현실에 관한 유토피아적 견해」, 『KINO』, 1997. 11., 42쪽.

189 '전투의 정치'라는 번역은 필자가 붙인 것으로, 실제로 『KINO』에는 'dossier(도시에)', 'discour(디스쿠르)'처럼 번역하지 않고 프랑스어나 영어 제목으로 코너 이름을 쓰는 경우가 많았다. 『KINO』의 난해성과 스노비즘에 대한 비판이나, 반대로 '있어 보인다'는 평가는 이런 점들에도 기인하는 게 아닌가 생각한다. '전투의 정치' 코너에 실린 기사의 몇 가지 예는 다음과 같다. 「대한민국에서 영화 관객으로 산다는 것은, 또는 영화광들이 전사가 되어야 할 두세 가지 이유」(1995. 12.), 「우리는 검열을 무시할 생각입니다 - 이 땅에서 갖는 첫 번째 인권영화제」(1996. 9.), 「'96년 충무로 테제 : 오리무중 - 한국영화계의 거물들이 구속되고, 모든 것은 한 치 앞을 알 수 없다」(1996. 12.)

시대 영화 저널리즘들과 『KINO』가 구별되는 지점이었다. 1995년에 함께 창간됐지만, 『씨네21』과 『KINO』는 주간지와 월간지로서의 차이만큼이나 지향하는 바가 달랐다. 90년대 중반 당시 부상하던 문화담론과 한국영화산업의 성장 및 변화에 발맞췄던 『씨네21』은 창간 초기에는 전문비평지로서의 지향보다는 한국영화와 함께 성장하겠다는 목표를 갖고 있었고, 대중문화 전반을 아우르며 주간지로서는 유례없는 폭넓은 독자층을 확보했다. 반면 『KINO』는 영화전문지이자 시네필들의 진지를 표방하면서 대중적 성공과는 거리를 두었다. 그럼에도 『KINO』 역시 초창기에는 발행부수가 5만 부를 넘었고 판매율도 흑자를 기록하는 등 열광적인 독자층을 확보한 영화전문 잡지였다. 2015년 열린 김홍준·정성일·허문영의 대담에서 정성일은 잡지 창간 당시를 회고하면서, 당시 조선희 『씨네21』 편집장이 "『씨네21』은 교과서, 『KINO』는 참고서 같은 관계였으면 좋겠다"는 말을 했다고 언급했다.[190] 2000년대 초 『씨네21』 편집장을 지낸 허문영은 『KINO』 폐간을 다룬 편집장의 글에서 두 잡지는 서로 달랐지만 "영화가 단순한 오락이 아니라 당대의 정신적 문화적 자산이며, 보다 풍부해지고 깊어져야 한다"[191]는 사실만은 공유했다고 말한다.

비평의 과학성을 모토로 1989년 등장해 1995년 정간된 계간

190 「김홍준·정성일·허문영 오픈토크 : 1995~2015 변모하는 영화의 풍경」, 2015. 3. 28., 서울아트시네마, 필자 참석.

191 허문영, 「편집장이 독자에게 - 친구」, 『씨네21』, 2003. 6. 20., http://www.cine21.com/news/view/?mag_id=19513, 2023년 11월 10일 접속.

『영화언어』는 이전 시기 한국영화의 비평이 인상비평이 대부분 이었으며 좀 더 객관화되고 정밀한 비평이 필요하다고 생각했다. 그래서 도입한 방법론이 보드웰의 신형식주의였으며, 영화의 내 적 미학을 체계적으로 탐구하기 위해 영화를 해부학적으로 분석 했다. 보드웰의 신형식주의와 작가주의, 대안영화 개념은 한동안 한국영화학에서 상당한 영향력을 발휘했다. 작가주의, 신형식주 의가 중시했던 항목들인 영화를 감독의 예술로 인식하는 태도나 영화언어의 자율성에 대한 천착, 영화에 대한 꼼꼼한 분석은 학 술비평의 영역에서 주요 담론이 되었다. 『KINO』의 초대 편집장 이었던 정성일은 『영화언어』의 창간 시기 부편집인이었으며 줄 곧 편집위원이었다. 정성일과 이연호 두 편집장 체제의 『KINO』 는 1980년대 영화운동에 대한 경의에 기반해서 1990년대 시네 필주의 영화담론을 전개했고, 이에 따라 사회현실에 대한 실천의 맥락으로 '시대정신'과 '현장'에 대한 개입의 전략을 강조한 것이 『KINO』의 지향에도 영향을 미친 것으로 보인다. 그러나 80년 대와 달리 전투 대상과 전선이 모호하고, 영화가 소비대중주의의 잡식성 문화의 대표주자로 부상한 현실 속에서 때때로 그 투쟁은 실천을 담보하지 않는 급진적 수사로만 기능하기도 했다.

(3) 마니아를 넘어선 '비판적 시네필리아' 그리고 그 후

> 가. 영화광은 영화매니아가 아니다. 영화광을 의미하는 '시네필 (cinephile)'은 '영화를 철학하는 사람'이다. 그래서 '철학하다'라는 말의 기원으로서 '영화를 사랑하는' 시네필로서 영화광이 태어난 것이다. (…) 그건 영화를 사랑하는 사람과 영화를 사랑하는 사람 그 '사이'에서 만들어지는 여기 함께 '있는' 우리들로서만 존재하는 것이다.[192]

> 나. 오늘날 한국 청년문화의 영화관람 형식에는 시네필리아적인 것과 시네매니아적인 것이 혼재되어 있다. 사실 여성영화제와 퀴어 영화제의 조직 의도에는 매니아의 에너지를 정치적인 것으로 바꾸려는 것이 포함되어 있다.[193]

이 항에서는 『KINO』의 '비판적 시네필리아'를 영화문화를 포함한, 1990년대의 문화정치적 지형 속에서 고찰한다. 즉 『KINO』의 담론적 실천을 1990년대 문화담론을 풍미했던 '마니아 담론' 및 이것이 가리켰던 '마니아'라는 집단적 주체와의 관련성 속에서 살펴보는 것이다. 1990년대 중반 당시 『리뷰』, 『상상』, 『문화과학』 등의 문화연구지 등을 통해 인증되고 논의되었던 새로운 소비 주체인 마니아가 『KINO』가 자의식적으로 구별 짓고

---

192 「특집: La Lutte de Cinéphile 1895~1996 영화광들은 어떻게 세상과 싸우는가」, 『KINO』, 1996. 5., 241쪽.

193 김소영, 「시네매니아, 시네필리아: 영화제 그리고 정체성의 질문」, 『근대성의 유령들』, 씨앗을뿌리는사람, 2000, 242쪽.

자 했던 비판적 시네필리아의 주체들과 어떻게 다른 것인가를 당시 문화정치학의 지형에서 비교 분석해 봄으로써 비판적 시네필리아의 '생산적 각성'의 과정을 밝히는 것을 목표로 한다.

영상시대의 도래와 함께 1995년 타르코프스키 감독의 <희생>이 서울에서 3만 이상의 관객을 동원하면서 예술영화 시장과 관객층이 형성되고 이에 따라 예술영화의 제도화와 마케팅, 아트하우스 멤버십 제도 등의 문화적 상징효과가 생겨났다. 1996년 시작된 부산국제영화제를 비롯한 다양한 정체성의 정치학을 보여주는 영화제와 열성 관객들이 늘어가고, 컬트영화의 열혈 관객 등이 떠오르면서 언론에서는 새로이 등장한 이 마니아 영화 관객층의 형성에 주목한다. 앞서 언급했듯, 마니아는 영화에만 국한되어 쓰였던 말은 아니다. 1995년 11월 『동아일보』에는 서태지광, 영화광, 오디오광 등 새롭게 부각되고 있는 대중문화 마니아들의 세계를 TV 다큐멘터리를 통해 집중조명 한다는 기사가 실렸다.[194] 또한 1997년의 또 다른 기사는 늘어나고 있는 영화마니아 층의 형성에 따라 『동아일보』 신춘문예가 종합일간지 최초로 영화평론 부문을 신설했다는 점을 언급하면서 영화마니아들의 공간이라고 할 수 있는 전국의 시네마테크를 소개하고 있다.[195] 『KINO』의 창간호와 창간 1주년 및 2주년 특집호는 각각 '영화광', '시네필리아'라는 주제로 구성되었는데, 이는 시네필이 영화

---

194 「서태지狂-비디오狂-오디오狂: 대중문화 '마니아'들의 세계, MBC <논픽션 30> 별난 사람들 집중조명」, 『동아일보』, 1995. 11. 17., 35면.

195 「감상하고 분석하고 토론하고 영화비평 '마니아'의 공간으로」, 『동아일보』, 1997. 11. 5., 19면.

에 대한 편집광적이고 자족적인 사랑을 넘어 더 적극적이고 주체적으로 현실에 개입하고 영화의 친구들과 '연대'할 것을 촉구하는 것을 목표로 하고 있었다. '영화광의 연대기 1950~1995'[196], 'La Lutte de Cinéphile 1895~1996 영화광들은 어떻게 세상과 싸우는가'[197], 'Cinéphile(s) image-pensée 입장(들): 영화의 친구들과의 대화'「특집: Cinéphile(s) image-pensée 입장(들): 영화의 친구들과의 대화」[198] 등이 이러한 '연대'의 목표를 반영한 해당 호의 특집 기사들이었다. 그런 의미에서 『KINO』의 탄생월인 매년 5월은 창간호 때부터 '시네필-영화의 친구'를 호명하고 환기하는 시간이었다.

정성일은 1990년대 문화담론에서 부상했던 마니아 담론에 대해 언급하면서 1990년대 영화마니아란 1970년대 영화광과 1980년대 영화주의자라는 말이 부정적인 의미에서 변증법적으로 전화된 것 같다고 진단한다. 그는 영화마니아를 "전통적인 지식인도 아니고 부르주아들에게 쉽게 투항하면서 언제나 영화관 안에서만 진보를 이야기하는 저 거룩한 무리들"이라고 비판한다. 그러면서 "사유의 가능성을 공유하고, 함께 영화에 대한 이야기를 나눌 단 한 명이라도 더 많은 친구가 필요하"[199]기 때문에 그

196 「Hall of Fame: 영화의 50년, 영화광의 50년, 영화광의 연대기 1950~1995」, 『KINO』, 1995. 5., 204~210쪽.

197 「특집: La Lutte de Cinéphile 1895~1996 영화광들은 어떻게 세상과 싸우는가」, 『KINO』, 1996. 5., 241~269쪽.

198 「특집: Cinéphile(s) image-pensée 입장(들): 영화의 친구들과의 대화」, 『KINO』, 1997. 5., 42~63쪽.

199 정성일, 「그런데 우리들은 어떻게 불러야 하는가: 영화광을 호명하는 방식에 대하여」, 『언젠가 세상은 영화가 될 것이다』, 바다출판사, 2010, 66~76쪽.

러한 우정과 연대를 뜻하는 용어로서 '시네필'이라는 말을 사용
할 것을 제안한다. 제도화된 예술영화의 이상적 관객으로서의 시
네필만으로 환원되지 않는 자생적인 영화공부 및 비평적 글쓰기,
토론을 통한 영화공론장의 형성 등은 감식안 있는 관객에서 비
평적 글쓰기를 하는 관객, 제작하는 관객으로 이어지는, 누벨바
그의 성장 내러티브를 포함하는 것이었다. 따라서 『KINO』가 담
론적으로 상정했던 이상적인 독자/관객은 마니아를 넘어 당대의
한국영화의 현실에 전략적으로 개입할 수 있는 주체적인 시네필
이었다.

『KINO』의 창간 1주년 기념호인 1996년 5월호에는 모니터 기
자들이 직접 참여해 만든 특별 부록호가 발간됐는데, 이때 대담
의 주제 또한 '영화마니아'에 관한 것이었다.[200] 대담에 참여한
네 명의 대학생 기자들은 '마니아'가 '신세대'라는 용어처럼 문화
상품시장의 형성을 위해 이용되고 있다는 점을 지적하면서, 마니
아들이 좀 더 발전적이고 주체적으로 영화를 보고, 문화를 선도
할 수 있도록 하자고 결론을 맺는다. 정성일은 1999년 『말』지에
기고한 '독점과 소비의 트랙을 질주해 온 매니아 시대의 종언'이
라는 글에서, 코엔 형제의 신작 <위대한 레보스키>가 관객이 없
어 일주일 만에 종영된 상황을 두고 "90년대 내내 논쟁의 중심에
오르던 '영화 매니아 세대의 죽음'을 알리는 하나의 신호탄"이라
고 분석한다. 그러면서 이 사태의 원인이 "영화가 사랑의 담론이

---

200 「Discussion: 살아난 매니아들의 밤, 영화매니아 좌담」, 『KINO』 Special Issue, 1996 봄,
22~31쪽.

아니라 지식과 정보의 경쟁 대상이 되었기 때문"이며 "즐거움을 주는 것은 영화가 아니라 영화를 내세운 소비라는 트랙 안에 들어가 벌이는 경주가 된 셈"201이라고 비판한다.

정성일이 진단한 '매니아 시대의 종언'이 1999년, 그러니까 IMF의 여파로 『KINO』가 쇠퇴하기 시작한 2000년대를 앞두고 제시되었다는 점은 의미심장하다. 95~96년 정점을 향했던 영화에 대한 열기 및 영화환경 자체가 90년대 후반에는 급변하기 때문이다. 이를 파악하기 위해서는 『KINO』와 마니아 시대, PC통신과 인터넷 사이의 연관관계에 대한 약간의 우회로가 필요하다. 『KINO』는 창간 초기부터 영화퀴즈방(영퀴방) 및 영화동호회 등을 잠재적 시네필 주체로 주목하는 등 PC통신 세대로 대표되는 미래 세대의 영화문화를 배양하고자 했다. 『KINO』의 100명이 넘는 모니터 기자 제도나 그들이 참여한 기획, 자신만의 리스트들은 독자들의 지식과 교양이라는 시네필 성장의 내러티브를 염두에 둔 것이었다. 1994년 창간한 『리뷰』는 창간 특집 기획에서 마니아를 '대중문화 시대의 문화적 항체'로 잠정적으로 결론 짓고, PC통신을 '새로운 공공영역'으로 주목한다. 1990년대 중반 무렵 86세대가 주축이 되어 만든 대중문화 비평저널에서 부상하는 마니아 세대는 80년대의 '민중' 이후 '새로운 주체로 구성될 가능성'의 대상으로 점쳐졌다. 송은영은 PC통신이 마니아적인 자기현시와 공유의 흥취 속에서 상호 접촉과 정보교환을 가능

201 정성일, 「독점과 소비의 트랙을 질주해 온 매니아 시대의 종언」, 『말』 153호, 1999. 3., 231쪽.

하게 했던 친밀성의 공간이라는 점에서 인터넷 문화의 기원이 되었다고 주장한다.202 실제로 1990년대 마니아들은 PC통신 동호회를 통해 백과사전적 지식과 하위문화를 활성화시키는 데 기여함으로써 2000년대 이후 인터넷 문화를 예고한 측면이 있다. 그러나 PC통신에서 인터넷으로의 이행은 연속적인 것만은 아니었다. 외부 정보에 대한 검색 기능이 없었던 PC통신 시기의 영화 마니아들은 『KINO』와 같은 잡지 또는 수입 잡지, 서적, 비디오와 같은 제한된 정보 및 지식 출처에 상당 부분을 의존했다. 즉, 이 시기의 영화마니아들은 희귀한 영화 또는 국내에 정식으로 개봉되지 않았거나 비디오로 출시되지 않은 영화사의 정전 및 컬트 작품에 대한 정보와 지식, 체험의 독점권을 갖고 있었으며, 『KINO』는 그런 독점권을 강화한 측면이 분명 있다. 그러나 정보의 저장을 넘어 검색 기능을 제공한 인터넷 시대로의 이행은 이러한 정보와 지식의 독점권을 약화시켰다.203 『카이에』, 『포지티프』, 『사이트 앤 사운드』 등 해외 유수의 비평과 이론들의 소개와 번역에 의존했던 『KINO』의 정보와 지식에 대한 독점권은 인터넷 문화의 대중화나 매체환경 변화와 함께 더 이상 가능하지 않게 되었다. 『KINO』가 주도했던 정보와 지식의 독점권은 대중에게로 이양되어 갔고, 가치로서의 정보를 추구하며 월간으로 발행되던 종이 잡지 『KINO』는 인터넷 시대 이후 참고서 역할을 하

202　송은영, 「문화생산으로서의 자기현시 : 인터넷 문화의 기원, PC통신과 하이텔의 마니아들」, 『작가세계』 81호, 2009 여름, 315~327쪽.

203　실제로 1990년대 중후반 비평의 전성시대를 일궜던 여러 영화저널들은 인터넷 매체 환경으로 전환되는 2000년대를 전후로 거의 폐간된다.

기에는 한계가 있었다.

『KINO』가 이러한 이행이 일어나기 시작한 2000년을 기점으로 포털[㈜키노네트]로 흡수되고 결국 2003년 폐간되는 과정도 이러한 패러다임 전환과 무관하지 않다. 김소영이 지적했듯 1990년대 중반 한국의 영화문화의 열기에는 시네필리아적인 것과 시네마니아적인 것이 혼재했다. 그러나 IMF와 멀티플렉스 시대를 지나면서 독점자본주의의 지배는 영화문화 전반에 더욱 짙게 드리워졌다. 어쩌면 『KINO』는 이러한 전환을 예감하면서, 독점적이고 잡식적인 문화소비자로 전락할 위험이 있는 마니아 대신 시네필을 이상적 주체로 호명했는지도 모른다. 『KINO』의 시네필 특집을 비롯한 숱한 지면들을 통해 가장 강조된 단어는 '작가'가 아니라 '(영화)친구'이자 '우정'이었다. 정성일은 그의 첫 번째 저서의 서두에서 다시 한번 다음과 같이 강조한다.

> 만일 이 책에 실린 글들을 묶는 유일한 고정점이 있다면 그건 우정이다. 영화에 대한 나의 우정, 영화가 내게 준 우정, 영화를 둘러싼 우정.[204]

『KINO』가 마니아와 구별하고자 했던 이상적인 독자로서의 시네필은 정치적, 미학적으로 급진적이거나 실천력을 담보했는가? 전종혁이 지적하듯 『KINO』의 일부 독자들은 영화이론과 철학적으로 소통한 것이 아니라 정성일의 과잉적 수사학에 매혹된

---

204 정성일, 「책머리에」, 『언젠가 세상은 영화가 될 것이다』, 바다출판사, 2010, 10쪽.

것이자, 그의 영화에 대한 애정에 몰입되었던 것은 아닐까?**205** 『KINO』가 표방했던 비판적 시네필리아의 정치와 실천성이 진보적 지향과는 달리 부정적 마니아를 양산하거나 실제로는 모호한 레토릭에 그쳤다는 것은 일정한 한계로 지적될 수 있을 것이다.

그러나 『KINO』의 '이상적인 독자 모델'이나 영화환경 변화로 인한 자본 및 시장에 대한 패배를 단지 네크로필리아(시체애호)적인 것으로 보거나 의미가 없는 현상으로 볼 일만은 아니다. 1990년대 한국 영화문화의 장에서 작가주의, 마르크스주의, 정신분석학, 페미니즘, 기호학, 포스트구조주의를 망라하는 서구 영화이론들은 영화의 본질, 이데올로기로서의 영화의 문제, 젠더, 계급의 문제, 국가 정체성 등을 질의하는 과정에서 소개, 번역 및 독해되었다. 아울러 한국사회에서 영화의 다양한 역량에 대해 질문을 제기하고 답변을 찾고자 하는 욕망은 비서구 시네필리아의 문화적, 정치적 특수성이기도 했다. 이런 점에서 '이론의 홍수' 시기에 거의 유일하게 경합하는 서구 이론들을 다루면서도 취재와 인터뷰에 기반해 '한국영화의 현장'을 지키고자 했던 영화잡지 『KINO』의 담론적 실천은 일정한 유효성을 가졌다. 한국사회에서 영화의 위상과 역량을 질의하고 답하고자 하는 『KINO』의 욕망은 영화에 대한 다양한 개념들을 구체화시키고 전파하는 방식의 일환으로서 이론을 도입하려는 노력으로 이어졌다. 또한 영화

---

205 전종혁, 「영화잡지를 다시 읽다」, 『한국영화』 38호, 영화진흥위원회, 2013.5., 21쪽.

에의 매혹과 각성 사이의 동맹, 『KINO』의 '시네필 친구 찾기'의 모색은 이 책에서 다루고 있는 서울아트시네마, 서울 시네마테크 등 사설 시네마테크의 실현으로 이어지는 데 기여하기도 했다. 또한 한국영화사의 측면에서 봤을 때 한 잡지의 열성 독자를 넘어 평론가(정성일)의 팬클럽 및 비평 아카이브가 생겨나고, 추종하는 시네필들 사이에서 교류가 일어나고, 일부는 영화계 및 학계 등으로 진출하기도 했다는 점에서 '영화 깊이 읽기'의 문화를 확산시키고 시네필리아의 영토를 확장했다고도 볼 수 있을 것이다.

한국에서 한 영화잡지의 폐간을 두고 이렇게 많은 '영화-친구들'이 애도를 공식적으로 표명한 일은 드물 것이다. 같은 해에 태어난 잡지 『씨네21』은 2003년 『KINO』 폐간 당시 이렇게 작별인사를 전했다. "『KINO』는 영화의 친구라고 생각한다. 친구의 자리를 『KINO』는 한국에서 발행되는 어떤 영화잡지들보다 당당하게 또한 굳건하게 지켜왔다. 그 친구가 이제 퇴장하려 하고 있다. 아마도, 한 시대가 저물고 있을 것이다."[206] 『KINO』의 창간과 같은 해인 1995년 정간되었다가, 2003년 복간된 『영화언어』의 편집장 김영진은 복간호 에디토리얼에 이렇게 밝힌다. "『KINO』의 폐간은 머리만 컸지 몸체는 아직 어린애 같았던 한국 영화문화의 현실을 가리키는 우울한 사건이다. 『KINO』의 볼륨은 컸으며 목표는 원대했지만 잡지가 딛고 서 있을 수 있는 영화문화의 토양은 빈약했다."[207] 류승완 감독의 회고 또한 경청할

206 허문영, 앞의 글, 『씨네21』, 2003. 6. 20.,
     http://www.cine21.com/news/view/?mag_id=19513, 2023년 11월 10일 접속.
207 김영진, 「에디토리얼-'아주 더디게 청하는 악수'」, 『영화언어』 복간호, 2003년 여름, 5쪽.

만하다. "『KINO』와 인터뷰를 할 때 좋은 건, 직업적인 인터뷰가 아니라 영화광 대 영화광으로 얘기하는 것 같은 기분이 들어서다. (…) 단편 <현대인>을 찍고 처음 나왔을 때의 기억을 잊지 못한다. (…) '창작자로서의 류승완'으로 접근해 준 건 『KINO』가 처음이었던 것 같다. 놀라웠던 건 내 말이 어떤 편집 방향이나 기획에 맞춰지지 않고 거의 고스란히 옮겨졌다는 사실이다. 내가 그 당시 어떤 생각을 했고, 지금 내가 어떤 방향으로 가고 있나 생각해 볼 때, 너무나도 자세히 남아있는 그런 과거의 기록이 끊임없이 지금의 나를 잡아주는 역할을 한다. 『KINO』는 그런 동료 같다."208

한편 문화원 시절부터 정성일의 오랜 영화 친구였던 김홍준은 <나의 한국영화 : 에피소드 4 키노 99>(2003)라는 제목으로 『KINO』의 폐간에 대한 일인칭 에세이 형식의 영화를 만든다. 주목할 만한 점은 이 영화는 17회 '십만원 비디오페스티벌'의 기성 감독 지원작품으로 만들어지는데, 비디오라는 대중적 매체를 활용해 저예산으로 누구나 창의적인 영화를 만들 수 있다는 아마추어 실험정신을 기치로 내건 이 영화제 또한 2003년 막을 내렸다는 점이다. 영화는 감독이 영화의 제작의도를 밝히는 장면으로 시작해서, 잡지사에 방문해서 이연호 편집장을 인터뷰하고, 마지막호인 99호를 무음 상태에서 첫 장부터 마지막 장까지 넘기는 3분 30여 초의 롱 테이크 장면으로 이루어져 있다. 이연호 편집

208 류승완, 「굿바이 키노」, 『류승완의 본색』, 마음산책, 2008, 173~175쪽.

장은 『KINO』가 창간 때부터 지키고자 했던 원칙이 더 나빠지고 있는 현재의 영화환경 속에서, "못다 채운 한 권의 『KINO』는 지금부터 다시 시작되어야 할 새로운 전선의 자리로 남겨"둔다고 말한다.**209**

2003년 99호로 마감했던 『KINO』는 폐간 20년이 지난 2024년 봄 100호의 의미를 내포한 『키노 시네필』 단행본을 출간한다. 잡지 『KINO』와 유사한 포맷으로 발행된 『키노 시네필』이 왕가위의 <화양연화>를 표지로 선택한 건 『KINO』 자체의 역사나 한국영화문화의 역사를 고려할 때 의미심장해 보인다. 왕가위는 홍콩 누아르 데뷔작 <열혈남아>부터 <중경삼림>, <동사서독>, <해피투게더> 등 『KINO』가 가장 사랑했던 감독이자 1990년대 한국 시네필 문화의 상징과도 같은 감독이었다. 또한 『KINO』가 발간된 1995년부터 2003년은 한국영화문화의 화양연화라고도 불리는 시기다. 영화를 통한 우정과 연대를 중요시 여겼던 『KINO』를 계승하고 있는 『키노 시네필』에는 정성일 편집장과 왕가위 감독 간의 오랜 우정의 시간을 환기하는 서신 교환이 실려 있다.

"우리는 좋은 시절을 함께 보냈습니다. 『KINO』를 만드는 시간은 감독님의 새 영화를 기다리는 시간이기도 했습니다. 그래서 오랜만에 『KINO』를 기다리는 시네필들의 기대에 응답하는 단 한 번

---

209 이연호, 「에디토리얼: 작별인사-그래도 우리의 사랑은 멈추지 않을 것입니다」, 『KINO』 99호, 2003. 7., 24쪽.

의 『KINO』를 만들면서 당연히도 표지로 <화양연화>를 떠올렸습니다."**210**

"『키노』와 함께 보낸 세월은 정말 즐거웠고 『키노』는 저의 오랜 친구였습니다. (…) 각 세대에게는 각자의 사명이 있습니다. 영화를 만드는 일이나 영화평론지를 만드는 일 모두 예외 없이 말이죠. 오로지 일에 몰두하고 최선을 다한다면 매일이 '화양연화'가 될 수 있을 것입니다."**211**

20년 만에 부활한 『키노 시네필』 트리뷰트호의 의미와 이 특별호가 소구하는 독자들/관객들("『KINO』가 기다리는 시네필들")은 누구인가에 대해 생각해 본다. 정성일, 이연호 편집장을 비롯해 『KINO』의 기자와 필진들이 대거 참여한 특별호는 익숙한 제작진들의 이름이나 영화작가(시네아스트)를 영화의 중심에 둔다거나, 인터뷰를 중요시하는 원칙, 과거의 『KINO』를 오마주한 지면 구성이나 코너명들 때문에 올드 시네필들의 노스탤지어의 산물로 보일 수 있다. 그러나 이 프로젝트는 잡지의 당대 구성원들뿐 아니라 '동시대의 시네필/독자가 함께 만든다'는 원칙으로 기획되고 추진된 것으로 알려져 있다. 프로젝트의 시작 자체가 '키노 키즈'라고 스스로 칭하는 영화 포스터 디자이너와 출판인에서부터 비롯되었고, MMZ라는 동시대 영화팬 커뮤니티의 참여

210 정성일, 『키노 씨네필』(정성일 외 편), MMZ/플레인아카이브, 2024, 8~9쪽.
211 왕가위, 『키노 씨네필』(정성일 외 편), MMZ/플레인아카이브, 2024, 10~11쪽.

로 이루어졌다. 독자들의 참여 범위는 크라우드 펀딩에서부터 2003~2023년 베스트 영화 10편 선정, 작가주의 감독에 대한 작품 리뷰, 한국영화감독 작품 리뷰 등으로 이루어졌다. 제작방식과 비평적 글쓰기의 다양성, 온/오프라인을 넘나드는 참여 등 다양한 측면에서 올드 시네필리아와 뉴 시네필리아의 만남이 시도된 이 프로젝트는 오늘날의 시네필리아가 거대하고 초연결된 미디어산업의 구조 및 팬문화의 상호작용방식과 어떻게 관계 맺고 있는지를 보여준다. 이 특별호의 코너와 의제들이 얼마나 동시대의 변모하는 영화의 풍경에 대해 질의하고 담론의 현장에 개입하고 있는가의 문제는 또 다른 논의가 필요하겠지만, 한국영화사에서 '관객(독자)'의 위치를 중요하게 설정하고 독자들의 성장과 시네필 정신을 독려하며 우정과 유대를 만들었던 잡지라는 점은 잡지의 말미 '엔드 크레디트'의 이름들과 그들이 현재 종사하고 있는 일(영화감독, 영화제작자, 영화/애니메이션 연구자, 스틸작가, 교수 등)에서도 드러나는 듯 보인다.

3) 『필름 컬처』

계간 『필름 컬처』는 1998년 창간 당시 "시네필의 나라(cinephile nation)"[212]라고 불리던 한국의 영화비평 및 저널리즘이 단지 동시대 영화들의 홍보 차원에 머물며 최근 개봉작을 소개하고만 있다는 데에 문제 제기를 하며 등장한다. 이에 '무분별한 영화애'와 '완고한 지방주의'[213] 사이를 오가는 비평의 홍수 속에 비평 대상과의 생산적인 '거리두기' 및 '영화에 대한 근본주의적 사고'를 제안한다. 특정 잡지들에 대한 문제의식을 환기시키는 『필름 컬처』의 이러한 영화비평 전문지를 향한 출사표는 『KINO』와는 또 다른 방식의 시네필-근본주의적 화두였다. 이는 영화가 '대중문화 시대의 꽃'으로 부상하면서 부풀려진 관심과 소란의 거품을 거둬내 영화의 존재론과 영화비평의 본질을 성찰하고 영화 자체로 돌아가자는 주장인데, 이에 따른 실천으로서 여기에서는 『필름 컬처』 편집진이 주축이 되어 1990년대 후반부터 2000년대 중반까지 국내 민간 필름 시네마테크 설립 및 시네필 형성에 끼친 영향을 다음 세 가지 측면에 주목해 살펴본다. 첫째, 『필름 컬처』는 1998년에서 2000년까지 새로운 비평 및 영화문화를 제안하는 일곱 권의 계간지를 발행하면서, 조너선 로젠봄(Jonathan Rosenbaum)이나 태그 갤러거(Tag Gallagher), 세르주 다네(Serge Daney) 등의 비평을 소개하고 비평의 의제설정을 하는가 하면,

---

212 Tony Rayns, "Cinephile Nation," *Sight and Sound*, 1998. 1. 1., pp.24~27.
213 「에디토리얼」, 『필름 컬처』 1호: 미국영화, 그 과거와 현재, 한나래, 1998, 2~5쪽.

'필름 컬처 영화주간' 영화제를 통해 예술영화관과 국제영화제 출범 이후에도 세계영화의 흐름을 제대로 조망하기 어려운 환경 속에서 '시네마의 동시대적 질문들'을 제기했다. 둘째, 『필름 컬처』의 편집진이 중심이 되어 출범한 '서울 시네마테크'는 '최초의 본격 시네마테크'를 표방하며 2000년 '오슨 웰스 회고전[214] 과 함께 시작되는데, 이는 2002년 출범한 '서울아트시네마'와 더불어 국내 민간 필름 시네마테크 형성기의 주요 역사를 이루었다. 셋째, '필름 컬처 영화주간' 및 서울 시네마테크 회고전 개최와 병행하여 2000년대 초반 출판된 '한나래 시네마 시리즈'의 감독론 및 그 명맥을 이어 2010년대 이후 현재까지 이모션 북스에서 출판되고 있는 시네필주의 전문서적들이 한국 시네필 영화문화에 끼친 영향이다.

---

214 「서울 시네마테크, 개관 기념으로 오슨 웰즈 회고전」, 『동아일보』, 2000. 11. 15., https://www.donga.com/news/article/all/20001115/7608706/1, 2023년 10월 3일 접속.

(1) 『필름 컬처』: 시네필 '비평으로의 귀환'

가. "이 대중(주의)적 평론가들은 실상 '시장의 승자'에 대한 영합 그
이상의 아무것도 아니다. (…) 『로드쇼』나 『KINO』 같은 잡지는
'영화에 대한 사랑'을 전면에 내세우면서 '작가영화'에 애정을 표
방했다. 그러나 이 경우에도 영화에 대한 근본적인 사고를 전개
한다기보다는 일반 관객과 자신을 차별화하는 매니아 집단의 욕
구를 반영하는 (…) 지식의 브랜드화 같은 것이었다.215

나. "1990년대 한국 영화문화를 돌이켜보건대 가장 심각한 문제는
영화의 독자성에 대한 진지한 고려가 실종되었다는 점이다. '영
화문화'를 어떻게 구축할 것인가 하는 질문에 무관심했던 것은
동시대 서구 영화와의 중심적인 논의에서 우리를 멀어지게 했다.
(…) 세계영화의 1990년대는 운동이나 사조의 미학적 실험이 종
결된 시대이고 시네마의 종말에 대한 우려가 널리 번져있는 시
기다."

『필름 컬처』 4호 '한국영화 특집'에서 편집주간 임재철이 '문화
의 시대'로 불리던 1990년대 한국 영화문화 전반을 비판적으로
돌아보며 쓴 이 글은 1998년 창간호의 에디토리얼과 더불어 계
간지 『필름 컬처』가 지향하는 비평관을 뚜렷하게 드러내고 있다.
말하자면 즉각적인 성패에 집착하는 '미래가 없는' 한국영화 산

---

215 임재철, 「영화문화의 '불관용'에 대해: 한국영화의 1990년대」, 『필름 컬처』 4호, 한나래,
1999, 96쪽(인용문 가., 나.는 같은 글).

업의 '사이비 현실' 속에서 영화 저널리즘은 대중비평과 마니아 비평 사이에서 진자운동을 하며 대중문화 현상에 비평적으로 개입하지 못하고, 영화 자체에 대한 이해에도 이르지 못하면서 동시대 '세계영화와의 거리'를 만들어 가고 있다는 신랄한 문제 제기다. 이러한 문제의식은 『필름 컬처』의 각 호별 '특집' 및 다양한 코너로 반영된다. 창간호의 주제가 '미국영화, 그 과거와 현재'라는 점은 1980년대 후반 이래로 한국과 서구라는 강력한 대립항 속에 '반(反)할리우드' 영화담론이 주도했던 비평에서 탈피해, 벗어나려 해도 담론화를 피할 수 없는 '부재하는 중심'으로서 미국영화라는 문제의 근원에 다가가려는 시도였다. 이러한 비평적 태도는 담론적 기획뿐 아니라 서울 시네마테크가 주최한 회고전에서 미국영화 및 할리우드 고전들을 환기시키는 프로그램으로 꾸준히 이어지며 정체성의 중요한 부분을 구성한다(1회 오슨 웰스 회고전, 3회 필름느와르 걸작선, 6회 영화사강의 영화제, 9, 10회 알프레드 히치콕 걸작선, 14회 할리우드 코미디 클래식, 19회 니콜라스 레이 걸작선 등). 이러한 시네필 근본주의 지향과 미국영화에 대한 옹호는 편집주간 임재철과 편집 실무자 홍성남(6호부터 김성욱과 공동), 편집위원 한상준, 이영기, 허문영으로 이루어진 구성원들의 취향과 모색이 반영된 결과일 것이다.

　창간호의 구성은 할리우드의 대표 장르 중 하나인 필름 누아르를 역사화하는 비평에서부터, 고다르와 할리우드, 블록버스터의 경제학과 미학, 미국 독립영화의 대명사인 짐 자무쉬와의 인터뷰, 떠오르는 신예이자 마틴 스콜세지의 시네필리아 적자인 폴 토마스 앤더슨에 대한 조명, 오슨 웰스 작가론, 미국영화 연대기, 당시 국내에 거의 알려지지 않았던 세르주 다네의 80년대 비평을 번역 소개하는 등 다채롭게 채워졌다. 홍성남이 쓴 영화의 기원 시기부터 1990년대까지 100년의 미국영화사를 연표와 함께 구성한 장문의 통사216나, 한상준이 아이젠하워 시대의 미국영화를 통상적인 반공 이데올로기의 시기라기보다 '평화와 전진과 번영'의 시기로 재정의하며 쓴 비평은 1950년대라는 시대정신의 반영으로서의 영화들을 통해 미국사회를 읽어내는 시선을 제시한다(매카시즘 영향의 영화들(<워터프론트>, <하이 눈>, <자니 기타>)부터, '고독한 군중'과 신념의 위기(<육체강탈자의 침입>), 정상과 비정상의 도치(<북북서로 진로를 돌려라>), 인종갈등(<수색자>), 남성성과 여성성의 대결(<자이언트>), 낙관주의에의 도전(<영광의 길>), 핵전쟁의 공포(<그 날이 오면>) 등).217 임재철의 '고다르와 할리우드'는 영화적 형성기를 미국문화에의 압도적 수용 속에서 시작해, 상업영화를 떠난 10여 년의 반(反)할리우드(또는 영화적 아버지 죽이기) 시기를 지나, 다시 상업영화로 복귀해 '스필버그 시대의 영화만들기', '영화의 잠재성' 실현을 위해 88년부터 90년대까지 작업한 <영화사(들)>시리즈까지, 고다르야말로 실현되지 못한 '환상의 미국영화'를 만들 '최후의 미국영화작가'가 아닐까? 라고 질문한다.218 이렇듯 1호의 특집이 미국영화의 과거와 현재까지에 초점이 맞춰져 있다면, '프론트라인'과 '영화제 리포트'에서는 미국영화의 미래를 전망하는 기획으로, '제

216 홍성남, 「미국영화연대기」, 『필름 컬처』 1호, 한나래, 1998, 102~125쪽.
217 한상준, 「아이젠하워 시대의 미국영화」, 『필름 컬처』 1호, 한나래, 1998, 20~47쪽.
218 임재철, 「고다르와 할리우드」, 『필름 컬처』 1호, 한나래, 1998, 48~63쪽.

2의 타란티노'라 불리며 부상 중이지만 당시 국내에는 알려지지 않았던 27세의 폴 토마스 앤더슨을 주목하고, 미국 인디펜던트 신인 감독들의 무대라 할 수 있는 뉴디렉터스 뉴 필름스 페스티벌을 통해 1998년의 미지의 젊은 영화들을 조명한다.

　미국영화에 이어진 2호의 특집 기획은 일본영화였다. 기타노 다케시의 <하나비>가 1997년 부산국제영화제에서 상영되고 1998년 처음 개봉되긴 했지만, 1998년 김대중 정부부터 시작된 일본 대중문화 순차 개방정책에 의해 일본영화가 제한적으로 소개되던 시점에서 당시까지 국내에 충분히 알려지지 않은 일본영화에 대한 다양한 접근을 시도했다. 특집 구성 글은 다음과 같다. 일본영화 전문가 윤용순이 쓴 정밀한 연대기적 통사뿐 아니라 주요 영화작가 15인을 조명하거나, '일본 뉴웨이브'를 선도한 오시마 나기사와 1960년대, 동시대 일본영화를 살피는가 하면, 다큐멘터리의 거장 오가와 신스케에 대한 작가론 번역, 1930년대 이전 일본영화 형식에 대한 번역을 수록했고 B급 장르 안에서 자신만의 서명을 남겼던 스즈키 세이준을 인터뷰했다. 이 가운데 홍성남이 쓴 '동시대 일본 영화의 경향'은 1990년대 후반 한국영화의 상황을 거울상으로 떠올리게 한다는 점에서 흥미롭다. 1997년은 일본영화가 베니스 영화제 황금사자상(<하나비>)과 칸 영화제 황금종려상(<우나기>(이마무라 쇼헤이))을 수상하면서 세계적으로 주목받는 성과를 올린 해였는데, 국내 저널리즘에서의 뜨거운 관심 및 일본영화 '르네상스론'같은 주목과 달리 자국 평론가들의 반응은 냉정했다면서, 일본영화를 내부의 시점에서 비판적으로 성찰하는 비평양상을 스케치한다. 즉, 일본 비평가들은 노장이나 중견뿐 아니라 신세대 감독들(고레에다 히로카즈, 이와이 슌지, 시노자키 마코토, 가와세 나오미)의 영화에도 스며있는, '일본이라는 자기를 신비화'하는 경향에 대비되는 것으로 일본을 불투명하게 타자화하는 작품들의 필요성을 제기하고 있다는 것이다.**219** 다시 말해, 일본의 젊은 비평가들은 전통적이거나 고착화된 일본 이미지에 매달리기를 거부하고 잘 만들어진 장르 영화의 틀 안에서 동시대의 세계와 대결하려는 의지를 보이는 구로사와 기요시나 아오야마 신지의 문제 제기를 강조하고 있으며, 그 영화들에 질문을 하는 것이야말로 영화비평의 임무라는 것이다. 같은 호 에디토리얼은 시스템, 또는 제도의 문제에 경도되어 영화 프레임 외부를 끊임없이 환기시킴으로써 연명하고 있는 한국영화계에 대해 "프레임 내부만이 유일한 현실"이라고 충언하면서, "한국영화가 동시대의 문제를 제대로 언급"하기 위해서는 "영화는 곧 현실"이라는 인식 외에 다른 길이 없음을 시사한다.**220** 이는 창간호에서 출사표를 던지며 강조했던 '영화는 영화'라는 인식의 표명이었다. 즉 대중문화 시대의 꽃이나 뉴 미디어의 가능성으로 영화를 상찬했던 90년대 영화담론의 거품을 걷어내고 영화의 역사성을 냉철하게 인식할 필요성을 환기시킨 것이다.

　1999년 발간된 4호의 특집은 이러한 문제의식을 연장한 '한국

219　홍성남, 「동시대 일본 영화의 경향: 비평적 담론을 중심으로」, 『필름 컬처』 2호, 한나래, 1998, 80~91쪽.

220　「에디토리얼, 영화는 곧 현실이다」, 『필름 컬처』 2호, 한나래, 1998, 2-3쪽.

영화의 현재'로, '영화의 시대'로 일컬어졌던 1990년대 한국영화의 과도한 열기를 비판적으로 돌아보며, 영화의 '국경과 월경(세계영화와의 거리)'에 대해 성찰한다. 이효인은 총론 성격의 글 '1990년대 한국영화의 지형도'에서 1990년대 주류 한국영화를 "파괴적 생산 또는 퇴행적 창조"로 규정한다.[221] 로맨틱 코미디와 깡패 영화를 지나, <쉬리>(강제규, 1999)로 정점에 이른 '파이의 영화'는 자기정화 능력과 비판으로서의 근대정신이 있었던 1980년대 영화에 비해, "제어기능을 잃어버린 생산주의"이자 비판성을 상실한 "영화시장과 영화상품에 대한 과도한 확신"이라는 것이다. 그는 물론 다른 장르와 사회적인 영화, 한국형 예술영화, 단편영화, 독립영화, 다큐멘터리들도 공존하며 약진했으나 세계자본주의 이데올로기에 편입된 한국의 상황은 그것들이 '생산'이 아니라는 이유로 그 '창조적 사유와 태도'들을 배제하거나 강제로 뒤틀며 편입시키고 있다고 비판한다. 서두에 인용한 90년대 영화문화를 고찰한 임재철의 글과 4호의 에디토리얼 또한 "변변한 영화적 전통도 없으면서 영화적 '교통'에 인색한" 자국중심주의를 비판하면서, "한국영화의 세계화를 위해서는 기존 시스템에 대한 회의에서 출발해 진부한 영화형식에 대한 도전이 필요"[222]함을 역설한다.

  1, 2, 4호가 미국, 일본, 한국이라는 내셔널시네마의 범주를 다루면서도 태생부터 국가의 경계를 넘는 매체로서 영화의 세계성

221 이효인, 「1990년대 한국영화의 지형도」, 『필름 컬처』 4호, 한나래, 1999, 10~23쪽.
222 「에디토리얼, 영화와 '국경'」, 『필름 컬처』 4호, 한나래, 1999, 7쪽.

의 문제를 제기하고 있다면, 후반부의 특집에서는 주로 영화의 위기와 죽음, 새로운 미디어와의 협상과 같은 포스트-시네마적 시각에서의 존재론적 성찰을 다뤘다.[223] 특히 5호 '영화의 20세기'와 7호 '변모하는 영화의 풍경'은 영화의 세기였던 20세기 이후 시네마의 존재조건과 다가올 운명을 근심한다. 이는 영화이미지가 점차 쇠퇴하고, 디지털 이미지로 전환되는 가운데, "'20세기적인 것'들을 영화에서 읽어내고, 그것들이 다가올 미디어의 시대에도 살아남도록 고민"하는 것은 "미디어를 통한 자본-스펙터클의 전면화를 버티는 유일한 지적 방책이 될 것"[224]이라는 믿음에서 기인한다. 5호의 특집에서는 세기말에 다다른 시점에서, 가장 20세기적인 대중 재현매체라고 칭해지며 인류의 모순을 반영해 온 영화를 어떻게 바라볼 것인가를 질문한다. 그 주제는 '도시와 현대성', '민족, 국가, 영화', '영화와 텔레비전', '노동계급과 영국영화', '군사 테크놀로지와 영상(폴 비릴리오의 글 번역)', '20세기의 영상들로 몽타주된 고다르의 <영화사(들)>', '히치콕의 탄생 100주년과 영화의 죽음'을 연결짓는 비평으로 탐색된다.

---

223 세 번째 특집인 '누벨바그 이후 40년'은 1권이나 2권처럼 '국가영화'라는 범주를 넘어, 비평, 창작, 영화문화에 대한 근본적 질문을 폭넓게 제기하며, '영화의 현대'에 대한 화두를 던진다. 즉, 당대는 물론 1970~80년대 동안 누벨바그 영화들이 한 번도 국내에 제대로 소개되지 않았던 상황에서, 신화가 된 시네필 영화비평에서부터, 누벨바그를 가능하게 했던 영화산업의 측면, 미학으로서의 누벨바그, 누벨바그의 음악, 누벨바그 및 포스트 누벨바그 작가탐구, 프랑스의 젊은 영화를 대표하는 아르노 데스플레생에 대한 비평까지, 누벨바그의 역사와 현재를 다양한 관점에서 소개한다. 3호에서 화두로 삼은 '현대성'이란 누벨바그가 '이야기하기의 불가능성'을 인식시킴으로써 인접 예술과 관련된 시네마의 위상을 재고하게 하고, 영화를 당대의 현실과 소통하게 한 측면을 말하는데, 이는 한국영화가 고민하지 않던 변모하는 영화의 존재론과 더불어 그것이 현실과 맺는 관계를 진지하게 성찰할 것을 요청하는 기획이기도 했다.

224 「특집: 영화의 20세기」, 『필름 컬처』 4호, 한나래, 1999, 9쪽.

김성태는 20세기 문화인 영화의 죽음을 시네필 문화를 통해 탐구한다. 그는 시네필이 영화사적 맥락에서 영화를 본격적인 사유 대상으로 인식하게 하고, 예술로서의 지위를 부여한 능동적 주체일 뿐 아니라 미래의 영화작가와 평론가들의 탄생에 기여했다고 말한다. 그러나 시네필과 1990년대 한국의 '영화광' 사이에는 차이가 있다고 말한다. 시네필은 시네마로서의 영화를 사랑하지만, 영화광은 필름으로서의 영화들을 사랑한다는 것이다. 즉, 시네필은 20세기에 영화가 무엇이었나를 생각하는 반면, 영화광은 문명사적 관심보다는 현재의 영화들을 즐길 뿐이라는 뜻이다. 영화가 성찰되기 위해서는 당연히 영화들을 봐야 하는데, 오랜 세월, 많은 것들을 볼 수 없었던 대한민국에는 시네마에 대한 노스탤지어, 즉 '영화가 어떻게 싸워 왔는가'를 음미할 과거가 없다고 말한다. 따라서 20세기 동안 영화와 함께 싸우고 잊히고 죽어가는 시네필의 운명을 환기할 때, 한국에서 시네필 문화란 어떤 의미일까를 질문한다.[225] 임재철은 새로 찍은 장면 없이 20세기 영상의 인용들로만 10년 동안 재구성한 고다르의 <영화사(들)>(1988~1998)을 "시네필적인 열정 혹은 광기를 배경에 깔면서도 영화와 관련된 '공유된 기억'의 문제로 끌고 감으로써 그 맹목성에서 벗어난다"고 말한다. 그는 <영화사(들)>에서 인용의 문제는 결국 영화가 누구의 것인가라는 '작가성'의 문제를 제기하는데, 그런 점에서 자전적인 형식의 영화만들기를 해왔으며 시네필

225 김성태, 「시네필과 영화의 운명」, 『필름 컬처』 5호, 한나래, 1999, 58~75쪽.

의 공유된 기억에서 출발하는 <영화사(들)>는 궁극적으로 '고다르의 20세기'일 수밖에 없을 것이라고 진단한다.

7호 특집의 주제인 '변모하는 영화의 풍경'은 영화의 제작에서 유통 및 상영, 관람까지 디지털로의 전환이 일어나면서 영화의 매체성이 재정의되고 관람성이 급변하는 포스트-시네마 시대의 지형을 탐색한다. 필름 영화를 극장에서 보는 고전적인 방식외에 비디오나 DVD를 통해 영화를 본다는 것의 의미와 다매체, 다채널화가 수용자에게 끼치는 영향을 통해 21세기의 영화문화를 전망한다. 토마스 엘새서는 뤼미에르를 리얼리즘의 창시자가 아니라, 오히려 "가상적인 것(the virtual)의 선조와 산파자 가운데 한 사람"으로서 위치시키면서, 영화의 과거에 대한 탐구가 어떻게 현재 또는 미래와 생산적으로 만나는가를 미디어 고고학적으로 보여준다.226 홍성남은 '비디오로 영화를 본다는 것'에서 오늘날 비디오는 유통이나 소비의 측면에서 영화와 거의 동일한 것으로 인식되고, 특히 비디오테크를 시네마테크로 부르는 한국 영화문화에서는 더욱 그렇다고 바라본다.227 그러나 필름에서 비디오로 매체가 전환되면서 텍스트는 굴절을 겪고 비디오는 오리지널의 존재를 상정하는 파편으로, 또 다른 버전의 텍스트로 존재한다고 말한다. 이런 점에서 비디오 관람은 영화경험의 아우라를 상실한 체험이며 불완전한 경험이라고 규정한다. 그는 한편으

226 토마스 엘새서, 「루이 뤼미에르: 영화 최초의 버추얼리스트?」, 『필름 컬처』 7호, 2000, 66~91쪽.

227 홍성남, 「비디오로 영화를 본다는 것」, 『필름 컬처』 7호, 2000, 34~45쪽.

로 비디오가 일상적인 소비의 경험에서 수용자에게 상호작용과 물리적 통제가능성을 부여하고, 비평과 분석의 기회를 제공한다는 점을 지적하면서도, 관객에게 주어지는 자유와 탈고전적 관람의 가능성에 주목하는 '추상적인 유토피아론'을 회의한다. 비록 1990년대 비디오가 시네필 문화의 발전 및 분화에 기여한, 다면적인 영향을 간과하는 인식에도 불구하고, 『필름 컬처』의 실무자이자 시네필 평론가였던 홍성남이 이 글에서 강조한 '시네필리아=영화관에서의 관람 경험'이라는 전통적인 등식은 한국의 영화문화에서는 이루어진 적이 없는 중요한 경험이었고, 이러한 모색들은 서울 시네마테크의 상영 실천으로 이어졌다.

(2) 서울 시네마테크: 필름 시네마테크의 시대

"영화비평 전문지 『필름 컬처』는 '1990년대 월드 시네마의 동향'
을 주제로 영화주간 행사를 갖습니다. 본지가 기획한 이 행사는 최
근 4~5년 동안 세계적으로 높은 평가를 받았지만 국내에서는 소개
되지 못한 우수 영화들을 선정해 독자 및 일반 관객에게 상영하려
고 합니다. IMF 시대로 접어들면서 국내의 예술영화시장은 급격히
위축되고 있는 실정입니다. (…) 이 행사는 매해 개최될 것이며, 올
해는 후 샤오시엔, 빔 벤더스, 코엔 형제와 같은 거장들의 근작들이
선보일 예정입니다."[228]

"국내에서도 이름으로는 '시네마테크'라는 것이 존재했지만 그 실체
는 없었다고 해도 틀린 말이 아닐 것입니다. 고전 영화 및 예술 영
화를 상시적으로 볼 수 있는 공간이 부재한 현실은 영화를 이해하
는 데 있어 큰 장애물이었다고 해도 과언이 아닙니다. 본지의 편집
진이 중심이 되어 설립된 서울 시네마테크는 이러한 현실을 타개하
기 위해 설립됩니다. (…) 개관 프로그램으로는 위대한 미국 감독 중
에서도 최고의 '혁신가'로 꼽히는 오슨 웰스의 회고전을 마련했으
며 후속으로는 오즈 야스지로의 회고전이 이어질 예정입니다. (…)
서울 시네마테크는 정기적인 영화상영과 체계적인 영화소개를 통
해 한국영화문화의 '결여된 부분'을 채우려 합니다."[229]

---

228 「[『필름 컬처』 행사 안내] 『필름 컬처』 영화주간'에 독자 여러분을 초대합니다」, 『필름 컬처』
2호, 1998, 한나래, 224쪽.

229 「서울 시네마테크 설립」, 『필름 컬처』 7호, 2000, 한나래, 224쪽.

대안담론을 모색했던 『필름 컬처』는 1998년 2호 마지막 지면에 첫 번째 '『필름 컬처』 영화주간' 안내를 위의 인용문처럼 게재한다. "전범이 될 만한 영화를 직접 보여주지 못하는 한 비평 작업도 공허할 수밖에 없기 때문"[230]에, 『필름 컬처』 편집진은 IMF 이후 위축된 예술영화 환경에서 우수 영화를 소개하고 이를 통해 한국영화 발전을 도모하고자 한 것이다. 1998년 9월 19일부터 5일간 시티극장에서 개최된 1회 프로그램은 '스포트라이트', '월드시네마 걸작선', '고전영화 다시보기' 세 섹션에서 열한 편의 예술영화가 상영됐다. '스포트라이트'에서는 동시대 국제영화제에서 각광을 받고 있던 허우 샤오시엔의 <호남호녀>(1995)와 <남국재견>(1996)을 상영했다. 한국에는 <비정성시>(1989) 한 편밖에 알려지지 않았고, 같은 해 부산영화제에서 <해상화>(1998)가 상영될 시점에서 대만 뉴웨이브를 대표하는 감독의 3부작을 체계적으로 소개한 것이다. '월드시네마 걸작선'에서는 구로사와 기요시의 <큐어>(1997), 소마이 신지의 <이사>(1993), 아르노 데스플레생의 <폴의 애정편력>(1996), 코엔 형제의 <위대한 레보스키>(1998), 빔 벤더스의 <리스본 스토리>(1994) 등이 상영됐는데, 이러한 동시대 화제의 영화를 선보이는 것은 소규모 행사이긴 해도, 90년대 세계영화의 주요 흐름을 일별할 수 있는 기회를 마련한 것이었다. '고전영화 다시보기'에서는 부뉴엘의 <욕망의 모호한 대상>(1977)이 상영됐다.[231]

230 「초대석, 영화계간지 『필름 컬처』 임재철 주간」, 『시사저널』, 1998. 10. 22., https://www.sisajournal.com/news/articleView.html?idxno=90405&replyAll=&reply_sc_order_by=C. 2023년 11월 15일 접속.

231 「미개봉 걸작 소개 『필름 컬처』 영화주간」, 『중앙일보』, 1998. 9. 15.

1999년 열린 2회 『필름 컬처』 영화주간(1999년 12월 17일~23일)의 중요 프로그램은 세계 주요 도시에서의 순회상영과 함께 '브레송의 재발견'이 이루어지던 시점에 맞춰 국내에서 처음 대규모로 일주일간 상영된 로베르 브레송의 영화 여덟 편이었다. 브레송은 1950년대부터 현대영화의 새로운 장을 열고 누벨바그에 영향을 끼친 감독으로 평가되는데, 『필름 컬처』에서는 "올해는 20세기의 영화가 무엇을 해왔던가를 돌아보고자 하는 욕구가 강한 것을 고려해 전후 세계영화의 전개에 큰 기여를 한 작가 및 흐름을 파악하는 방향으로 주요 작품 선정"232을 했다고 밝힌다. 상영된 영화는 브레송의 열세 작품 가운데 <저항>(1956), <소매치기>(1959), <불로뉴 숲의 여인들>(1945), <당나귀 발타자르>(1966), <잔 다르크의 재판>(1962), <돈>(1983), <호수의 란슬롯>(1974), <무셰트>(1967)였으며, 세계영화사적으로 중요한 감독임에도 소개나 연구가 거의 되어있지 않은 실정이었기 때문에, 영화제 개최에 맞춰 『로베르 브레송의 세계』를 단행본으로 출간한다. 브레송 외의 프로그램으로는 '1960년대 일본 뉴웨이브 걸작'으로 오시마 나기사의 <청춘잔혹 이야기>(1960), 이마무라 쇼헤이의 <인류학 입문>(1966), 스즈키 세이준의 <살인의 낙인>(1967) 등이 상영된다.

이렇듯 1998년과 99년 『필름 컬처』를 기반으로 개최했던 소규모 영화제는 예술영화시장이 급격히 위축되면서 '결여된 영화문화'의 회복을 위해 고전 및 예술영화를 체계적으로 보기 위한

232 「[행사 안내] 제2회 『필름 컬처』 영화주간」, 『필름 컬처』 5호, 1999, 한나래, 215쪽.

2000년 서울 시네마테크의 설립으로 이어진다. 1990년대 초반부터 열기를 띤 비디오테크들과 90년대 중반부터 붐을 이룬 예술영화관들, 국제영화제들도 성황리에 개최되고 있었지만, 개봉관에서 볼 수 없는 영화를 주제나 시기, 작가별로 프로그래밍해서 필름으로 상영하는 시네마테크 영화문화는 21세기 무렵에야 시작되었다. 관객들의 열망이나 문화적 요구에 비하면 너무 늦게 도착한 셈인데, 영화의 세기가 저물어 가는 시기에야 본격적인 시네마테크가 시작되었다는 점은 한국 영화문화의 불균형의 역사를 설명하는 것이기도 하다. 그러나 이마저도 매우 열악하고 제한된 조건에서의 필름 시네마테크라고 할 수 있다. 시네마테크 설립과정에 관한 한 기사는 파리, 뉴욕 등의 대도시의 시네마테크가 공공기금으로 운영되는 것에 비해, 서울 시네마테크의 준비과정이 얼마나 지난한 것이었는지를 전해준다.[233] 설립자 임재철은 필름 시네마테크를 준비하면서 문화관광부와 영화진흥위원회, 서울시 측에 일부 지원 요청을 했지만 응답이 없었고, 필름 수급이나 기획, 대관 등은 개인적인 노력으로 돌파했으며, 번역 등 필수적인 작업도 자원봉사를 통해 가능했다고 말한다. 안정적인 공간 확보도 해결되지 않아 개관 기념 영화제가 열린 정동 스타식스 극장도 프로그램 입장료 수익으로 대관한 극장이었다. 바람직한 것은 시네마테크 전용관이 만들어지는 것이지만, "도서관에서 오래된 책을 읽으며 축적된 지식이 전수되는 것처럼 고전영화

---

233 김은형, 「영화도서관, 아슬아슬한 시작」, 『한겨레21』, 2000. 11. 21., https://h21.hani.co.kr/section-021015000/2000/p021015000200011210335032. html, 2023년 11월 10일 접속.

들을 현재의 자산으로 만드는 일종의 영화도서관"인 시네마테크를 향한 모색은 계속된다. "한국에서 시네마테크는 불모의 영역이지만 해외의 우수한 영화들을 프로그램으로 기획해 소개함으로써 고급 관객을 길러내고 영화문화의 질적 수준을 향상한다는 것이 시네마테크의 목적"234이기 때문이다.

2000년 당시 시네마테크를 각각 준비하고 있던 임재철과 백두대간의 이광모 대표가 나눈, 한 대담은 한국에서 시네마테크를 운영한다는 일이 갖는 의미를 돌아보게 한다.235 예술영화전용관 동숭씨네마텍 이후 태광그룹의 공간 지원으로 현재의 '시네큐브' 극장을 시네마테크로 운영할 준비를 하고 있던 이광모는 영화를 산업으로만 생각하는 정책이나 지원 현실을 비판하며, 한국에서 시네마테크는 문화운동가나 문화기획자가 맡고 자신은 옆에서 힘을 실어주는 역할(예를 들어 '백두대간'이 수집하고 있는 필름 제공)을 하기로 했다고 말한다. 임재철 역시 90년대 높아졌던 예술영화에 대한 관심이 제도로 발전했으면 자신이 나서지는 않았을 텐데, IMF 위기 이후 시간이 갈수록 나빠지고 있는 영화문화의 상황을 지켜보며 최소한의 '예술적 토양'을 마련하기 위한 방편으로 서울 시네마테크를 시작하게 되었다고 밝힌다.

1회 영화제는 오슨 웰스(2000. 11. 18.~12. 1.) 회고전으로 출발했

234 「[영화 소식] '영화 도서관' 시네마테크 서울에 생긴다」, 『동아일보』, 2000. 10. 15., https://www.donga.com/news/article/all/20001005/7590666/9?comm=, 2023년 11월 1일 접속.

235 임재철-이광모씨 대담, 「시네마테크는 영화토양을 반영」, 『한국일보』, 2000. 10. 19., https://m.hankookilbo.com/news/read/200010190020932849, 2023년 12월 1일 접속.

다. 영화사상 최고의 작품으로 꼽히는 <시민 케인>(1941)이 국내에서는 1990년대 중반 비디오로만 출시됐고, 그 밖의 작품들도 제대로 소개된 적이 없는 상황에서 <위대한 앰버슨가>(1942), <상하이에서 온 여인>(1947), <악의 손길>(1958) 등 총 열 편을 상영했고, 웰스의 촬영감독이던 게리 그레이버가 내한해 TV 출연물, CF 등 웰스의 모습을 담은 <보여지지 않은 웰스>(1993)도 공개했다. 서울 시네마테크의 첫 영화제가 오슨 웰스로 시작된 것은 『필름 컬처』 1호가 미국영화 특집이었던 것과 비평적 지향 면에서 조응하는 것으로 보인다. '대안적인 비평'을 지향하면서도, 서구 대 한국의 이분법적 담론구조 속에서 배제되어 왔던 미국영화를 제대로 소개하고 비평함으로써 시네필 근본주의를 실천하고자 한 것이다. 이러한 담론적 기획은 3회 필름느와르 걸작선(2001.4.7.-4.15)을 비롯해 서울 시네마테크에서 주최한 영화제들에서 미국영화 및 할리우드 고전들을 환기시키는 프로그램으로 꾸준히 이어졌을 뿐 아니라 다음 절에서 다룰 감독론 단행본 시리즈의 출판으로도 연결된다.

2회 프로그램은 오즈 야스지로의 회고전(2001. 1. 12.~1. 20.)이었다. 53편의 필모그래피 중 전형적인 오즈의 세계를 알린 <만춘>(1949)을 비롯해 대표작 <동경 이야기>(1953), 무성영화 <태어나기는 했지만>(1932), 첫 유성영화 <외아들>(1936), 마지막 작품인 <꽁치의 맛>(1962), 오즈의 조감독 출신인 이노우에 가즈오가 만든 다큐멘터리 <오즈의 초상: 살아보기는 했지만>(1984)까지 총 열한 작품이 상영되었다. 『필름 컬처』 2권이 일본영화를 조명했듯 회고전 또한 오즈의 영화세계를 소개하면서, 오즈 비평의 권위자이자 일본 시네필 문화에 큰 영향을 끼치며, 구로사와 기요시나 아오야마 신지 등 감독들을 길러낸 비평가 하스미 시게히코의 단행본 『감독 오즈 야스지로』를 출간한다. 서울 시네마테크 시대 이후에도 임재철이 이모션 북스에서의 비평선집 『영화의 맨살』(2015), 『존 포드론』(2023) 출간 등을 통해 현재까지도 소개해 온 하스미 시게히코는 오즈와 하스미의 제자 격인 시네필 출신 일본 감독들뿐 아니라 한국 비평가들과 이들의 글을 좋아하는 시네필들에게도 가장 영향력 있는 비평가 중 한 사람이 되었다.

4회로 기획된 알랭 레네 회고전(2001. 5. 25~6. 1.)은 『필름 컬처』 3호가 '현대영화'의 본격적인 개화를 알린 누벨바그를 조명하고, 6호에서 '들뢰즈의 『시네마』읽기'를 특집으로 다룬 것과 자연스럽게 연결되는 선택이었다. 알랭 레네는 다큐멘터리로 영화경력을 시작해 '시간과 기억'의 문제에 천착해 현대영화의 서막을 열었다고 평가되었는데, 서울 시네마테크의 회고전을 통해 국내에서는 처음으로 반 세기 이상 '지적 영화'의 세계를 구축한 레네의 영화 열한 편을 전반적으로 조망할 수 있는 기회를 제공했다. 상영작은 다큐 <밤과 안개>(1955), <세상의 모든 기억>(1956), 대표작 <히로시마 내 사랑>(1959), <지난 해 마리앵바드에서>(1961), <뮈리엘>(1963), <스모킹>(1993), <노스모킹>(1993) 등이었다. 웰스와 오즈에 이어 레네도 회고전 시기에 맞춰 한나래 시네마 시리즈의 감독연구 단행본이 출간된다.

이와 같이 예술영화 유행이나 붐에 의한 일회적인 상영, 페스티발 형식이 아닌 영화문화의 풍요를 위해 마땅히 소개되어야 할 고전 예술영화를 본격적인 시네마테크 프로그램으로 감상할 수 있는 회고전은 21세기 시작을 즈음해 활발하게 이어졌다. 2001년에는 앞서 소개한 회고전들 외에도 3회 필름느와르 걸작선(2001. 4. 7.~4. 14.), 5회 마노엘 데 올리베이라 걸작선 및 포르투갈 영화 특집(2001. 7. 5.~10.), 6회 영화사 강의(2001. 8. 25.~9. 1.) 영화제가 진행됐고, 이 영화제는 영화상영뿐 아니라 『필름 컬처』 편집진들이 함께 참여한 전문적인 연계 강연 프로그램도 제공했다(강연 주제: <빅 슬립>의 제작과정(임재철), 미조구치 겐지의 영화세계(허문영), 비평적 사건으로서의 <시민 케인>(홍성남), <월로씨의 휴가>에 대해(김성욱), 우리 세대의 고다르 체험(한상준)). 2002년에는 나루세 미키오 회고전(2002. 8. 24.~30.)과 프랑스 범죄 영화 걸작선(2002. 11. 2.~6.), 2003년에는 알프레드 히치콕 걸작선(2003. 4. 4.~11.), 빔 벤더스 영화제(2003. 6. 13.~19.), 일본 액션 영화 걸작선(2003. 9. 4.~9.), 칼 드레이어 회고전(2003. 11. 15.~21., 26.~27.), 2004년에는 할리우드 코미디 클래식(2004. 2. 18.~27.), 구로사와 아키라 회고전(2004. 4. 16.~25.), 로베르트 로셀리니 회고전(2004. 6. 29.~7. 4., 7. 9.~7. 12.), 존 포드 걸작선(2004. 8. 6.~8. 15.), 2005년에는 자크 리베트 회고전(2005. 1. 4.~1. 13.), 니콜라스 레이 회고전(2005. 2. 15.~24.), 페데리코 펠리니 회고전(2005. 6. 3.~6. 12.) 등이 개최됐다.

이렇듯 서울 시네마테크의 프로그램을 연대기적으로 나열한 이유는 이 리스트들이 1970년대 문화원 세대, 1980년대 영화운동 세대를 거쳐, 90년대를 통과하며 한글 자막 없는 필름, 저화질 비디오를 통해 고전을 접해온 한국의 시네필들이 '필름 시네마테크 시대'에 처음으로 경험한 회고전(retrospective)들의 역사이기 때문이다. 따라서 2장에서 다룬 '문화학교 서울'이 90년대 후반 '필름영화 주간'을 거치며 2000년대 초 '필름 시네마테크로 전환'하는 것과 유사한 시기에 '본격 시네마테크'를 표방하며 초기 필름 시네마테크 문화를 견인한 서울 시네마테크의 설립과정 및 상영 프로그램, 상영 이외의 문화 활동들의 역사적 의미를 조명하는 것은 한국의 시네필 문화를 연구하는 데 있어 중요하다. 그러나 서울 시네마테크는 상영 프로그램의 질적 측면에서는 시네마테크의 면모를 갖추었음에도 불구하고 본격 시네마테크가 갖춰야 할 전용 상영관, 필름 아카이브, 도서관 및 관객 교육 활동 등에 한계를 갖고 있었다. 1990년대 중반 예술영화전용관 동숭씨네마텍이 예술영화를 필름으로 소개하며 붐을 일으키고 관객운동을 지향하긴 했지만 한 달에 한 편 개봉이라는 형식과 아카이브 및 공간의 안정성 문제, 수익성을 함께 추구해야 하는 상업영화관의 딜레마로 인해 지속적인 운영이 어려웠듯, 서울 시네마테크는 뒤늦게 시작된 시네마테크 문화가 일시적인 유행에 그치지 않고 영화문화의 대안적 씨앗을 배양하도록 노력했지만 장벽이 많았다. 비슷한 시기 문화학교 서울이나 하이퍼텍 나다 등에서도 필름영화제를 개최하기 시작했지만, 서울 시네마테크 프로그램의 특징은 상대적으로 '고전'이나 '미국영화' 프로그램의 비중이 높았다는 점이었다. 초기 필름 시네마테크 시기에는 상영공간의 안정성은 물론 원작 판권 접촉이나 필름 수급, 자막 번역 등 영화제 개최에 따른 비용을 공적 지원 없이 진행했기 때문에, 현실적인 이유로 해외 문화원이나 대사관 등의 협조를 받을 수 있는 프로그램이 우선적으로 고려되었다. 그러나 임재철은 대사관이나 문화원의 협조가 잘 되는 나라(예- 프랑스, 독일, 일본 등) 위주로 영화제를 개최할 경우 영화문화가 편중될 것을 우려하며, 국내에 덜 알려진 고전이나 메이저 스튜디오별 판권 소유로 비용이 더 들고 절차가 복잡해 기피되어 온 미국영화를 적극적으로 소개하고자 시도했다. 이러한 큐레이터십은 그가 프로그래머로 활동한 광주국제영화제나 서울 시네마테크의 연장선상에서 2005년부터 운영한 예술영화전용관 '필름포럼'236의 프로그램들에서도 계속된다. 그는 '필름포럼' 개관 당시 인터뷰에서 '대중성 있는 예술영화'는 억지 유인책에 불과할 뿐, 대중성과 작품의 질이라는 두 마리 토끼를 잡기보다는 예술영화의 안정적인 관객 기반을 다지기 위해서는 고급 관객을 길러내고 영화문화의 질적 수준을 향상시켜야 한다고 주장한다.237 이러한 인식에 따라 이광모 대표가 동숭씨네마텍 운영 당시인 1990년대 중반 한국의 예술영화 고정 관객층을 2만~2만 5천으로 추산한 것에 비해, 2000년대 초

●

236 서울 시네마테크를 이끌던 임재철 대표는 2005년 4월 22일부터 2008년 3월 31일까지 낙원동 허리우드 극장 자리에서 영진위 예술영화지원사업의 수혜를 받은 예술영화전용관 '필름포럼'을 개관한다. 서울 시네마테크가 1회 오슨 웰스 회고전을 제외하면 안정적인 상영공간 없이 대관의 형태로 영화들을 프로그래밍해서 영화제를 개최했다면, 필름포럼은 허리우드 극장 두 개 관을 통해 예술영화 개봉작과 고전 기획전을 병행하며 운영했다. 2008년 이후 필름포럼은 이화여대 후문 쪽으로 공간을 옮겨 계속된다.

237 김은형, 「예술영화전용관 '필름 포럼' 프로그래머 임재철씨」, 『한겨레』, 2005. 4. 7., https://www.hani.co.kr/arti/culture/movie/24603.html, 2023년 11월 16일 접속.

반 임재철은 예술영화의 핵심 관객을 3천 명으로 상정하고 5천 명을 육성하는 것을 목표로 예술영화전용관 '필름포럼'을 시작했다.

『KINO』가 다소 선동적이고 급진적인 비판적 시네필리아의 '영화잡지'였다면, 『필름 컬처』는 상대적으로 온건한 시네필들의 '계간지'였지만 초기 필름 시네마테크 문화를 선도하며 '고전'과 '근본'에 충실한 엘리트 시네필주의를 강조함으로써 역설적으로 다양한 '영화문화'의 가능성을 제시했다. 한국 영화문화에서는 '세계영화의 모더니즘 시기'를 동시대적으로 경험하지 못했기 때문에 고전적 시네필 문화가 시의성 있게 정착하지 못한 채 비디오와 필름, 디지털의 영화경험이 혼재되어 있어 근본주의적 전통 시네필 문화의 향유층은 극소수였기 때문이다. 시네마테크의 도서관 기능을 중시했던 서울 시네마테크의 또 다른 중요한 활동은 『필름 컬처』 편집진들이 발간한 단행본 영화전문 서적들이라 할 수 있는데, 이에 대해서는 다음 절에서 살펴본다.

(3) 시네필주의 영화전문서 출판: '한나래'와 '이모션 북스'

> "이 책은 그 시점에서 기획되었다. 중요한 외국감독의 영화 8편을
> 35mm 필름으로 한꺼번에 상영하는 것이 국내 초유의 일이고, 더욱
> 이 브레송의 영화는 국내에서 별로 연구된 바도 없어 영화제에 맞춘
> 서적 출간의 필요성을 절감했기 때문이다. (…) 작년과 올해에 걸쳐 세
> 계적으로 브레송 연구가 활발하기 때문에('브레송의 재탄생renaissance'이
> 라고 불러도 좋을 정도다), 이 책의 출간에 또 다른 의의를 두고 싶다."[238]

영화 전문서적에 대한 수요가 늘면서 1990년대 『세계영화작가
론』 및 소수의 감독론이 출판되기는 했지만, 개별 감독에 대한 전
문도서가 충분하지 않던 2000년대 초에는 각종 영화제나 시네
마테크 회고전에 맞춰 감독에 대한 비평이나 연구를 모은 단행본
이 출간되기 시작한다. 서울 시네마테크 회고전에 발맞춰 한나래
출판사에서 출간된 감독론 서적으로는 『로베르 브레송의 세계』
(1999)를 시작으로 『감독 오즈 야스지로』(2001) 『오슨 웰스』(2001),
『알랭 레네』(2001), 『나루세 미키오』(2002), 『칼 드레이어』(2003),
『로베르토 로셀리니』(2004) 등이 있었고, 이 책들은 '한나래 시네
마 시리즈'에 속해 있었다. 한나래는 대중문화연구 및 영화전문
출판사로서 이미 1990년대 초반부터 『히치콕과의 대화』, 『비열
한 거리-마틴 스콜세지: 영화로서의 삶』, 『우디가 말하는 앨런』
등 할리우드 거장들을 다룬 번역서뿐 아니라, 『대중 영화의 이

---

238 한상준·홍성남, 「머리말」, 『로베르 브레송의 세계』, 한나래, 1999, 7~8쪽.

해』, 『할리우드 장르의 구조』를 비롯해 『뉴웨이브』 1, 2, 『영화사전』, 『당신의 징후를 즐겨라』 등을 출간해 온 바 있다. 한나래의 감독론 시리즈는 대부분이 영화평론가나 영화전문기자 출신이었던 『필름 컬처』 편집위원들이 쓴 글이 많고, 번역서의 경우는 『감독 오즈 야스지로』와 『나루세 미키오』 정도였으며, 저명한 해외 비평가의 글이나 인터뷰가 다수 포함되어 있었다(제임스 콴트, '브레송 비평의 주요 경향', 르네 프레달, '로베르 브레송: 내적 모험', 태그 갤러거, '칼 테오도르 드레이어: 꿈들의 사슬', 앙드레 바쟁, <잔다르크의 수난>, <오데트> 리뷰, 태그 갤러거, '네오리얼리즘의 지적 계보' 등).

　서울 시네마테크는 한나래 출판사의 출판지원 속에서 회고전 자료집을 만들고, 영화제와 연계한 시점에 감독론 책을 시의성 있게 출판했다. 그 첫 번째 책이 서두에 인용한 『로베르 브레송의 세계』였다. 1999년 12월 '제2회 필름 컬처 영화주간'에서 마련했던 브레송의 필름 영화 여덟 편 상영과 이 책의 출간이 갖는 의미는 한국 영화문화에서 세계영화계의 주요 이벤트가 시차 없이 동시대적으로 이루어진 최초의 경험이라는 데 있다. 제임스 콴트가 편집한 『로베르 브레송(Robert Bresson)』(1998)을 비롯해 세기말 브레송에 대한 비평 및 연구, 회고전을 통한 세계적인 조명이 이루어지던 가운데 토론토, 뉴욕, 에딘버러, 도쿄에 이어 서울에서 처음 회고전이 열리던 중, 영화제 기간에 감독이 타계함으로써 '필름 컬처 영화주간'은 브레송 생전의 마지막 회고전이자 추모전이 되었다. 단행본의 공동 편집자였던 홍성남은 『필름 컬처』 6호의 트리뷰트 글에서 "브레송의 영원한 부재는 영화의 한 세기의 종말에 대한 상징은 아닐까"라고 질문한다.**239** 회고전과 단행본을 긴박한 일정으로 준비한 주최자의 입장에서 보면, 모던 시네마와 '순수 영화(pure cinema)'라는 형식의 대명사와도 같았던 현존 최고의 거장이 20세기의 마지막 시간에 '시네필의 나라'라고 불리는 한국에 너무 늦게 도착해서 곧바로 죽음을 맞이했고, 그 회고전이 지나치게 조용하게 치러졌다는 사실은 복잡한 감정을 불러일으켰을 것으로 여겨진다.

　2000년대 초반은 서울 시네마테크뿐 아니라 갓 출범한 필름 시네마테크들 및 국제영화제들의 회고전과 출판 열기 속에 감독론 시리즈 출간이 붐을 이룬다. 문화학교 서울 또한 회고전 개최와 연계된 '시네마테크 총서' 시리즈를 통해 『루이스 부뉴엘의 은밀한 매력』(2000), 『에릭 로메르』(2001), 『폭력의 엘레지 스즈키 세이준』(2002), 『감독 장 르누아르』(2002) 『오시마 나기사의 세계』(2003) 등을 출간했다. 1999년 출범한 시네마테크 부산도 '영화예술' 시리즈의 형태로, 『장 르누아르』(2002), 『미조구치 겐지』(2003), 『로베르 브레송』(2003), 『오즈 야스지로』(2004) 등을 출간했다. 고전예술영화를 주로 상영하는 시네마테크는 영화를 감독의 예술로 간주하거나, 감독 중심의 프로그래밍의 비중이 크기 때문에 필름 시네마테크 초기에 감독 연구서들이 대거 출간된 것은 자연스러운 흐름이었을 것이다. 고전영화문화가 전승되고 지식이 축적되는 '영화도서관'을 지향했던 서울 시네마테크의 감독론 시리

239　홍성남, 「브레송의 죽음, 순수 영화의 마지막 자취」, 『필름 컬처』 6호, 한나래, 143~149쪽.

즈는『필름 컬처』편집위원들 외에 유운성 평론가가 편집과 집필에 합류하고, 방혜진 평론가 등이 집필 및 번역에 참여하면서 자료적 가치를 더한다. 유운성, 홍성남 평론가가 공동으로 편집한『칼 드레이어』와『로베르토 로셀리니』의 경우, 감독의 작품세계를 개괄하는 작가론 외에, 주요 작품들에 대한 리뷰를 뛰어넘는 수준의 분석적인 비평을 담았고, 두 감독이 국내에 제대로 소개되지 않았다는 점을 고려해 영화사적 가치가 풍부한 자료 및 참고문헌들을 제시하고 있다.

예를 들면『칼 드레이어』에서 후반부 80여 쪽을 차지하는 자료 가운데는 과작의 감독이 유성영화 이후 감독 자신의 미학적 성찰을 기고한 글과 인터뷰, 앙드레 바쟁의 영화비평 두 편, 장 르누아르와 마노엘 데 올리베이라가 쓴 드레이어에 관한 예찬 등이 포함되어 있다. 드레이어가 '영화 스타일에 대해'라는 제목으로 쓴 글은 <잔 다르크의 수난>(1928)으로 무성영화 미학의 정점에 도달했다고 평가되던 드레이어가 사운드의 도입에 따른 새로운 스타일을 리듬, 드라마, 연기, 분장과 발성, 음악 등을 통해 모색하는 고민의 과정이 드러난 글이다.[240] 바쟁의 글로는 <잔 다르크의 수난>과 <오데트>(1955)에 대한 비평이 수록되었는데, 특히 <잔 다르크의 수난>에 대한 글은 1950년대 드레이어 평가에서

---

240 칼 드레이어, 「영화 스타일에 대해」, <폴리티켄 Politiken>(December 2, 1943), 『칼 드레이어』에 재수록, 유맹철 옮김, 2003, 168~181쪽.
Dreyer, Carl Th., 'A Little on Film Style', in Donald Skoller ed., *Dreyer in Double Reflection: Carl Dreyer's Writings on Film*, Cambridge, MA: Da Capo Press, 1973, pp.127~34.

중요한 역할을 한 글로 소개된다.**241** 이러한 단행본들은 각 감독들의 영화는 물론 해당 감독들에 대한 전문적인 비평이 거의 없던 국내 상황에서, 시네필적 비평 및 감독연구의 출발점으로 의미 있게 기능한다.

2000년대 중반까지 '한나래 시네마 시리즈'를 통해 출간되어 온 정통적 시네필주의 비평서의 명맥은 2010년대 이후 현재까지 임재철이 운영하는 이모션 북스의 출판으로 이어진다. 장 뤽 고다르에 대한 인터뷰 모음집인 『고다르 X 고다르』를 시작으로 세르주 다네의 『영화가 보낸 그림엽서』, 스탠리 카벨의 『눈에 비치는 세계』, 하스미 시게히코의 『영화의 맨살』, 조너선 로젠봄의 『에센셜 시네마』, 태그 갤러거의 『존 포드』, 더들리 앤드류의 『앙드레 바쟁』, 장 루이 셰페르의 『영화를 보러 다니는 평범한 남자』, 하스미 시게히코의 『존 포드론』까지. 이 책들의 목록은 영화적인 세계의 풍부함과 영화를 보는 주체의 특별함을 미학적, 존재론적으로 질문하고 답하는 정통적인 시네필주의 비평의 충실한 집합이라고도 할 수 있다. 시네마테크를 영화도서관이라고 여겼던 임재철은 고전영화나 예술영화를 향유하기 위해서는 지식과 훈련이 필요하고 성숙한 시네필 영화문화의 정착에는 시간이

---

241 "주로 얼굴의 클로즈업으로 이루어진 대담한 촬영 기법은 외관상 모순적인 두 가지 목적들 (신비주의와 리얼리즘)을 동시에 만족시킨다. (⋯) 드레이어가 제시하는 잔 다르크의 이야기에는 아무런 일화적 사건도 존재하고 있지 않다. 이야기는 영혼들의 순수한 투쟁이 된다. 전적으로 정신적인 비극의 모든 연기는 내면에서 나오며, 얼굴, 즉 커뮤니케이션의 특권지대인 얼굴로 이 정신적인 비극은 온전한 표현을 얻고 있다"; 앙드레 바쟁, 〈잔 다르크의 열정〉, The Cinema of Cruelty, New York: Seaver Press, 1982, 『칼 드레이어』에 재수록, 박시찬 옮김, 2003, 228~231쪽. André Bazin, "The Passion of Joan of Arc", *The Cinema of Cruelty: From Buñuel to Hitchcock*, ed., François Truffaut, New York: Arcade Publishing, 1982, pp.28~29.

걸린다고 말해왔다. 고전적이고 전통적인 시네필 담론을 추구했던 『필름 컬처』와 그 비평적 큐레이션의 실천인 서울 시네마테크가 20세기 말과 21세기의 시작과 함께 소수의 '대안'적 영화문화로서 모색되었다는 사실은 한국 영화문화의 심각한 결여와 불균형을 보여주는 증거일 것이다. 이모션 북스에서 최근 출간한 하스미 시게히코의 『존 포드론』(2023)은 서울 시네마테크 시절 한나래에서 출간했던 『감독 오즈 야스지로』(2001)에 이은 하스미의 두 번째 감독론 단행본이다. 임재철 평론가는 2003년 광주국제영화제의 존 포드 특별전, 2004년 서울 시네마테크의 존 포드 영화제, 2005년 예술영화전용관 필름포럼의 씨네 클럽 강연 등 지속적으로 하스미의 존 포드론을 지지하고 환기시켜 왔다. 또한 임재철이 직접 해설을 쓰기도 한 하스미의 비평 선집인 『영화의 맨살』(2015)은 강렬한 일회적 응시에 기반한 '동체시력'과 '발견'의 비평을 강조하며 한국의 기성 평론가와 시네필들에게 많은 영향을 끼쳤다.

　『필름 컬처』 창간에서 서울 시네마테크 출범, 그 계승으로서의 예술영화전용관 필름포럼, 한나래에서 이모션 북스로 이어지는 시네필주의 비평 및 영화 전문서적 출판까지 영화에 대한 근본주의적 사고를 강조하고 발견이 덜 된 고전영화와 미국영화를 소개하며 기본 토양을 다지고자 했던 '본격적인 시네필 문화'는 20여 년이 지난 지금 어디쯤 온 것일까? 이미 시네마의 '죽음'에 대한 인식이 지배적이며 미학적으로도 정체 상태에 직면했던 20세기 말에 시작된 한국 영화문화의 활력은 여전히 잠재태의 상태로 위기를 일상화하고 있는 것으로 보인다.

영화진흥위원회 50주년 기념 총서 04

시네필의 시대

한국 영화문화에서
비디오필리아와 시네필리아

예술영화전용관 '동숭씨네마텍'과 '예술영화'라는 이념의 재구성

4장
예술영화전용관 '동숭씨네마텍'과 '예술영화'라는 이념의 재구성

1) 제도로서의 예술영화

"예술영화전용관은 세계 각국의 우수한 예술영화 상영, 영화교육, 관련 이벤트 등이 종합적으로 이뤄지는 획기적 개념의 극장"으로, "영화 선진국의 경우, 자국의 영상문화 발전을 위해 공익적 차원에서 지역민과 영화학도에게 활발히 이용되고 있으며 국가 및 기업의 전폭적인 지원을 받아 운영"되고 있습니다.[242]"

한국영화사에서 1990년대는 흔히 전투적 영화운동의 시기였던 1980년대와 영화문화의 활력이 쇠퇴하기 시작하는 2000년대 이후와는 구별되는, '영화의 시대'이자 시네필 문화의 전성기로 간주된다. 1990년대 중반부터 예술영화전용관과 부산국제영화제를 비롯한 국제영화제들이 시작되고, 영화 저널리즘과 문화계 간지들의 비평 담론 폭증 속에 예술영화의 개념이 부상하고 주체

242　백두대간, 『동숭씨네마텍 1주년 기념 백서』, 1996, 5쪽.

적인 관객문화가 담론화된 시기라는 점 등이 이러한 판단의 근거로 여겨진다. 그렇다면 1990년대에 꽃피운 영화문화의 르네상스는 어떻게 가능했던 것일까? 또한 이를 1990년대의 특권적 산물로 규정할 수 있는 것일까? 4장은 이와 같은 질문들에 대한 비판적 고찰을 위해, 1995년 개관한 최초의 예술영화전용관 '동숭씨네마테크'에 대한 역사적 분석을 통해 한국 영화문화의 장에서 '예술영화'의 이념을 재구성한다. 이를 통해 당대 예술영화라는 구성물의 의미와 한계를 2000년대 이후 독립예술영화문화에 끼친 영향과 관련해서 조명한다. 이를 위해 이 장은 1990년대 '예술영화(관)'의 부상과 '예술영화' 개념을 예외적인 사건으로 접근하는 대신, 1980년대 다양한 영화운동의 계승과 80년대 후반 이후 영화산업 및 정책의 변화, 21세기를 전후해서야 본격화된 한국의 토착적인 시네마테크 문화와의 긴밀한 역사적 맥락 속에서 탐구한다.

　최초의 예술영화전용관과 이를 향유하는 주체적인 관객인 시네필 문화에 대한 역사적이고 비판적인 고찰을 위해 한국에서 1990년대의 산물로 간주되는 예술영화 개념에 대한 검토가 우선 필요하다. 영화의 역사에서 '예술영화'는 정의나 합의가 이루어지기 어려운 "수상쩍은"[243] 개념임에도 불구하고, 1990년대 한국 영화문화에서 예술영화라는 개념은 선험적으로 수용되고 유행처럼 소비된 경향이 있기 때문이다. 이에 따라 당대에는 1990

243　앤드류 튜더, 신혜경 옮김, 「예술(하우스) 영화의 성장과 몰락」, 『예술사회학』, 이학사, 2023, 227쪽.

년대 잠식적인 대중문화 소비의 새로운 주체로 부상한 '마니아' 담론과 능동적이고 감식안을 지닌 이상적인 관객을 뜻하는 '시네 필' 담론과의 구별 필요성이 제기되기도 했다.

한국영화사에서 '예술영화'라는 개념은 통제와 검열이 심하던 1980년대까지는 주로 외화의 수용이라는 관점에서 논의되어 오다가 1980년대 할리우드에 대항하는 한국영화의 정체성을 모색하는 과정에서 다양한 의미를 담은 용어로 재구성되었다. 따라서 예술영화의 창작은 물론 온전한 형태의 소비조차 쉽지 않았던 지난한 시간 동안 한국영화사에서는 예술영화와 비슷한 의미로 쓰이던 문예영화 같은 '유사 예술영화' 또는 독립영화라는 명명 이전의 '대안 영화'를 일컫는 다양한 개념들이 존재했다. 예술적인 영화를 시도할 만한 산업적, 제도적 기반이 미약했을 뿐 아니라, 국산영화 기업화라는 목표로 영화법이 시행된 1960년대 이래로 외화수입이 통제되면서 할리우드식 상업영화 대 유럽 예술영화라는 이분법이 고착화되는가 하면, 1960년대 전성기를 맞이했던 서구의 다양한 예술영화의 흐름을 동시대적으로 경험하지 못하고 사후적으로 수용하면서 이 용어의 역동성을 진지하게 성찰할 계기 자체가 드물었다. 변인식은 1960년대 한국영화의 대표작 중 하나이자 전후 모더니즘 영화의 정전으로 여겨지는 <안개>(1967)에 대한 비평에서 이 작품을 "김수용식 예술영화"라고 비판한다. 그는 "예술영화가 없는 이 땅에서 <안개>가 예술영화의 구실을 담당할 수 있는가를 검토해 봐야 할 문제"라고 주장한다. **244** 이는 <안개>의 텍스트성 자체에 대한 문제 제기라기보다는 문학작품을 각색한 '문예영화'가 곧 예술영화로 오도되고, 우수영화 보상제도를 통해 외화수입 쿼터를 따내려는 당대의 산업 및 정책의 한계, 서구 예술영화의 주요 특징이기도 했던 성적 표현의 자유가 억압되면서 정사 장면이 삭제된 검열의 문제까지, 한국영화계 시스템 전반을 둘러싼 비판이기도 했다.

한편 독립영화 측면에서의 대안의 모색으로서 "1980년대 초반 영화운동의 역량이 결집한 행사로 평가"**245**되는 1984년 제1회 '작은 영화제'에서 채택한 '작은 영화'라는 개념은 또 어떠한가? 영화의 사회적 기능과 운동으로서의 '실천'적 의미가 중요하게 여겨졌던 1980년대 중반, "단편영화, 소형영화, 실험영화라는 용어들을 폐기"하고, 새롭게 제안된 '작은 영화'라는 개념은 "8mm, 16mm 영화에 대한 기존의 모든 호칭들을 통일"**246**한 개념이었다. 장선우가 제안한 '열려진 영화'**247** 또한 1980년대 초반 서구의 내셔널 시네마들을 모델로 전통적인 구전 예술이나 마당극의 열린 형식에서 착안해 대상과 상호작용하는 '신명의 카메라'를 통해 주체적인 한국영화의 양식을 모색하며 비제도권 영화가 나아가야 할 이념형으로 제시한 개념이다. 이처럼 전후 코

244 변인식, 「안개는 예술영화인가?」, 『영화미의 반란』, 태극출판사, 1972, 44~49쪽.

245 성하훈, 『영화, 변혁운동이 되다: 한국영화운동사 1』, 푸른사상, 2023, 87쪽.

246 성하훈, 위의 책, 88쪽.

247 장선우, 「열려진 영화를 위하여」, 『공동체문화』, 1983. ; 서울영화집단 엮음, 『새로운 영화를 위하여』에 재수록. 305~322쪽.

리안 리얼리즘에서부터 유럽의 내셔널 시네마 운동을 모델로 '예술영화'를 상정해 왔던 한국영화 담론은 1980년대에 이르러서는 사회적 지향의 영화운동과 함께, 외화수입 자유화와 할리우드 직배에 따른 반할리우드 노선을 강화하면서 토착적인 '독립/예술영화 담론'을 구성해 왔다.

데이비드 보드웰은 서사나 스타일 면에서 할리우드의 고전적 양식에서 벗어나는 몇 가지 도식들을 통해 '예술영화의 내레이션'을 규정한다. 그는 예술영화의 내레이션이 1950년대 말과 1960년대 사이에 특히 집중적으로 창조되었다면서, 목표를 상실한 주인공, 에피소드적인 구성, 객관적 리얼리즘과 주관적 리얼리즘의 모호한 상호작용 사이의 풍부한 유희 등을 대안적 양식의 '국제적 예술영화'로 설명한다.[248] 보드웰은 알랭 레네나 잉마르 베리만, 미켈란젤로 안토니오니의 영화처럼 모호함에 대한 비평적 해석과 개입을 필요로 하는 작가/예술영화를 통해 '좋은 영화'에 대한 관념이 형성되는가 하면, 산업적이고 집단적 창작으로서의 할리우드 영화 대 개인적, 예술적 창조로서의 유럽영화라는 이항대립이 강화되었다고 본다. 한편 앤드류 튜더는 문학, 회화, 음악 등 그 자체로 예술로 간주되는 다른 예술들과 달리 끊임없이 '예술'로서의 존재 증명을 해온 역사를 지닌 100여 년의 영화사를 성립기(1918~1939), 공고화(1950~1970), 파편화(1970~2000) 시기로 구분하면서, 영화의 미학적, 텍스트적 특성 대신 특정 산

248 데이비드 보드웰, 「예술영화 내레이션」, 『영화의 내레이션2』, 오영숙·유지희 옮김, 시각과 언어, 2007, 151~228.

물을 사회적으로 예술로 간주하는 방식들에 주목한다. 튜더와 유사하게 예술영화를 텍스트상의 특징으로 환원할 수 없다고 보는 스티브 닐은 위기에 봉착한 1980년대 영국의 국가영화의 관점에서 예술영화를 돌아보면서, 예술영화가 유럽에서 미국의 지배적인 영화산업에 대항하는 동시에, 각 국가의 영화산업과 영화문화를 배양하는 데 어떤 역할을 했는가를 프랑스, 독일, 이탈리아의 사례를 들어 고찰한다. 그는 할리우드와의 차별화 전략이자 대안으로서 제시된 예술영화 담론에서 중요한 것은 미학이나 스타일상의 특징들만이 아니라 국가영화나 각 나라의 특정한 문화적 전통 및 고급 예술과의 관련성에 있음을 주장하면서, 예술영화가 제작, 유통, 배급, 상영되는 '제도로서의 예술영화'를 체계적으로 분석할 것을 강조한다.[249]

이 장은 한국의 1990년대 영화문화에서 예술영화가 특정 작가나 작품으로 환원되지 않고 다양한 행위자의 참여와 협상을 통한 구성물이라는 점에서 닐의 '제도로서의 예술영화'를 참고하면서, 이를 통해 최초의 예술영화전용관 동숭씨네마텍의 상영 프로그램의 특징과 시네마테크적 실천 사이의 함의와 한계를 분석할 것이다. 이와 같은 방법론은 이때가 오랜 '통제' 위주의 영화정책이 '자유방임'의 시기를 지나, '진흥'형 모델로[250] 변화를 모색하는 시기이자, 외화수입 자유화와 미국영화 직배 이후 한국영화 산업 유통구조의 패러다임이 근본적으로 변화한 시기였음을 고려한

249   Steve Neal, "Art Cinema as Institution," *Screen*, vol.22, no.1, 1981, pp.11~39.

250   김혜준, 「한국영화정책사」, 『한국영화사: 개화기에서 개화기까지』, 2006, 339쪽.

것이기도 하다. 뿐만 아니라 1980년대 영화운동 진영이 추구한 '대안 영화'가 할리우드 영화 못지않게 예술지상주의와도 거리를 둔, 더 이상 이념형이 아닌 '당대의 새로운 영화'였다면, 닐의 접근은 이를 가능하게 한 새로운 법적, 제도적, 담론적, 문화적 요인들은 무엇이었는가라는 질문에 답하기 위한 프레임으로 작동할 수 있다.

　1990년대 예술영화에 대한 당대 연구에서는 1990년대 중반 일시적으로 부상했던 한국 예술영화의 붐과 편향성, 소수의 문화 엘리트가 계몽적으로 주도한 담론 형성과정과 한계를 비판적으로 고찰한다. 김소영은 1990년대 해외 예술영화의 수용 상황을 시차에 의해 물신화되고 수용 방식에 의해 식민화된 '네크로필리아(시체애호)'라고 비판한다.251 즉 수용된 영화들 자체가 문제라기보다는 예술영화담론의 형성방식에 의해 제도적인 차별화와 구별짓기가 도입되며 상업영화 대 예술영화의 지배적인 이분법을 고착화하고 당대의 진보적인 영화 흐름의 부재를 비가시화시켰다는 것이다. 조혜영 또한 1995년 <희생>(1986)의 수용을 둘러싼 예술영화 담론의 형성과 기원의 신화를 텍스트 중심주의나 본질주의적 접근이라는 시각으로 접근하면서, 배급사인 '백두대간'의 예술영화 수입 및 상영—『KINO』 등의 잡지를 통한 예술영화 담론 양산—이광모 감독의 영화 <아름다운 시절>(1998) 제작으

251　김소영, 「시네필리아와 네크로필리아」, 『한국영화의 근대성』, 씨앗을뿌리는사람들, 2000, 229쪽.

로 이어지는 신화화를 비판한다.252 이 연구들은 예술영화가 영화 텍스트로 환원되지 않고 다층적인 실천에서 그 정의와 가치가 파생되고 변동하는 미적, 이데올로기적 산물임을 밝히는 데 기여했다. 그럼에도 불구하고 이 연구들은 예술영화를 서구에서 정립된 미적 대상과 가치의 수용이나 영화광들의 문화적 상징자본 축적 및 취향의 구별짓기라는 관점을 전제하고 적용함으로써, 예술영화라는 미적, 이념적 구성물의 형성 과정과 변화에 실제적으로 관여했던 행위자들의 다양한 실천과 이를 둘러싼 맥락과의 상호작용을 일정 부분 간과하고 있다.

이 장에서는 1990년대 '예술영화'라는 이념의 재구성을 위해 서두에 인용한 동숭씨네마텍이 내세운 예술영화전용관의 정의와 시네마테크라는 충돌되는 지향을 당대 한국영화 '제도와의 협상'이라는 관점에서 살펴보면서, 이를 1980년대 영화운동 및 비디오테크 영화문화의 공동체성의 계승적 측면과 1990년대 영화산업의 재편과 대중문화 부상과 함께 등장한 시네필 담론의 중층결정을 통해 분석하고자 한다. 이러한 관점은 1990년대 중반 출현한 최초의 예술영화전용관이 안정적으로 지속되지 못한 이유가 단지 좋은 관객을 창출하지 못한 주체들의 운영상의 미숙이나 고답적인 예술영화 담론, 마니아 관객층의 거품이 소멸했다는 표면적인 문제들뿐만이 아니라 보다 복합적인 한국영화산업 및 문화의 구조적 산물임을 규명하고자 함이다. 이러한 문제의식은 21세

---

252 조혜영, 「'1995년'을 역사화하기: 〈희생〉의 한국 내 상영을 둘러싼 담론과 '기원'의 망상」, 『영상예술연구』 1호, 2001, 227~248쪽.

기 독립예술영화지원정책 및 동숭씨네마텍을 계승한 백두대간의 시네큐브, 아트하우스 모모로도 이어지며 현재 독립예술영화문화까지 연결되고 있다는 점에서 더욱 주목을 요한다. 이에 따라 나는 1990년대 중반 한국 영화문화의 특정성으로 맥락화할 수 있는 '제도로서의 예술영화'를 '동숭'이 스스로 "기대 이상의 성공"이라고 평가했던 '상영 프로그램' 측면과 "미진"했다고 평가했던 '관객문화운동'의 측면에서 예술영화의 짧은 전성기이자 예술영화전용관 프로그램 시행기의 활동을 중심으로 분석할 것이다.

2) 동숭씨네마텍의 예술영화 프로그램과 제도와의 협상

94년 2월 베를린영화제 때 첫 구매를 시작했다. (…) **95년 3월 대중
상영화제에서 현대영화 베스트 7이라는 프로그램을 맡아 한 것이 첫
번째 활동이었던 것 같다. 그때 수입해 놓은 영화 일곱 편을 상영하고,
11월 예술영화전용관 광장을 열었다. 두 번째로 개봉한 <희생>이 2만
8천 명 들었고, 키아로스타미의 영화는 (5만 이상으로) 가장 성공적이었
다.** (…) **백두대간의 기준은 하나다. 다양하게 소화하고 많이 보여주자.
구조적이고 장기적인 측면에서 계속 영화를 볼 수 있는 (라이브러리) 시
스템을 구축하자.**[253]

1995년 11월 개관한 동숭씨네마텍(이하 '동숭') 이전에도 1980
년대 후반 외화수입 자유화와 직배 이후 틈새시장으로서의 가능
성 속에서 해외 예술영화를 필름으로 상영하고 라이브러리나 토
론, 강좌 프로그램 등을 진행하며 '좋은 영화'를 질의하는 극장
들은 존재했다.[254] 코아아트홀의 경우 비디오테크 운동과 유사
한 교육활동뿐 아니라 새로운 영화를 열망하는 관객층으로 구성
된 시사 모임의 모니터 요원을 통해 일명 '코아 문화'라는 용어를
형성하며 예술영화 시장의 '입소문'을 담당했다. 그 결과 저비
용 고효율의 유럽영화, 제3세계 영화(<나쁜 피>(1986), <집시의 시

253　이영재, 「1994년 2월 이광모 감독, 백두대간을 열다」, 『KINO』, 2000. 5., 164~165쪽
　　　(강조와 괄호 안 내용보충은 필자).

254　황하엽의 지적처럼 코아아트홀이나 뤼미에르 극장은 영화마니아들 사이에서 정책적으로
　　　공인되기 이전의 '비공식' 예술영화관으로 인식되었다. 황하엽, 「국내 예술영화관의 역사적
　　　형성 과정과 문화적 특성: 서울 지역을 중심으로」, 연세대학교 석사학위논문, 2017, 48쪽.

간>(1988), <중경삼림>(1995) 등)를 상영함으로써 예술영화전용관의 상업적 가능성을 선보였다.**255** '동숭'의 모체인 동숭아트센터도 이미 1990년대 초반 복합문화공간을 지향하며 <피아노>(1993) 등 예술영화를 상영하고, 다양한 영화제를 개최하는 대안공간으로 자리매김해 왔다. 영화사 백두대간이 수입하고 코아아트홀과 동숭아트센터 등에서 상영해 관객동원에 성공한 타르코프스키의 <희생>은 한국에서 잠재된 예술영화 관객의 가능성을 가늠할 수 있던 사건으로 회자된다. 그러나 "상업예술영화관"의 성공 사례로 꼽혔던 코아아트홀과 비교할 때, '동숭'의 지향과 모색은 김옥랑 대표이사의 '예술영화를 중심으로 한 문화예술운동'에 대한 인식, 그리고 이광모 대표와 손주연 기획실장('씨앙씨에' 대표)의 공공성을 띤 운영방식이 만나 시네마테크를 지향한 제도적 실천에 가까운 것이었다. 즉 손주연이 말하듯, "프로그램 제공은 예술영화 전문 수입배급사인 백두대간에서 하고, 동숭에서는 극장을 제공하는 형식으로 동숭씨네마텍 시대가 열린" 것이었다.**256** 예술영화의 배급 및 상영업을 하면서도 관객들의 주체적인 문화운동을 중시하고 필름 라이브러리 구축을 시도하는 등 '동숭'이 당시까지 한국에 부재했던 필름 시네마테크를 지향했음은 그것의 역할 모델이 프랑스의 시네마테크 프랑세즈나 영국의 BFI, 일본의

---

255 「[첫 예술영화전용관 동숭씨네마텍 1돌] 예술전용관 서서히 뿌리」, 『한겨레』, 1996. 11. 16., 34면. ; 송준, 「시네마 지옥 몰아내는 젊은 극장」, 『시사저널』, 1997. 11. 13., https://www.sisajournal.com/news/articleView.html?idxno=115319, 2023년 11월 15일 접속.

256 손주연, 『한국영화, 열정을 말하다』, 한국영상자료원, 2023, 270~271쪽.

이와나미홀257이라는 점에서 알 수 있다.

동숭씨네마텍이 예술영화전용관을 표방하며 다른 극장과 차별화를 시도했던 상영 프로그램상의 두 가지 특징은 다음과 같다. 첫째는 한 달에 한 번 해외 예술영화의 '개봉'이라는 형식이었고, 둘째는 상영관 확보가 어려운 국내외 단편영화 및 독립영화, 다큐멘터리 등의 상영이었다. 예술성이 보증된 영화를 수입해 한 달에 한 편 '필름'으로 개봉하는 방식은 기존의 비디오테크들이 불법 복제한 저화질 비디오를 상영했던 것과의 차별화였고, 상영 기회가 적은 단편영화를 장편과 묶어 상영하거나 '동숭단편극장'처럼 한국 단편을 유료 프로그램으로 상영한 것은 상영방식의 차별화였다. 첫 번째가 해외 예술영화를 '수용'하는 차원의 시도였다면 두 번째는 한국 예술영화, 단편영화를 정의하고 상영 및 배급의 제도화를 시도해 미래의 한국영화를 육성함으로써, 한국독립예술영화의 '수용에서 창작으로의 이행'을 모색한 실천이었다. 이 점은 이 장의 후반부에 상술하게 될 문체부의 예술영화전용관 승인 및 영화법과 긴밀하게 관련되어 있다.

257 김옥랑 대표는 전용관 개관 당시 인터뷰를 통해 "프랑스의 시네마텍 프랑세즈, 일본의 이와나미홀, 영국의 BFI에 비견될 정도의 영화전용 문화공간"으로 키워나갈 계획을 밝힌다. 「[인터뷰] 동숭아트센터 대표 김옥랑 씨, "적자 감수 예술영화 위주 상영, 관객에 다양한 기회 주겠다」, 『한겨레』, 1995. 11. 6., 39면.

(1) 예술영화 개봉작과 '예술영화' 개념 논쟁

개봉	감독	영화	연도	비고
95년 11월	짐 자무쉬	천국보다 낯선	1984	미국 독립영화 대표작
12월	제인 캠피온	스위티	1989	제인 캠피온의 데뷔작
96년 1월	레오스 까락스	소년, 소녀를 만나다	1984	누벨이마주 천재감독
2월	안드레이 타르코프스키	노스탤지어	1983	칸3개 부문 동시 수상
3월	베르나르도 베르톨루치	거미의 계략	1970	베르톨루치 미스테리 걸작
4월	미끌로쉬 얀초	붉은 시편	1972	칸 3개부문 동시 수상
5월	아키 카우리스마키	레닌그라드 카우보이 미국에 가다	1994	핀란드독립 예술영화
6월	스티븐 프리어즈	나의 아름다운 세탁소	1985	전미비평가협회 각본상
7월	데이비드 린치	이레이저 헤드	1977	컬트 영화
8월	압바스 키아로스타미	내 친구의 집은 어디인가?	1987	로카르노 청동표범상
9월	테오 앙겔로풀로스	안개 속의 풍경	1988	베니스 은사자상
10월	프리드릭 쏘 프리드릭슨	자연의 아이들	1991	몬트리올 촬영상
11월	잉마르 베리만	화니와 알렉산더	1982	아카데미 외국어영화상
12월	피터 그리너웨이	영국식 정원 살인사건	1982	영국식 추리극

<표 1> 동숭씨네마텍의 상영프로그램(1995. 11. ~ 1996. 12.)

'동숭'의 개관 1주년 기념 백서는 1995년 11월부터 1996년 12월까지 월별 개봉작과 이미 수입해 놓은 추후 개봉 예정작들의 리스트를 공개하며 작품 선정의 기준을 다음과 같이 밝힌다. "영화 역사 100년 동안 세계적인 감독의 걸작들과 우리 시대의 현대적인 걸작들 중심으로 선정"하되, 이 작품들을 소개하는 의도는 "마땅히 소개되어야 할 작품들이 유독 한국에서만은 상영 기회를 갖지 못한 까닭"과 더불어 "극도로 상업화된 배급과 상영 구조 속에서 편향된 영상문화를 바로 세워나가는 작업이 되길 희망"258한다는 것이다. 그런데 필자가 재구성한 표의 기본적인 영화 정보를 통해서도 알 수 있듯, 동숭이 수입해 상영한 영화들의 제작시기와 영화사적 의미는 상당히 다양한 스펙트럼으로, 프로그램상의 특징이나 정체성을 발견하기 어렵다. 백서에 소개된 차기 상영 작품들의 목록 또한 누벨바그의 대표작 중 하나인 프랑수아 트뤼포의 <쥴 앤 짐>(1962)에서부터 뉴 저먼 시네마의 대표작 <불안은 영혼을 잠식한다>(1974), 안토니오니의 전성기 모던 시네마 <정사>(1960)와 <붉은 사막>(1964), 소비에트와 동구권의 영화, 최고 흥행을 안겨준 감독 압바스 키아로스타미의 동시대 작품들이 혼합되어 있다. 이광모가 말하듯 "색깔이 없어" 보이는 프로그램 및 한 달에 한 편이라는 개봉 형식은 다른 나라의 시네마테크에서는 볼 수 없는 유례없는 방식이고, 이는 1960년대 외화수입 통제 이후로 동시대 예술영화 작품들이 국내에서 필름으로 소개될 기회가 없었다는 반증일 것이다.

●
258 백두대간, 『동숭씨네마텍 1주년 기념 백서』, 1996, 21쪽.

김소영은 전설이나 신화가 되어 시차를 두고 1990년대 서울에 도착한 이 예술영화들을 묶는 이데올로기는 없다고 진단한다. 서구에서는 "각종 '포스트'의 깃발 아래 모더니즘 영화가 붕괴"되거나 "대중영화의 전복적 쾌락이 부상하는가 하면, 차이의 정치학"이 주목되는, 즉 "예술영화가 재구성되거나 폐기"되는 시점에, 뒤늦게 도착한 이러한 예술영화들이 한국 영화문화에서 어떤 의미를 갖는가, 또한 당시 예술영화 대 상업영화라는 이분법에 가려진 '진보적 영화들'의 담론과 공적 지원의 부재를 돌아봐야 한다는 중요한 문제를 제기한다. 논점은 다르지만 『씨네21』의 '예술영화 논쟁'에서 강한섭이 제기한 '예술영화 해체'라는 화두도 조영각, 문재철, 유지나, 김영진, 이택광 등의 다양한 반론 및 지지로 이어지면서, 1990년대 '한국에서 예술영화'라는 개념과 수용 및 제도화를 둘러싸고 한국영화 담론사에서 보기 드문 생산적인 논쟁이 전개된다.

강한섭은 1999년 『씨네21』에서 한국의 영화담론이 '예술영화 대 오락영화'의 이분법으로 '예술영화=유럽영화=롱 테이크=좋은 영화라는 전범'을 이식했다고 비판하고 장르영화 옹호론을 펴는 한편, 학계와 비평계의 물신화와 식민화를 지적하며 해외의 시각이나 용어가 아닌 우리의 개념과 이론으로 설명하고 실천할 것을 주장한다.[259] 이 글에서 그는 한국의 예술영화 붐을 만든 영화사 백두대간의 소책자를 봐도 "예술영화에 대한 구체적 정의는 없

---

259 강한섭, 「예술영화는 없다」, 『씨네21』, 195호, 1999. 4. 6.

다"면서 "기존 극장에서 상영할 엄두조차 낼 수 없었던 세계 유
수 영화제 수상작, 영화사의 고전들, 현대의 걸작들, 세계 우수 단
편영화, 다큐멘터리 등을 엄선해서 상영"한다는 프로그램 계획을
통해 예술영화의 개념을 유추할 수 있을 뿐이라고 지적한다.

　이어진 반론 중 주목할 만한 두 입장은 1990년대 내내 독립예
술영화의 산파 역할을 했던 비디오테크 '문화학교 서울'의 창립
구성원이자 한국독립영화협회 사무국장이었던 활동가 조영각의
글과 1980년대 후반부터 서구의 작가주의 담론과 과학적 분석을
실천해 온 계간지 『영화언어』의 구성원으로서 당시 영화학계와
비평계의 입장에서 논쟁에 참여한 김영진과 문재철의 글이다.

　조영각은 "한국 대중은 아직 예술영화의 맛도 보지 못했다"면
서, 한국에서 "진짜 예술영화를 보기 시작한 것은 동숭씨네마텍
이 예술영화전용관을 표방하며 <천국보다 낯선>을 선보인 1995
년이고, 최고의 영화로 꼽혀왔던 <시민 케인>도 1995년에야 비
디오로 출시되었다"면서, 이는 "'수혈' 수준의 역부족의 경험일
뿐, 한국 관객들은 (외화수입의 통제와 검열 속에서) 수십 년 동안 문화
적 욕구를 억누르며 기다려왔음"을 강조한다.**260** 또한 산업적 시
스템이 강하게 작동하는 영화의 특성상 예술영화뿐 아니라 독립
영화도 시스템에 반하는 제작은 어렵다면서 "한국 영화문화의
다양성을 위해 예술영화전용관과 독립영화전용관을 짓고 지원금
을 늘리겠다는 분위기 속에서 '예술영화는 없다'는 주장은 문화

260　조영각, 「예술영화는 있다」, 『씨네21』, 198호, 1999. 4. 27.

적 토양의 풍성함을 저해하는 요인이 될 수도 있다고 우려한다.

문재철은 영화사에서 1950~60년대 예술영화가 출현하게 된 계기가 애매성을 특징으로 하는 현실의 본질을 포착하려는 치열한 노력 때문이었다면서, 예술영화란 "특정 시공간의 영화들을 지칭"하기도 했지만, "시대에 따라 다르게 작동한다는 점에서 탈역사적이거나 초월적인 개념이 아닌 열린 개념"임을 역설한다.261 그는 오늘날 예술영화가 위험한 폭발력을 갖고 있지도 않고 이 땅에서 예술영화 개념은 영락해가는 권위의 대상이라고 주장하면서, 오히려 자본의 영광을 찬양하는 숫자 콤플렉스의 한국영화계를 비판한다. 논쟁 당시 『씨네21』의 기자이자 계간 『영화언어』의 동인(2003년 복간 시 편집장)이기도 했던 김영진은 1980년대 후반 『영화언어』부터 한국영화계에서 예술영화라는 개념적 구성물이 형성되어 온 "절름발이"의 역사를 언급한다.262 즉 한국에서 예술영화 개념은 80년대 말부터 『영화언어』에 소개되면서 "주류 이야기체 영화의 전범인 할리우드 영화와 그 모조품인 충무로영화의 틈새에서 관객의 인식영역을 확장하는 새로운 영화"의 형태쯤으로 알려졌고 "당시 젊은 영화학자들이 이장호의 <바보선언> 등을 불충분하나마 예술영화 또는 대안영화의 한국적인 전범"으로 평가했다는 것이다. 김영진에 따르면 고전적 할리우드 영화에 대비되는 유럽 모더니즘 영화 서술의 특성을 예술영화 및 대안영화의 양식으로 정의한 보드웰류의 피상적인 영화 구분법

261 문재철, 「"예술영화는 없다" 반론」, 『씨네21』, 199호, 1999. 5. 4.

262 김영진, 「예술영화를 부관참시할 것인가」, 『씨네21』, 202호, 1999. 5. 25.

은 1990년대 학계와 영화 저널리즘에서 위력을 발휘했다. 이는 1990년대 이전까지 한국에서 거의 볼 수 없었던 영화들을 수준 높은 예술영화와 등치하며 이들을 인기 상품으로 끌어올리는 데 기여했다. 김영진은 1980년대 이후 예술영화의 기법이 대부분 주류로 흡수되고, 예술과 상업의 구분이 모호해진 포스트모더니즘 시대에 도착한 엘리트 모더니즘 예술영화의 짧은 유행을 한국에서 "실패한 운동"으로 진단한다. 그러나 또한 그는 예술영화는 형식과 스타일만으로 장르영화와 경계 지을 수 없는 고유한 영역(가치)이 존재하며, 예술영화의 탈신비화보다 중요한 비평담론의 역할은 프레드릭 제임슨이 하워드 혹스의 할리우드 고전 읽기를 통해 60년대 예술영화가 수행했던 역할을 발견하는 것과 마찬가지로, 서구 예술영화의 자산을 꼼꼼히 고찰함으로써 오늘날의 영화경험과 미학적 효과를 성찰하는 것이라고 주장한다.

　이러한 예술영화 논쟁을 통해 드러나듯, 1990년대 한국에서 '예술영화'라는 개념은 한편으로 소수 엘리트 문화의 속물주의이자 소비자본주의 시대 대중문화의 주체로 부상한 영화마니아의 짧은 유행, 당대의 치열했던 다양한 영화문화를 배제한 문제점을 내포한 용어로 볼 수 있다. 그런데 이러한 예술영화를 둘러싼 개념의 혼란을 단지 1990년대적 현상이나 특정 주체들의 오남용으로만 볼 수 없는 건 1960년대 이래 통제와 검열 속에 억압되고 누적됐던 '극장에서 필름이라는 매체로 삭제되지 않은' 온전한 영화를 보지 못했던 기형적 관람의 역사와 '코리안 뉴웨이브'의 등장과 함께 한국영화를 체계적인 영화언어로 분석하고 담론화하고자 한 주체화된 비평적 욕망 등이 한꺼번에 분출된 결과이기 때문이다. 영화산업 내부에 예술영화라는 시장이 일정 부분 있었고 영화제와 비디오(테크)를 넘나들며 예술성 높은 영화를 탐식하는 관객층이 존재했으며 '예술영화' 담론을 선도하는 비평과 이론, '동숭'같은 전문성을 표방하는 예술영화관(arthouse theater)이 등장했음에도 불구하고, 예술영화 개념을 둘러싼 여러 주체들의 동상이몽이 계속되었던 이유가 여기에 있다. 이와 같은 상황은 당대 시네필리아 이념 또한 영화에 대한 사랑이라는 합의된 관념적 구성물보다는, 단일한 범주로 온전히 묶을 수 없는 영화적 대상들과 이들에 대한 서로 다른 가치 부여 방식이 공존하고 경합한 결과임을 시사한다.

1990년대 중반은 '예술로서의 한국영화'를 산업적, 담론적, 미학적, 제도적, 기술적으로 고민하기 시작하던 시기일 뿐 아니라, '상영과 수용'을 넘어서 '제작'의 차원으로 실천했던 시기였다. 말하자면 세계영화계에 통용되는 한국 예술영화의 가능성이 고민되는가 하면, 예술영화를 가능하게 하는 제도에 대한 모색과 시도들, 감상에 대한 리터러시 교육까지, 영화가 보다 많은 대중에게 문화와 예술, 나아가 학문적 연구 대상으로서 인식되고 구성되어간 본격적인 시기였음을 의미한다. 이렇게 볼 때 1990년대 한국 영화문화에서 '예술영화'라는 이념은 극장주와 수입업자, 비평가, 활동가 등의 참여와 이들 간의 협상 및 논쟁을 포함한 역동적인 동시에 불안정한 구성물이었다는 점에서 닐이 말하는 '제도로서의 예술영화'의 한 국면을 예시한다.

이 이외에도 닐이 예술영화의 정의와 이념 형성은 물론 예술영

화의 지원 기준을 정하고 조율하는 행위자로 강조했던 국가영화
의 제도적, 정책적 요인들이 1990년대 한국의 상황에서도 의미
있게 조명될 필요가 있다. '예술영화'의 개념을 정의하고 예술, 문
화 및 우수성을 구성하는 일련의 지원기준을 정교화하는 것은 중
요하다. 그런데 1997년 문화체육부의 동숭씨네마텍 예술영화전
용관 공식 승인뿐 아니라, 2000년대 초 '다양성'이라는 지향 아
래 실질적인 독립예술전용관 지원사업이 본격화된 영진위의 예
술영화 지원정책 제안서에서조차 예술영화의 정의는 구체화되지
않은 채 모호하게 제시된다.263 이렇듯 뚜렷한 근거가 없는 예술
영화 인정심사의 사후실시 문제나 전용관 정책의 의무상영 쿼터
제의 한계는 2000년대 이후 수입-배급 영화사가 운영하는 예술
영화관들이 스스로 지원을 포기하게 만드는 계기가 되기도 한다.
1997년 '동숭'의 지원근거가 됐던 '전용상영관에 대한 지원'은
1995년 12월 30일 제정된 영화진흥법에 처음 명시되었는데, 대
상 영화는 '한국영화, 문화영화, 단편영화, 소형영화, 기타 문화체
육부령이 정하는 영화'였다.264 이러한 개념상의 혼란은 독립영
화라는 용어 속에 포함되거나 혼용되면서 '동숭'에서 상영을 정
례화한 '단편영화' 개념 속에서도 유사하게 드러난다.

263 "예술영화에 대한 개념 정의는 2004년 현재의 시점에서 볼 때도 논쟁의 여지가 많다. 여기
서는 그 논쟁의 핵심을 피해, 당시 새로운 경향들을 보여주던 영화들을 지칭하기로 한다. 참
고로 80년대 각 대학 영화동아리 출신의 젊은 영화인들은 새로운 영화적 경향을 보여주는
주요 영화들을 예술영화라기보다는 미국 할리우드 영화에 대한 구별의 의미로, 열린 영화,
작은 영화라고 부르기도 했다."(김미현 외, 『예술영화관 지원정책 연구』, 영화진흥위원회,
2004, 19쪽.)
264 서성희, 「한국 독립예술관은 지속가능한가?」, 『르몽드 디플로마티크』, 2021. 6. 30.,
https://www.ilemonde.com/news/articleView.html?idxno=14756,
2023년 11월 1일 접속.

(2) 단편영화 극장상영과 예술로서의 한국영화

 '동숭' 상영 프로그램의 특징과 영화사적 의미는 해외 예술영화를 35mm 필름으로 상영하며 아트하우스 관객문화를 문화적 상징자본으로 정착시킨 상영관이었던 것 못지않게, 단편영화의 극장 상영을 최초로 도입하고, 유료 프로그램으로까지 정착시키며 한국 단편영화의 극장 배급과 대중 접촉면을 넓힌 데 있다고 볼 수 있다. 이는 1994년부터 대기업인 삼성영상사업단이 주최한 서울단편영화제의 신인 육성, 1995년 비디오체인 영화마을이 영화아카데미의 우수단편영화들을 출시한 '이상한 영화' 등을 통한 대중화265, 유수의 국제단편영화제 수상작이 늘어났음에도 불구하고 "단편영화의 제작 열기 속에 유통구조나 제작비 환수의 경로가 막혀"266 있는 산업구조 속에서 의미 있는 실험으로 평가됐다. 이도훈은 "1990년대는 독립영화 진영 내외부에서 단편영화 제작이 활성화"된 시기로, 제작 주체나 작품 경향이 한편으로는 "기존 독립영화 진영 내부에서 활동하던 영화운동 조직들의 사회 참여적 성향"으로, 다른 한편으로는 "연출자의 개성, 스타일, 자의식을 드러내는" 단편영화인들의 경향으로 나타났다고 말한다. 그는 1990년대 등장한 단편영화의 새로운 경향을 보여주는 사례로 정지우의 <생강>(1996) 같은 '영화제작소 청년'의

---

265 "지난해 12월 영화마을이 태일영상과 손잡고 비디오로 내놓은 한국의 우수 단편영화의 목록은 봉준호의 〈지리멸렬〉(1994), 변혁의 〈호모비디오쿠스〉(1990), 장준환의 〈2001 이매진〉(1994) 등 총 6편이다." (김윤덕, 「단편영화 감상기회 늘어」, 『경향신문』, 1996. 6. 15., 29면.)

266 안정숙, 「단편영화 '관객접촉' 실험」, 『한겨레』, 1998. 8. 28., 13면.

활동을 든다. 즉 '청년'은 영화를 통한 사회적 이슈와 사건에 대한 참여 이외에도 개인의 창작 욕구를 드러내는 작품을 지향했는데, 이러한 절충적인 태도는 80년대의 영화운동의 이념과 실천이 90년대식으로 전환(집단주의에서 개인주의로, 정치적인 것에서 탈정치적인 것으로, 이데올로기적인 것에서 일상적인 것으로)되는 과정을 반영한 것이라고 지적한다.[267] '동숭'은 개관 기념작인 짐 자무쉬의 <천국보다 낯선>(1984) 개봉 당시 문화영화 상영 대신 단편 <커피와 시가렛>(2003)을 묶어 상영했고, 두 번째 개봉작인 제인 캠피온의 <스위티>(1989) 또한 단편 <필>(1986)과 함께 상영했다. 그런데 1996년 1월 세 번째 개봉작 레오스 까락스의 <소년, 소녀를 만나다>(1984)부터는 한국 단편영화를 함께 상영해 좋은 반응을 얻었고, 96년 6월부터는 국내애니메이션 창작단체들의 작품을 상영하기도 한다. 단편의 공급은 제1회 서울독립영화제를 주관한 인디라인이 맡아 해왔으며, 동숭씨네마텍에서 처음 시도한, 본 영화 상영 전 단편영화의 상영 관행은 이후 코아아트홀 및 다른 극장들의 상영 실천으로도 이어진다. 이렇듯 최초의 예술영화전용관으로서 해외예술영화 상영의 차원을 넘어, 한국 단편영화, 애니메이션과 다큐멘터리를 장편영화와 함께, 또는 별도로 상영하는 상영방식의 차별화는 장편 극영화 중심의 영화에 대한 인식에서 벗어나 다양한 영화형식을 소개하고 대중 공개의 기회가 부족한 한국 단편 작가들의 작품을 주목하게 한다는 점에서 감독들

---

267   이도훈, 「1990년대 독립영화 운동의 새로운 모색들」, 『1990년대 한국영화』, 한국영상자료원, 2022, 196~205쪽.

에게도 반가운 프로그램이 되었다. 이는 또한 한국에서 단편영화 및 독립영화에 대한 담론을 만들고 창작으로 나아가는 긴요한 제도화 과정이었다.

개봉 장편영화와 단편영화의 묶음 상영 외에도 1996년부터 독립영화제작소 인디라인의 배급으로 한국 작가의 단편을 모아 상영(<슬픈 열대>(육상효, 1994), <허리병>(백운학, 1993), <카드이야기>(정정훈, 1994))[268]하거나, 한국 단편들을 묶어 유료로 상영하고 감독과의 대화 자리를 마련한 프로그램 '동숭단편극장'은 동숭이 앞장섰던 단편 상영 문화다. 1998년부터 시작된 '동숭단편극장'은 "높은 완성도를 지닌 국내외 영화제 수상작"[269]으로 구성되었는데(1회의 경우 송일곤의 <간과 감자>(1997)는 4회 서울단편영화제 최우수작품상, 조은령의 <스케이트>(1998)는 칸영화제 단편경쟁부문 진출작, 김진한의 <햇빛 자르는 아이>(1997)는 클레르몽페랑 단편영화제 최우수상 수상작이었다), 하루 두 차례 4천 원의 입장료로 극장 개봉 형식을 통해 소개되었다. 이러한 정기 프로그램 말고도 단편상영이나 독립영화 상영을 후원하거나 대관하는 행사도 자주 개최되었다. 1996년 3월 16일부터 22일까지 인디라인이 주최하고, 백두대간과 동숭씨네마텍이 후원한 한국독립영화제는 이러한 지향을 보여주는 대표적인 행사였다. 동숭 백서에 기록된 이 행사의 취지를 보면, "a. 한국 독립영화 10주년이던 1995년 독립영화 붐을 정착시키며

---

268 안정숙, 「동숭씨네마텍 국내 단편 넷 상영」, 『한겨레』, 1996. 4. 20., 10면.

269 이동진, 「<간과 감자>, <스케이트>, <햇빛 자르는 아이> 단편영화 당당한 '극장 데뷔'」, 『조선일보』, 1998. 9. 4., 8면.

계속적인 관심을 유도하고, b. 한국 독립영화 최초 극장 배급으로 기존의 소극적 상영을 탈피하여 독립영화 자체의 독자적인 배급구조와 관객층을 형성하며, c. 독립영화인들을 위한 자리를 마련해 정보를 교환하고, 독립영화의 자리를 모색함으로써, d. 오락흥행 위주의 영화에 식상한 관객들에게 진솔한 독립영화를 상영하여 영상문화의 질적 향상을 도모"하고자 한다고 밝힌다. 여러 개의 섹션으로 범주화된 상영작품 목록과 감독의 이력, 수상 내역을 보면, 90년대 개최된 다양한 단편영화제의 이름들이(서울단편영화제, 신영영화제, 금관영화제, 한국애니메이션영화제, 대한민국 창작영화제 등) 망라되어 있고 사전제작지원 제도를 비롯한 제작환경의 활기 등을 가늠할 수 있다.**270** 그밖에 '동숭'과 『씨네21』의 공동기획으로 한국 명감독의 고전들과 미래영화로 칭해지는 한국단편영화 프로그램을 상영한 '한국영화 과거와 미래 찾기'**271**, '세계가 주목한 단편영화 베스트 7'을 2주일 동안 하루 6회씩 정식 상영하는 등 다양한 단편영화 프로그래밍이 시도되었다.

앞서 살펴봤듯 1990년대 중반 내내 한국영화계에서 이러한 단편영화의 붐과 극장상영, 영화제에서 수상한 화제의 영화나 감독 등을 다룬 기사는 많다. 그런데 90년대 후반부터는 단편감독들의 충무로 진출의 가시화 속에 공적 지원제도와 안정적 배급 및 상영의 필요성, 영화문화적 의미 등을 제기하는 담론화 과정이 본격화된다. 『경향신문』은 총 네 개의 기사로 구성된, 한 특집에서

270 "다. 한국독립영화제 E. 상영작 소개(표)", 『동숭씨네마텍 1주년 기념 백서』, 1996, 28쪽.

271 안정숙, 「한국영화 과거와 미래 찾기」, 『한겨레』, 1997. 1. 13., 13면.

지난 몇 년간 한국 단편영화가 해외영화제에서 거둔 성과들과 그 감독들이 충무로에 장편으로 데뷔하거나 준비 중인 상황들을 정리하면서, "올해는 한국단편영화의 해", "한국단편영화의 르네상스", "충무로는 지금 단편감독 전성시대"라는 수식어를 사용한다.272 그 근거로 유수의 국제영화제 대상을 수상한 김진한, 조은령, 송일곤뿐 아니라, 장편영화로 흥행까지 성공한 이재용, 김성수, 허진호, 장윤현, 문승욱, 임순례의 사례들을 열거한다. 서울단편영화제의 열기와 그 영향으로 생겨난 각종 단편영화제들과 시나리오 공모전으로는 1998년부터 시작된 영화진흥위원회의 '단편영화 사전제작 지원제도(편당 6백만 원)', 비디오 체인 영화마을의 '인디포럼 사전제작 지원제도(1천만 원 후원- 선정작인 류승완의 단편 <현대인>(1999)은 장편 <죽거나 혹은 나쁘거나>(2000)의 한 에피소드가 된다)' 등이 있었다. 상영에 있어서도 교회나, 비디오테크에서의 무료상영방식에서 동숭, 코아, 아트선재 등 예술영화극장에서 유료로 정기상영회를 실시하는 등 전환이 이루어진다. 기사는 이 단편영화들이 "20~30분 이내의 압축된 메시지"를 던져주며, "80년대의 정치 사회적 단편영화 작업과 달리, 주제와 시선이 다양해졌을 뿐 아니라, 기술적 완성도도 월등히 높아지고, 이야기 전개에 집착하지 않으며, 감독 개인의 스타일을 자유분방하게 드러낸다"고 정리한다.

---

272 김윤덕, 「① "단편영화, 떠오르는 것은 날개가 있다"」, 「② "충무로는 지금 단편감독 전성시대"」, 「③ "볼만한 단편영화 5편"」, 「④ "거짓말 늘어놓기엔 단편영화는 너무 짧다-2년 째 '오픈시네마' 여는 유재희"」, 『경향신문』, 1999. 7. 30., 29면.

기사에서도 언급하듯, 1994년에서 1997년까지 열린 "서울단편영화제는 한국에서 단편영화가 꽃피우는 데 결정적 기여"를 한 영화제로 평가된다. 세계적인 수준의 상금액수, 홍보와 상영은 물론 평론의 대상이 될 기회를 제공함으로써 젊은 영화인들의 창작 욕구를 자극해, 1회에 200여 편의 응모작이 모였고, 우수작들이 쏟아져 나올 수 있었다. 서울단편영화제는 이러한 가시적 성과 외에도 단편영화, 독립영화를 둘러싼 정의와 제도, 법적 규정, 검열 등에 대한 활발한 세미나와 공론장을 제공함으로써 이후 공적 영역의 지원제도나 시스템 구축에 영향을 끼쳤다는 점에서 중요하다. 영화운동 세대들이 주도했던 1980년대 사회참여적 독립영화들과 달리, 대기업이 영화산업에 진출하고, 뉴미디어 시대가 본격화된 1990년대 영화산업 지형에서 단편영화는 산업적, 제도적 맥락에서 복잡한 의미를 띠게 되었다. 이에 따라 상업영화 대 예술영화 또는 상업영화 대 독립영화 식의 이분법은 설득력을 잃게 되었고, 따라서 영화제 상영 외에도 변화하는 영화계의 현안에 대한 치열한 토론과 담론장은 늘 긴요했다.

김소영은 서울단편영화제 1회 세미나에서 영화매체 자체가 이행기를 맞이하고, 삼성이라는 대기업이 영화 인력을 지원하는 90년대 중반 한국영화계에서 기존의 제도화된 영화장치를 벗어난 '대안'과 '공공성'의 의미에 대해 질문하면서, "이제까지 영화라고 정의되었던 모든 것을 부정하고자 하는 충동에서 단편영화와 독립영화의 새로움은 태어나고", 아직은 "가능성의 상태로 열린"

것임을 강조273한다. 오늘날 그 가능성은 "임순례, 정지우, 윤종찬, 정윤철, 송일곤, 육상효 등을 발굴"하며 "영화 인력의 세대교체를 이루고, 1995년 영화진흥법 제정, 1996년 사전심의 위헌판결과 새로운 영화제 출범 등"으로 이어진 것으로 평가된다.274 그러나 이 영화제의 세미나를 통해 1980년대 이래 지속되어 온 독립영화, 단편영화에 대한 치열한 질문은 다양한 영화인들의 화두로 공론화된다. 1회부터 4회까지 전체 회차별 세미나 주제275를 살펴보면 10여 년의 한국독립영화 역사 속에서의 단편영화에 대한 고찰(홍형숙, 한국독립영화 10년사- 반성과 전망, 4회), 실험영화와 한국단편영화의 관계(권중운, 실험영화란 무엇인가, 3회), 저예산영화로서의 단편영화(정지우, 저예산 영화에 대하여, 2회) 등 다양하게 명명되어온 비제도권 영화의 유통 및 배급, 검열 등을 비롯한 제도적 기반에 대한 고민과 제안을 살펴볼 수 있다. 이정하는 한국 독립영화제의 효시로 여겨지는 1984년 제1회 작은영화제로부터 10년이 지난 시점에서 비제도권 영화들의 '통제'의 역사 속 '단편영화'의 자리를 질의하고 '인디펜던트 영화(단편영화, 소형영화, 독립영화의 교집합적 개념으로 제안)'의 활성화를 위한 법적, 제도적 개선의 필요성을 제기한다. 즉, 지배적인 상업영화 외의 영화문화가 존재할 수 없었던 구조적 제약 속에서, 당시 진행되고 있던 영화진흥법 개정 내용이 가진 여전한 문제점과 독소 조항(심의, 보급과 상영

●

273 김소영, 「단편영화 그 열린 가능성을 위해」, 『제1회 서울단편영화제 세미나 자료집』, 삼성나이세스, 1994, 9~19쪽. 한국영상자료원 서울단편영화제컬렉션(2023) 중에서 재인용.

274 송은지, 「서울단편영화제 컬렉션 해제」, 한국영상자료원 서울단편영화제컬렉션, 2023, 29쪽.

275 송은지, 위의 글, 6쪽.

의 제약, 지원, 존재조건 등)을 지적하고 보완점을 제기한 것이다.**276** 가령, 정부에서는 단편영화를 상영시간 50분 이내, 소형영화를 16mm 이하 필름으로 만든 영화로 규정하고 있는데, 뉴미디어 매체환경 속에서 필름 작업과 영사기를 통한 상영의 관행을 넘어 영화의 존재 조건을 확대해야 한다는 주장이다. 조영각은 서울 단편영화제가 잠재 영화 인력을 발굴하고, 단편영화, 독립영화에 대한 관객들의 인지도를 높인다는 취지에서 의미는 있지만, 한국 에서 활동하는 영화인들을 대상으로 하기보다 '단편영화'라는 형 식에 초점이 맞춰져 있다고 문제를 제기한다. 그는 해외 유학생 이 대거 진출해 수상하는가 하면, 외국 배우가 등장하고 영어로 제작된 영화가 한국 독립영화로서 어떤 가치를 갖는지를 질문한 다. 따라서 열악한 풍토에서 작업하는 대부분의 독립영화인들에 게 실질적인 도움을 주고 한국영화 발전에 기여하기보다는 대기 업이 주관하는 행사의 품격을 높이는 데 초점이 맞춰져 있는 것 이 아닌지 비판하면서, 독립영화인들이 직접 준비한, 순수 독립 영화인들의 영화제 필요성을 주장한다.**277** 서울단편영화제의 출 품포맷은 "16mm, 35mm 필름으로 완성된 60분 이내의 단편 영화"**278**로 규정하고 있었는데, 정치적 실천으로서의 독립영화 담론에서 개인적이고 일상적인 미학적 담론으로 분화되던 시점

•

276 이정하, 「인디펜던트 영화의 활성화를 위한 법적 제도적 개선」, 『제1회 서울단편영화제 세 미나 자료집』, 삼성나이세스, 1994, 9~19쪽. 한국영상자료원 서울단편영화제컬렉션(2023) 중에서 재인용, 46~57쪽.

277 조영각, 「1995년 한국영화를 말한다」, 『한국영화 비상구』, 문화학교 서울, 1996, 15~16쪽.

278 한국영상자료원 서울단편영화제컬렉션(2023), 29쪽.

에 단편영화는 그 형식에서부터, 용어, 배급, 지원, 심의, 검열까지 전방위적으로 재구성되고 있었다.

이러한 단편영화의 담론화 과정에서 '동숭'의 역할을 정리하자면 독립영화제를 개최해 신진영화인들의 담론장을 마련하거나, 대중상영, 유료상영을 앞장서 제도화함으로써 관객들에게 단편영화를 독립적 완성도를 가진 '작품'으로 인식하게 한 것이다. 단편영화 상영의 정례화나 '동숭단편극장'이라는 프로그램의 탄생에는 이처럼 장편 극영화로 가기 위한 수단으로서의 단편에 대한 인식을 넘어, 상업적으로 타협하지 않고 창작자가 비전을 펼칠 수 있는 영화형식으로서 단편을 고민했던 흔적들이 보인다. "상업 일변도의 풍토가 근본적으로 바뀌기 위해서는 약 2만에서 3만 명뿐이라고 검증되어 있는 다른 관객이 더 많이 필요"[279]하다는 것인데, 즉, 상업적인 영화계 환경의 벽을 넘어 타협하지 않을 수 있는 토대를 영화사 '백두대간'과 최초의 예술영화전용관 '동숭'을 통해 모색했던 것이다.

그런데, 단편영화를 비롯해 이러한 비제도권 한국영화 상영 및 대중화를 선도했던 '동숭'의 시도에는 영화운동 정신을 계승한 운영 주체들의 사명감과 90년대 한국영화산업의 지각변동 요인 외에도 예술영화전용관 지원제도 및 스크린쿼터 정책 등을 둘러싼 복합적인 요인들이 존재했다. 정종화는 "예술영화전용관으로

---

279 이는 한편 백두대간의 대표인 이광모 감독이 수입과 상영업에 종사하면서도 궁극적으로는 창작을 목표로 하고 있었던 것에 기인한 것으로 보인다. 『KINO』와의 인터뷰에서 이런 뜻이 잘 드러난다. 곽신애, "시인보다 낯설게, 예술영화관 '광장'을 시작하면서", 『KINO』, 1995. 12., 226~227쪽.

서 동숭씨네마텍의 운영 과정은 한국에서 예술영화의 기준을 세우는 작업이기도 했다"[280]고 지적한다. '동숭'은 개관 후 1년여가 지난 97년 2월 문화체육부로부터 예술영화전용관 '공식 승인'을 받는다. 이로써 "전용상영관에 해당하는 예술영화를 연간 5분의 3 이상 상영할 경우, 연간 8천 5백만 원의 문화예술진흥기금을 환급"[281]받게 됐다. 그러나 승인 신청시 함께 요구했던 스크린쿼터 완화 문제는 "한국영화의 발전을 위해 불가피한 조처"라는 문체부의 입장에 따라 허용받지 못했다. 즉 '동숭'은 일반 극장과 마찬가지로 "연간 상영일수의 5분의 2 이상을 한국영화로 상영"해야만 했는데, 할리우드 직배로 인한 외화점유율 급증과 금융실명제 이후 한국영화제작 감소, 수준 있는 한국영화의 경우 대형개봉관에서 배급되는 이유 등으로 1990년대 초중반 예술영화관에서 의무 상영일수에 맞춰 우수 한국영화를 공급하는 일은 어려운 숙제였다. 이렇듯 국가의 예술영화관 공식 승인은 '예술영화 진흥'과 '한국영화 의무상영'[282]이라는 두 조건을 통해 예술영화관의 프로그램 기획에 적극 고려될 수밖에 없었다. <패왕별희>(1992), <집시의 시간> 등 작품성 높은 해외영화를 소개하며 상업적 예술영화극장으로 성공했던 코아아트홀이 정진우의 <초우>(1966)를 "절박하게 재상영"[283]한 것도 영화사적 가치나 관객들의 요구보다는 한국영화 의무 상영일수 규정에 따른 것이었다.

•

280   정종화, 「80년대와 2000년대 사이, 90년대 영화문화 지형도」, 『1990년대 한국영화』, 한국영상자료원(엮은이), 앨피, 2022, 265쪽.

281   「동숭씨네마텍 예술영화전용관 승인」, 『한겨레』, 1997. 3. 8., 13면.

282   황하엽, 앞의 논문, 56쪽.

283   조선희, 「60년대 명화 〈초우〉 절박한 재상영」, 『한겨레』, 1993. 8. 21., 9면.

그러나 충무로의 시스템 변화, 서울단편영화제의 신인 육성, 해외파 영화인들의 작품 활동을 비롯한 저예산 작가영화의 부상(홍상수, 김기덕, 양윤호, 임순례 등), 한국영화의 성장을 지원하는 영화 저널리즘과 갓 출범한 국제영화제들의 한국영화 정체성 찾기 등의 영향으로 예술영화관의 한국영화 프로그램은 차츰 다양한 시도를 모색했다. 이런 성격의 '동숭' 프로그램으로는 1996년과 97년에 『씨네21』과 공동 기획한 한국영화 명감독 시리즈인 '한국영화걸작선'이 대표적인데, 1회는 김기영 감독, 2회는 김수용 감독을 회고전 형식으로 조명했다.284 예술의전당 내에 위치했던 한국영상자료원이 한국영화 상영프로그램을 운영했지만 대중화되지는 못했던 시기에, 서울 시내의 예술영화관에서 일반 관객들을 대상으로 한국 감독을 집중조명하고 강연을 열며 관객과의 대화를 시도하는 것은 이 무렵 출발한 각종 국제영화제의 '한국영화 뿌리 찾기'와도 관련 있을 것이다. 97년 시작된 서울여성영화제가 개막초청작으로 박남옥 감독의 <미망인>(1955)을 상영하고, 2회 부산국제영화제가 김기영 감독 회고전을 개최하는가 하면, 1회 부천국제판타스틱영화제 역시 '로맨스와 환상'이라는 영화제의 주제를 과거 한국영화 속에서 찾는 프로그램들을 통해 '방화'로 경시되어왔던 고전 한국영화를 예술로서 재조명하기 시작한 것이다.285

284 안정숙, 「한국영화 과거와 미래 찾기」, 『한겨레』, 1996. 12. 28., 13면. ; 안정숙, 「<갯마을>을 아시나요: 김수용감독 회고전(…) 오늘부터 <안개> 등 12편 상영」, 『한겨레』, 1997. 4. 19., 13면.

285 안정숙, 「한국영화, 그 뿌리를 찾는다」, 『한겨레』, 1997. 4. 5., 13면.

한편 '동숭'은 한국영화의 상영수익 분배를 창작자 친화적으로 적용하고자 했다. 김기영 감독 회고전의 상영수익은 감독측과 5:5로 분배하되, 주최측의 몫을 김기영 감독론 저술 출판에 사용했고, '영화제작소 청년'의 단편영화들로 구성된 프로그램의 경우 단편영화 수익 전액을 제작자들에게 돌려주고 장기 상영함으로써, 한 달에 1천 명 관객 확보로 각 작품당 평균 3백만 원에 달하는 제작비 환수가 가능한 재생산 구조를 고려했다. 이렇듯 '동숭'은 최초의 예술영화전용관으로서 제도에 따른 협상적 차원을 감안하더라도, 수익성 좋은 해외영화의 수입 상영만이 아닌, 한국영화의 과거를 조명하고 미래의 신인들에게 새로운 기회를 부여함으로써 한국 예술영화의 수용에서 창작으로의 이행을 모색하고, 한국의 예술영화문화를 구성하는 데 프로그램 측면에서 기여하고자 했다. '제도로서의 예술영화'라는 관점에서 보면 이는 '동숭'이 신인감독, 영화저널, 영화제 등과의 교류 및 네트워킹을 통한 실천 속에서 당대의 예술영화라는 이념을 구체화하고자 했던 것으로 볼 수 있다.

3) 시네마테크의 '대리보충'으로서의 관객문화운동

> "문화 선진국에는 그 나라의 일상 문화를 이끌어가며 세계적 명소로
> 자리잡은 예술영화전용관들이 있습니다. 프랑스의 시네마테크 프랑세
> 즈, 미국의 안젤리카 극장, 일본의 이와나미홀 등 (…) 예술영화전용관
> 하나 없는 부끄러운 우리 현실 (…) 11월 11일 우리나라에도 드디어 완
> 전히 새로운 개념의 영상문화공간, '예술영화전용관 동숭씨네마텍'이
> 탄생합니다."286

2절에서 '동숭'에서 상영된 영화들의 프로그램 목록을 통해
'예술영화', '단편영화'를 비롯해 예술로서의 한국영화를 구성
해 나갔던 시도들을 살펴봤다. 그런데 다른 한편 예술영화전용
관으로서 '동숭'에서 주목해야 할 사항은 극장 이름에 내포된
지향처럼 공공 시네마테크의 역할을 대리보충하고자 한 운영
과 시네필 영화문화에서 중요한 관객운동의 차원일 것이다. 이
광모 대표는 예술영화전용관 1주년 인터뷰를 하면서 "상영(관
객동원) 면에서는 기대 이상의 성공을 이뤘지만, 시네마테크 문
화활동(출판, 강좌, 도서 자료실 등) 면에서는 미진"287했다고 자평
한다. 인용한 개관 기념작 포스터의 홍보 문구는 극장의 역할
모델과 함께 '동숭'이 나아갈 방향을 제시하고 있다. 그런데 많
은 인터뷰와 백서에서 롤 모델로 언급한 시네마테크 프랑세즈

---

286 1995년 11월 11일 개봉한 동숭씨네마텍 개관기념작 〈천국보다 낯선〉의 포스터 문구
중에서

287 「관객동원 성공, 문화활동 실패」, 『한겨레』, 1996. 11. 16., 13면.

는 1936년 설립되어 과거 영화의 수집과 보존, 전시는 물론 상영과 연구를 통해 현재의 대중에게 영화와 자료의 전파를 목적288으로 하는 시네마테크의 본원지이자 프랑스 정부와 국립영화센터(CNC)의 지원금 중심으로 운영되는 공공 시네마테크 전용관이다. 또한 벤치마킹했던 일본의 이와나미홀은 1968년 개관해 일본 영화문화에 새로운 장을 연 단관 예술영화극장으로, "예술성이 높은 영화도 '비즈니스'가 가능하다는 것을 보여주면서 1980년대 일본에서 미니시어터(에키프 드 시네마: 영화의 친구) 붐"289을 일으킨 극장이다. 1989년에 뉴욕에서 시작되어 독립영화를 배급하고 상영하면서 미국 내 지점을 지닌 안젤리카 필름센터 또한 할리우드에 대항하는 영화문화의 산실이다. 이 절에서는 '동숭'이 시도했던 시네마테크 문화활동을 당대의 성과 및 운영 주체의 목표에 따른 성공과 실패라는 평가의 담론보다는 그런 지향을 표방했던 영화사적 맥락을 1990년대 관객운동이라는 차원에서 규명하고 그 활동들의 영화문화사적 함의를 읽어내고자 한다.

---

288 에릭 르 로이, 민진영 옮김, 『시네마테크와 영화 아카이브 센터』, 전남대학교출판문화원, 2023. ; 여선정, 「시네마테크 프랑세즈의 운영과 정책에 대한 연구: 영화 전시와 문화교육 프로그램을 중심으로」, 한국영상자료원 아카이브 정책연구보고서, 2017.

289 김진우, 「예술영화 성지 '이와나미홀' 50돌」, 『경향신문』, 2018. 2. 6., https://m.khan.co.kr/world/japan/article/201802061615001, 2023년 11월 15일 접속.

"지난 한 해 동안 단순한 예술영화 상영의 차원을 넘어 (…) 관객과 영화인과의 만남, 강좌와 토론, 아마추어평론가들의 평론집 출간, 영화 자료실 운영 등 영화를 통한 문화운동이 이루어지는 문화공간으로서의 과제를 실천해 왔습니다."[290]

시네마테크는 영화의 박물관, 도서관, 영화관이라는 성격이 결합된 공적인 성격의 극장이기도 하다. 따라서 시민들이 고전 및 예술영화를 관람하고 토론하며 교육받을 수 있는 다양한 기회를 제공한다. 시네마테크 프랑세즈를 모델로 새로운 한국영상문화운동의 중심지를 꿈꿨던 '동숭'은 관객운동을 위한 여러 문화 활동을 시도했다. 그 가운데 회원 및 일반 관객들을 대상으로한 영화교육사업은 '좋은 영화문화를 위한 좋은 관객'을 길러내기 위한 중요한 기획 중 하나였다. 김옥랑 대표이사의 말에서 알 수 있듯, 영화관이 관객이 단순히 소비만 하는 공간이 아니라 학습과 토론에 참여하게 함으로써 보다 능동적인 주체가 되도록 하기 위한 취지였다. 동숭의 개관 1년차 강좌 프로그램을 살펴보면 소구 대상이나 강의 내용, 연속성 및 유/무료 여부에 따라 크게 두 개의 범주로 나눠볼 수 있다. 첫 번째로 '열린 강좌'는 영화개봉에 맞춰 예술영화에 대한 정보를 제공하고 토론의 장을 마련하는 상영과 연계된 일회성 강좌로, 초기 6개월 동안은 '아카데미 강좌'라는 이름으로 회원 위주로 전문성을 추구하며 진행하다 주 관객층인 20대 초반의 여성의 취향을 고려해 운영방식을 조정(영화의

290 김옥랑(동숭아트센터 대표이사), 「 [인삿말] "문화공간의 새로운 도전-예술영화전용관 개관 1주년을 맞이하며」, 『동숭씨네마텍 1주년 기념 백서』, 1996, 3쪽.

마지막 상영일 강연에서 영화에 대한 사전 정보 제공을 위해 개봉에 맞추는 일정

으로 변경)하고 대중과의 접점을 넓혔다(<표> 2 참조).

일시	강좌제목	강사	비고
95. 12. 22.	영화, 포스트모더니즘, 자무쉬	심광현 (영상원 교수)	아카데미 정기강좌
96. 1. 12.	<스위티>에 대한 정신분석학적 접근	도정일 (경희대 교수)	
96. 2. 9.	세기말, 문화의 한 경향	오영숙 (영화평론가)	
96. 3. 15.	향수의 개념을 중심으로한 모던한 것과 포스트모던한 것	김용호 (문학평론가)	
96. 4. 12.	<거미의 계략>의 내러티브 분석: 모더니즘 서사 전략	문재철 (중앙대 강사)	
96. 5. 10.	얀초, 바이다, 후샤오시엔의 비교분석	조재홍 (영화평론가)	
96. 5. 18.	록큰롤과 영화의 유쾌한 만남	강헌 (대중음악평론가)	열린강좌
96. 7. 13.	린치하는 자 (Lyncher - Lynch)	박찬욱 (영화감독)	
96. 8. 17.	키아로스타미의 영화세계는 어디인가?	정성일 (『KINO』 편집장)	
96. 11. 23.	베르히만 vs 모더니즘	김영진 (『씨네21』 기자)	
96. 12. 28.	피터 그리너웨이 영화 속으로의 미로여행	이용관 (중앙대 교수)	
97. 1. 25.	<줄 앤 짐> 여주인공 카트린을 통해 본 자유의 미학	변재란 (영화평론가)	

<표 2> 동숭씨네마텍의 개봉영화 '열린강좌'(1995. 12. ~ 1997. 1.)[291]

291 백두대간, 『동숭씨네마텍 1주년 기념 백서』, 1996, 24~25쪽. ;「피터 그리너웨이 작품세계 조명」,『경향신문』, 1996. 12. 24., 35면. ;「백두대간 영화강좌」,『매일경제』, 1997. 1. 18., 34면.

분류	강좌제목 / 강사 / 일정	비고
영화개론	제목: 이것을 보면 영화가 보인다(이용관, 중앙대 교수) 교재: 『정재형 교수의 영화강의』(정재형) 일정: 1주(1996. 1. 5.)- 영화내러티브의 이해 　　　2주(1996. 1. 12.)- 미장센과 시네마토그라피 　　　3주(1996. 1. 19.)- 영화미학에서 편집의 의미 　　　4주(1996. 1. 28.)- 사운드/종합평가	총 4회
영화역사	제목: 뒤집어 읽는 세계영화사(정재형, 동국대 교수) 교재: 『세계영화사』(잭 C. 엘리스), 　　　『불타는 필름의 연대기』(문화학교 서울) 일정: 1주(1996. 1. 8.)- 무성영화의 미학 　　　2주(1996. 1. 15.)- 영화문법의 확립 　　　3주(1996. 1. 22.)- 대안영화의 미학 　　　4주(1996. 1. 29.)- 자국영화의 정체성을 찾아서	총 4회
실험영화	제목: 영화의 실험, 실험의 영화 　　　(권병순, 한국실험영화연구소 대표) 일정: 1996. 7. 9.~1996. 8. 27.	총 8회

<표 3> 동숭씨네마텍 전문강좌[292]

　두 번째로 '전문 강좌'는 일반 관객 외에 영화마니아나 영화관련 종사자들을 위한 심도 깊은 연속 강좌(유료)로 기획되었다. 총 4회에서 8회까지 연속으로 개설된 전문 강좌 과목으로는 '영화개론', '영화역사', '실험영화'가 있었다(<표 3> 참조).

　강좌와 더불어 또 다른 교육사업으로 추진되던 작품론과 시나리오 시리즈 단행본 출판은 계획대로 실행되지 못했다. '동숭'에서는 짧은 분량의 저널리즘 비평이나 이론서들만으로는 안내가 불충분한 개봉 작품의 이해를 위해 모든 상영작에 대한 작품론

292　백두대간, 『동숭씨네마텍 1주년 기념 백서』, 1996, 26쪽.

시리즈를 매달 출판하고자 했다. 책의 구성은 작품별로 영화전문가의 감독론과 작품론을 총론으로 싣고, 작품에 대한 국내외 필자들의 비평 및 작품노트, 감독 인터뷰 등으로 이루어져 있었다. 가령, 세 번째 개봉작인 <소년, 소녀를 만나다>는 유지나 교수가 '세기말의 절망과 광기'라는 작품론을 쓰고, 『카이에 뒤 시네마』의 편집장인 띠에리 주스가 쓴 작가론 '영상 시대, 소년의 영화 만들기'라는 글을 번역 게재하는 식이었다. 'BFI Film Classics Books' 시리즈를 연상시키는 이 기획은 <표 3>의 전문강좌를 통해 영화사 걸작 100선을 '문화학교 서울'이 선별해 엮은, 『불타는 필름의 연대기』(1995)를 영화사 교재로 사용하는 것에서도 짐작할 수 있듯 전문서적이 부족했던 상황에서 꾸준히 발행되었다면 의미 있는 작업이 되었을 것이다.

'동숭'이 시네마테크의 '도서관' 기능을 위해 운영했던 또 다른 공간은 '자료실'이었다. 접하기 어려운 해외 서적과 정기간행물 및 연감 등을 구비해 다양한 정보를 제공하며, 개봉영화 및 감독, 장르에 대한 자료를 제공함으로써 영화전공자 및 일반 관객들에게 적극적인 영화보기를 고무하고 학습과 토론의 장이 되기 위한 취지였다. 자료실은 회원을 대상으로 열람업무를 했고, 언론에 홍보한 '후견인 모집(영화도서 또는 1만 원 이상 후원)' 공고를 통해 조성되었는데,293 도서 자료와 파일 자료 중심(영화도서, 잡지, 개봉작 관련 파일들, 시나리오집, 영화사전, 논문 등)으로 이루어진 자료들은

---

293 「동숭시네마텍 후견인 모집」, 『경향신문』, 1995. 12. 20., 35면.

회원 설문조사 결과에 의하면 '도서와 이용 공간 부족' 문제가 제기된다. 인터넷 등장 이전에 도서관을 통한 영화자료에 목말라했던 예술영화를 사랑하는 관객들에게 자료실은 중요한 정보처였을 것이다. 관객의 정보 취득 욕구에 비해 전문적인 영화자료가 충분하지 않았을 뿐 아니라 공공기관에서 운영하는 영화도서관이 거의 없었기 때문에 동숭의 자료실은 그런 역할을 담당하고자 했던 것이다.

'동숭'의 회원제는 영화관람 차원을 넘어 관객들의 능동적인 참여를 고무하기 위한 제도로, 영화강좌, 회원시사회, 소모임 활동, 해설서 제작, 토론회 참여 등을 통해 영상문화에 대한 비판적 시각과 감상 능력을 배양하기 위해 고안되었다. 개관 1년 내에 등록 회원은 3,000명에 가까웠으며, 회원의 종류는 일반회원과 준회원에 해당하는 우체통 회원, 자문 및 협조를 하는 전문가집단인 VIP 회원으로 구성되어 있었다. 회원 혜택으로는 시사회나 토론회, 열린강좌 등에 초대되고, 소모임 결성을 지원하고, 영화도서 자료실 이용 외에 상영작이나 비디오 출시 시 할인 등이 있다. 회원제의 다양한 활동 가운데 흥미로운 부분은 회원들의 적극적 참여로 이루어진 '개봉영화 해설서 제작'이다. 전문가의 출판물이 아니라, 개봉하는 작품마다 아마추어 비평가 5인으로 구성된 해설서팀이 32면 정도의 소책자를 발행했는데, 이 책자가 2,000부나 제작될 정도로 큰 호응을 얻으며 판매되었다. 해설서팀은 공모를 통해 번역시험과 면접을 거친 5명의 인원으로 구성되어 96년 5월 <레닌그라드 카우보이 미국에 가다>부터 책자를 발간했다. 이들의 작업과정은 영화가 개봉되기 한 달 전 감독과 작품에 대한 1차 관련 자료를 수집, 번역하는 것으로 시작된다. 다음으로는 영화 시사. 열띤 토론을 거친 뒤 초안을 마련하고 개봉 1주 전 탈고한다.294 해설서의 내용은 감독 소개, 작가세계 및 작품 해설 등으로 기본적인 작품 카탈로그의 구성으로 되어 있지만, 전문용어와 난해한 해석으로 가득 찬 평론가들의 글을 배제한 채 자신들의 비평언어로 채운 것이 각광의 요인이었다. 1권에 실린 작품해설인 '아키 카우리스마키 영화에 관한 단상'을 보면 '고다르의 아이들'로 무정부주의적인 영화를 만들어온 아키가 짐 자무쉬에 대한 오마주의 성격을 띤 이 작품에서 두 감독의 영향을 넘어서며 어떻게 자신만의 포스트모던한 풍자를 통해 낯선 로드무비 형태의 코미디를 독창적으로 보여주고 있는가를 분석한다.295 이처럼 전문가의 일방향적 강연이나 해석이 아니라, 또래 시네필들의 토론과 분석, 글쓰기 과정을 통한 관객활동은 해설서 팀이 활용한 자료에서도 알 수 있듯 전문비평가의 글(빈센트 캔비, 피터 코위 등)과 수많은 인터넷 자료들의 혼합 속에서 이루어졌다. 통권 3, 4호에 수록된 글의 예를 들면 다음과 같다(3호: <이레이저 헤드> '음울한 꿈을 그려내는 작가: 데이비드 린치' , ' 포스트모던 상품성의 미학', 4호: <내 친구의 집은 어디인가?> '카메라와 현실 사이의 경계 무시하기? 또는 허물기', '키아로스타미의 전원 이야기', '어른들, 유년의 뜰에서 노닐다' 등).

---

294 김윤덕, 「난해함 풀어주는 재야해결사: 예술영화 해설서 내는 아마추어 비평가 5명」, 『경향신문』, 1997. 1. 31., 26면.

295 동숭씨네마텍 해설서팀, 「아키 카우리스마키 영화에 관한 단상」, 『예술영화전용관 개봉작 해설서: 레닌그라드 카우보이 미국에 가다』, 통권 1호, 1996. 5., 동숭씨네마텍, 28~31쪽.

90년대 중반 무렵에는 '동숭'의 해설서팀처럼 아마추어와 전문가를 넘나드는, 영화에 열광하는 영상세대에 속한 새로운 젊은 관객층에 대한 많은 조명이 있었다. 한 기사에서는 TV가 보편화된 70년대에 태어나 영상문화의 결정체인 영화에 빠진 영화마니아가 수도권에만 2만여 명이 된다면서, 그 근거는 예술영화전용관을 운영하는 '백두대간'이 지난 3년간 20편의 관객 수를 집계한 결과라고 전한다.296 기사는 흥행에 영향을 끼치는 단순한 관람자의 수준을 넘어선 이들 영화마니아들이 PC통신 하이텔 동호회에서 한국영화에 관한 데이터베이스를 만들고 있는 점에 주목한다. 기사는 (공공 기관이나 시네마테크 등) 정부나 기성세대가 손 놓고 있는 일을 스스로 할 계획이라는 한 PC통신 운영자의 포부도 전한다. 수천 명의 회원을 보유한 PC통신 영화동호회마다 각각 영화 라이브러리를 갖고 있으며, 국내에 수입되지 않은 LD를 해외에서 구입해 번역하고 자막을 넣어 정기상영회를 하는 모임도 있다고 소개한다. 또 다른 기사는 대중문화산업의 새로운 관심 대상으로 떠오른 마니아 마케팅의 가장 성공적인 사례로서 예술영화를 전문상영하고 있는 영화사 백두대간을 조명한다.297 이 기사는 <희생>, <천국보다 낯선>, <영국식 정원 살인사건>(1982) 등에 많은 관객이 몰리며 승승장구 중이고, 최근 개봉작 <샤인>(1996)은 만원사례라면서, 백두대간의 성공은 예술영화의 시장성을 확인하는 계기이며, 이에 코아아트홀도 예술영화전용관

296 「시네마 키드」, 『동아일보』, 1997. 5. 23., 17면.
297 「몰개성시대 '매니아 마케팅' 호황」, 『경향신문』, 1997. 2. 14., 28면.

으로 돌아섰다고 전한다.

　이렇듯 대중문화 시대의 새로운 주체로 부상한 영화마니아 또는 시네필에 관한 논의 속에 '동숭'의 상영 실천이 자리했고, '동숭'을 비롯한 영화관에서 상영된 예술영화들이 영화마니아와 시네필이라는 새로운 관객을 설명하는 징표로 취급되었으며, 이와 같은 관객의 관람성은 신문의 화제성 기사나 문화의 한 경향으로 주목되었을 뿐 아니라 90년대 대중문화 담론을 선도한 계간지 『리뷰』 창간호의 기획기사나 영화잡지 『KINO』의 모니터 기자 특별호를 통해서도 조명되었다. 이처럼 이 시기의 예술영화라는 이념은 극장 운영 주체, 영화에 대한 담론, 관객 활동이 교차하는 지점 속에서 일정한 특징으로 공유되는 동시에 일정 부분 모호하고도 다면적인 관람성으로 분화된 제도적 구성물이었다. 『리뷰』의 편집위원 정윤수는 90년대 대중문화의 생생한 보고를 위해 마니아들의 현장을 탐구하고 마니아들의 정체성에 대해 인터뷰하는데, 취재대상은 시네마떼끄 '시네포럼', PC통신 하이텔 동호회 '시네마 천국', 영퀴방 등 주로 영화마니아들의 서식지였다.[298]정윤수는 '영화광 선언 1'로 하이텔에서 '매니아의 존재증명'에 관한 갑론을박을 낳았던 논쟁을 중계하면서, 도발적인 원글을 쓴 김태연 씨를 만나 인터뷰한다. 김태연은 "영화광은 매니아도 애호가도 아닌, 그 수준을 뛰어넘어 소비와 생산의 주체로 나설 수 있는 사람"이고 "전문가와 아마추어 사이를 넘나드는 사람"이

298　정윤수, 「매니아: 1994, 겨울, 그들의 표정」, 「ISSUE: 대중문화 시대의 문화적 항체, 매니아」, 『리뷰』, 1994년 겨울, 206~220쪽.

라며, 마니아가 가진 창조적 잠재력을 강조한다. 『리뷰』의 편집위원 서영채 또한 '시네마 천국'에서 벌어졌던 영화광이라는 화두를 둘러싼 여러 논객들의 글 속에서, 진정한 영화광(마니아)의 의미를 질문하고, 이 개념이 어쩌면 일종의 "텅 빈 중심"이자 "불투명하고, 불확정적인 것으로, 그러면서도 이상화된 타자로 존재"하고 있다고 지적한다.299 서영채는 마니아를 "균질화된 감각에 저항"하며 "무리짓지 않는", "자기만의 심연 속에서 가치의 내면성 속으로 침잠하는", 소비자본주의 시대의 "문화적 항체"로 규정한다.

> "(…) 모든 활자, 모든 언어로부터 자유로워지지 않겠는가. 모든 예술로부터 자유로워지지 않겠는가. 집단을 강요하는 영화언어로부터도 진정한 영화광들은 이제 스스로 외면해야 한다. 진정한 영화광은 그들이 한 단계 높은 영화의 경지에 이름으로써 진정한 동지가 된다. 집단적 동지가 아닌 "나는 나, 너는 너"의 자유로운 개인으로서의 동지다.(김태연, KINO)300

1996년 5월 영화잡지 『KINO』의 1주년 기념 특별호는 『KINO』가 육성해 온 1기 모니터 기자들이 직접 기획하고 편집한 별도의 잡지인데, 이 특별판의 '토론' 코너 주제가 영화마니아

299　서영채, 「매니아의 욕망: 부정의 진정성」, 「ISSUE: 대중문화 시대의 문화적 항체, 매니아」, 『리뷰』 1994년 겨울, 234~247쪽.

300　정윤수, 앞의 글, 215쪽에서 재인용.

에 관한 4인의 좌담으로 구성됐다.301 마니아라는 개념이 영화계에서 범람하고 있는 현상 속에서, 그 주체로 호명된 당사자들의 입장에서 이 개념을 둘러싼 혼란을 성찰하고자 하는 기획이다. 이들은 마니아라는 용어가 매스컴의 상업적 남용으로 인해 한편으로는 부정되고 있지만, 다른 한편으로는 다가서는 측면이 있다면서, 『리뷰』의 논쟁도 영화마니아들에게 그런 '두 얼굴'로 받아들여진 것 같다고 말한다. 이들은 90년대 영화계에서는 미개봉작과 수입 금지작에 대한 추구들이 홈비디오와 비디오테크들로 충족되면서 마니아 생성에 큰 영향을 끼쳤는데, 극장문화가 공론장으로서 성숙하지 못했던 상황에서 비디오 문화로부터 마니아의 특성인 개인성이 창출되었다고 말한다. 또한 1990년대 중반 부상한 PC통신도 새로운 공공영역을 형성하며 마니아 현상을 키워내고, 증명하는 데 큰 기여를 하고 있지만, 스스로 문화의 주체로 존재하기 위해서는 고급문화의 수용을 넘어 생산에 있어서도 다양한 목소리를 내고, 주류에 편승하지 않는 하위문화를 활성화시켜야 한다고 주장했다.

이처럼 1990년대 중반 새로운 관객층의 영화문화에는 소비주의와 혼재된 '영화마니아'적인 것과 '시네필'적인 지향이 뒤섞여 있었다.302 영화를 사랑하는 이상적인 관객으로 상정된 '시네필'의 존재 조건에서 중시되는 것은 셀룰로이드 필름과 영화의 집으

301 「[Discussion] 1996, 살아난 매니아들의 밤(참가자: 정지연, 문형준, 김지훈, 김미영)」, 『KINO』 Special Issue, 1996 봄, 19~31쪽.

302 김소영, 앞의 글, 242쪽.

로서의 시네마테크다. 1995년 서울에 '동숭'이 개관함으로써 상영문화를 위한 가장 기본적인 물적 조건은 일단 성립된 셈이었다. 또한 상영 횟수를 늘리기 위해 필름을 자르지 않는다거나, 영화를 엔딩 크레디트까지 지켜보는 영화문화는 동숭이 정착시키고자 한 예술영화관의 에티켓이었다. '동숭'이 시도했던 시네마테크의 '대리보충'으로서의 관객문화운동은 개관 후 2~3년은 활력을 띠었다. 다양한 경로(전화, 팩스, 편지)를 통한 지방 관객들의 적극적 반응과 참여에 대한 기록도 눈에 띈다. 회원 반응 설문조사에서 43%라는 압도적인 호응을 받은 키아로스타미의 <내 친구의 집은 어디인가>는 아시아 예술영화에 대한 관심을 촉발시켰고, 상영 당시 버스와 기차를 이용한 단체관람이 많아 지방 관객의 증가를 기대하게 했다. 그러나 예술영화의 대중화나 시네마테크 운동을 위한 지향과는 별개로 수익구조가 안정적이지 않고, '문화학교 서울'처럼 관객운동의 의제와 방향성이 구체적이지 않은 사설 예술영화전용관에서 온전한 형태의 시네마테크의 역할 및 관객운동을 실천하기란 어려움이 많았고, 전용관 승인이라는 정부 지원 속에서도 한계는 상존했다. 외부적으로는 부산국제영화제를 비롯한 다양한 국제영화제들이 출범하고, 극장 개봉 없이 홈비디오로 출시되는 고전예술영화들이 등장하는가 하면, 예술영화를 공급하는 케이블 TV 같은 뉴미디어가 출현하는 등 다양한 영화를 접할 수 있는 통로가 늘어나면서 예술영화관의 희소가치는 감소했다. 또한 제한된 예산과 인력 속에 '상영'이 중심일 수밖에 없는 예술영화전용관의 한계상 시네마테크를 지향한 다양한 관객운동 프로그램은 응집력을 갖지 못한 채 능동적인 영화 문화로 정착하지 못했다. 문화에 대한 억압된 에너지가 폭발했던 90년대 중반에는 새롭게 부상한 관객의 주체성과 잠재력에 대한 기대와 전망이 고조됐지만, IMF 이후 그리고 소비자본주의 영화문화의 꽃인 멀티플렉스(1998)와 인터넷 문화가 출현한 90년대 후반의 영화문화는 구조적으로 영화를 진지한 문화나 예술로 인식하는 관객을 감소시켰다. 그렇게 1990년대 후반까지도 가장 긴요한 공공 시네마테크가 기능하지 못하는 가운데 예술영화관의 전성기는 오래 지속되지 못한다.

4) 그리고 예술영화(관)는 계속된다

"영화사 백두대간은 세계로 뻗어나가는 우리 영화를 만든다는 목표 아래 1994년 창립되었습니다. 창사 이래, 예술영화 붐을 일으킨 한국 최초의 예술영화전용관 동숭씨네마텍의 기획, 운영 (…) 230편의 걸작들의 수입 홍보 배급 (…) 21세기 극장문화의 새로운 기준을 제시하며 최고의 극장으로 자리잡았던 씨네큐브의 성공적인 운영(2000~2009) (…) 동숭씨네마텍 시절부터 꾸준히 진행된 일반인 대상의 영화교육 (…) 100년 동안 1,000편의 장편영화 라이브러리를 구축한다는 목표 아래 구축된 약 170편 세계적 걸작들의 35미리 필름 아카이브를 기반으로 진행해온 다양한 영화제의 기획과 운영 (…) 국제적으로 경쟁력 있는 한국영화제작 인프라를 구축하겠다는 목표 아래 진행된 세 차례의 시나리오 공모전과 작가 발굴 및 영화제작 준비 등의 활동을 통해 백두대간은 한국영화 산업의 중추적인 역할을 담당해오고 있습니다."[303]

4장에서는 1995년 11월 개관한 최초의 예술영화전용관 동숭씨네마텍에 대한 역사적 분석을 통해 한국 영화문화의 장에서 '예술영화'의 이념을 재구성하고, 공공 시네마테크의 부재 속에 시네마테크의 기능을 대리보충하고자 했던 시도들을 관객문화운동의 차원에서 고찰했다. 보다 구체적으로는 1997년 2월 정부의 전용관 승인 조건과 관련된 극장 상영 프로그램들을 통해 1990

---

303 '아트하우스 모모' 홈페이지 내 극장 운영주체 (백두대간) 소개, https://www.arthousemomo.co.kr/pages/about_company.php, 2023년 10월 15일 접속.

년대 영화문화에서 '예술영화'와 '단편영화'라는 이념적 구성물
을 재구성하고, 스티브 닐의 '제도로서의 예술영화'를 고려하면
서, 이를 1980년대 후반부터 시작된 한국영화산업의 시스템의
지각변동 및 정책과 제도의 역동적 변화 및 영화운동의 계승이라
는 관점에서 살펴보았다.

'동숭' 상영 프로그램의 두 가지 특징은 첫째, 한 달에 한 번 해
외 예술영화의 '개봉'이라는 형식, 둘째, 국내외 단편영화 및 독립
영화, 다큐멘터리 등의 상영이었다. 예술성이 보증된 영화를 수
입해 한 달에 한 편 '필름'으로 장기 상영하는 방식은 기존의 비
디오테크들과의 차별화였고, 단편영화를 장편과 묶음상영 하거
나 '동숭단편극장'처럼 한국 단편을 유료프로그램화한 것은 상
영방식의 차별화였다. 첫 번째가 해외 예술영화를 '수용'하는 차
원의 시도였다면 두 번째는 한국 예술영화, 단편영화를 정의하
고 제도화하면서 '제작'으로 나아가는 과정의 실천이었다. '동숭'
은 시네마테크 프랑세즈 등을 롤모델로 시네마테크에서 수행하
는 관객운동 사업들을 시도했다. 관객교육을 목표로 한 '열린 강
좌'에서부터 자료실 운영, 회원들의 적극적인 참여로 이루어진
'해설서팀' 등은 대표적인 관객참여형 프로그램이었다. 그러나
1990년대 중반 새로운 관객문화에는 소비주의와 혼재된 '영화마
니아'적인 것과 '시네필'적인 지향이 뒤섞여 있어 수도권 2~3만
명으로 추정되는 관객문화는 지속적인 예술영화문화로 정착하기
어려웠다. 1990년대 초반부터 시네마테크를 통한 관객운동론을
펼쳐왔던 곽용수는 <희생>의 흥행으로 고무된 예술영화전용관

의 영화마니아에 대한 환상은 사업 자체가 가진 한계로 실패했다고 진단한다. 곽용수는 그 근거로 첫째, 자료의 보존과 수집은 한 개인이나 영화사 차원에서 하기 벅찬 일이며, 둘째, 상업성을 무시할 수 없는 구조 속에서 안정적인 필름 상영 프로그램을 지속하기는 어렵다는 점을 지적한다.304

『씨네21』 창간 이래 가장 문제적인 기획이었으며 생산적인 논쟁으로 평가되는 1999년의 '예술영화 논쟁'은 예술로서의 영화의 가치가 정당화되는 과정에서 나온 것이었다. 이는 영화가 예술이냐 상업이냐 라는 이분법으로 결코 재단할 수 없음에도 불구하고 영화를 둘러싸고 존재해 온, 이 둘의 오랜 긴장관계에서 파생한다. 서구에서는 1920년대 또는 1950~70년대에 영화의 모더니즘 시기를 거치면서 뜨거웠던 이 고전적인 담론이 한국에서는 1990년대 중반이 지나서야 이루어진다. 그리고 그 담론의 유효기간은 너무 짧았다. 예술영화 논쟁에서 강한섭 교수에 반대했던 논객들은 대부분 한국에서 예술영화는 짧은 유행에 불과했으며, 진정한 토론 문화를 이루는 데 실패했을 뿐 아니라 안정적인 공간도 갖추지 못했다고 평가한다. 민간 비디오테크들이 불법이라는 오명 속에 시네마테크를 대신하고 있긴 했지만, 영화를 아카이빙하고 전시하며 교육하는 공공의 시네마테크 전용관도, 지배적인 상업영화 외에 다양한 영화를 감상할 수 있는 예술영화전용관도, 독립영화전용관도 부재했던 1990년대 중반 한국에서 이

304 곽용수, 「[기획특집] 한국 씨네마떼끄의 역사」, 『씨네마 포에버』 62호, 1997. 12., 145~152쪽.

모든 역할을 뒤섞은 채 추구했던 '동숭'의 목표는 어쩌면 실현 불가능한 것이었을지도 모른다.

그럼에도 불구하고 뒤늦게 도착한 최초의 예술영화전용관 동숭씨네마텍이 한국 예술영화문화 형성과정에서 갖는 의미는 다음과 같이 정리해 볼 수 있다. 첫째, 고전예술영화의 '필름' 상영, 단편영화의 극장 상영을 통해 관객의 영화경험을 충만하게 하고 부재했던 시네마테크의 필요성을 인식시켰다는 점이다. 둘째, 공공성을 띤 기관이 아님에도 이윤을 중심에 두지 않고 한국 영화문화의 토양을 만들기 위한 다양한 교육사업 및 관객운동, 새로운 상영문화의 정착을 시도했다는 점이다. 셋째, 영화수입배급사 '백두대간'을 통해 아카이브를 구축함으로써 안정적인 시네마테크를 위해 긴요한 요건인 '라이브러리'를 꾸준히 구축하고자 했던 점이다.

실제로 필름 수집과 고전영화 상영관, 영화도서관, 박물관의 기능이 포괄된 시네마테크에 대한 인식과 논의는 이후 민간 시네마테크나 공공 시네마테크의 탄생으로 이어진다. 서울의 경우 2000년 『필름 컬처』의 편집진이 설립한 서울 시네마테크가 있었고, 한국시네마테크협의회가 운영하는 민간 시네마테크인 서울 아트시네마는 2002년 출범했다. 공공 시네마테크의 경우 한국영상자료원이 2008년 체계적인 프로그래밍을 동반한 복수의 상영관, 자료실, 박물관을 갖추며 본격적인 시네마테크의 면모를 갖추었으며, 부산의 경우 시네마테크 부산이 1999년부터 운영되었다. 한국에서 최초의 예술영화관 및 예술영화담론에 대한 함의는 오랜 통제와 검열의 시기 및 억압의 영화사를 고려하지 않고 당대의 실적과 평가만으로 간단하게 정리할 수 없을 것이다. 인용한 것처럼 최초의 예술영화전용관인 동숭씨네마텍은 1999년까지 운영되며 40여 편의 해외 영화를 소개했지만, 예술영화 수입 배급사인 백두대간은 2000년대의 '시네큐브 광화문'을 거쳐 현재 영진위의 예술영화전용관 지원하에 '아트하우스 모모'를 운영하며 예술영화의 파수꾼 역할을 하고 있다. 지금도 '모모'의 두 상영관에서는 독립예술영화를 상영하고 있고, '동숭'에서부터 이어진 영화교육의 실천으로 '모모 영화학교'를 운영하며, 백두대간 출범 당시 백년지대계로서 필름 수집의 의지를 밝혔듯 거의 30년의 시간 동안 축적된 170편의 필름 아카이브를 통한 다양한 프로그래밍을 시도하고 있다.

작가의 시대이자 예술영화의 시대인 1960년대 유럽에서 새롭게 태동한 예술영화는 전혀 등질적인 현상이 아니었다. 예술영화는 할리우드의 지배에 대응하는 담론으로 구성되었으며, 따라서 각 국가의 문화, 산업 및 국가 영화 전통에 대한 부분은 예술영화 담론에서 중요하게 고려되며 각 국가의 영화사적 맥락 속에서 끊임없이 정의되고 재구성되는 협상의 산물이다. 더욱이 한국의 예술영화문화는 글로벌 자본주의의 영향으로 상업과 예술의 구분이 더 이상 어려워진 1990년대, 대기업이 영상산업에 적극적으로 참여하던 시기에 멀티플렉스와 비슷하게 도착함으로써 안정적인 관객문화를 창출하기 어려웠다. 이와 같은 상황 속에서 최초의 예술영화전용관 동숭씨네마텍은 국가적 제도는 물론 영화문화의 번성과 변동에 참여한 다양한 행위자들과의 교류 및 협상을 반영한 활동들을 통해 당대 예술영화 이념의 형성에 기여했으나, 그 이념 자체는 결코 등질적인 것이 아니었다. 동숭씨네마텍이 상영은 물론 교육 및 관객운동 실천 등의 다면적 활동을 통해 추구하고자 했던 예술영화 이념은 한편으로는 2003년 이후 본격화된 독립예술영화전용관 지원 정책과 수혜를 받는 전용관으로 계속됐다. 그러나 다른 한편으로 그 이념은 CGV아트하우스로 연결되어 시네마톡, 라이브톡, 언택트톡에서 볼 수 있듯 복합문화기업이 독립예술영화 전용 스크린을 통해 '경험 경제'의 영역을 확장하면서 전유하기도 했다. 이와 같은 양가적인 결과는 한 국가의 토착적인 예술영화 문화가 지속하기 위해 국가나 공공기관의 예술영화에 대한 정의와 가치 판단, 그에 따른 세심한 지원이 중요함을 시사한다. 2022년 일본 예술영화의 성지로 불리며 '동숭'이 벤치마킹했던 이와나미홀의 폐관 소식에 이어, 나고야의 시네마테크 등이 적자 누적과 공적 지원 중단으로 줄줄이 폐관되었다는 소식이 전해졌다.305 지자체의 지원 중단으로 인한 재정 위기 속에서 영화인들의 캠페인과 시민들의 후원으로 가까스로 정상운영이 가능해진 강원도의 독립예술전용관인 강릉 신영극장의 사례에서도 볼 수 있듯, 지속가능한 한국의 독립예술영화 문화와 그 문화가 시네필리아의 토양을 유지하는 역할에 대해 다시 한번 돌아볼 시점이다.

●

305 강구열, 「日 예술영화 성지 '이와나미 홀', 코로나로 폐관」, 『세계일보』, 2022. 1. 12., https://m.segye.com/view/20220112504164, 2023년 11월 10일 접속.

맺음말

헬로, 뉴 시네필리아!

"시네필리아가 죽으면 영화도 죽는다. 영화가 부활할 수 있다면 그것은 '새로운 종류의 영화사랑'이 탄생해야만 가능할 것이다."[306]

이 책에서는 서구의 고전적인 시네필과 다르게 20세기까지 필름 아카이브가 거의 부재했음에도 불구하고 비규범적인 스크린 속에서 대안적인 시네필 문화를 실천했던 한국 시네필의 역사와 특정성을 고찰해 보았다. 이는 1990년대 시네필의 유산을 역사적으로 규명하고, 그 유산이 21세기 새로운 시네필들의 다양한 영화사랑의 실천 속에서 어떻게 계승되어 왔는가를 조명하기 위한 출발점이기도 하다. 한국에서 시네필의 열기가 고조되던 시기, 서구에서 큰 영향력을 가졌던 손택의 영화에 대한 부고장은 결과적으로 20세기 말과 21세기 초에 새로운 테크놀로지에 따른 새로운 방식의 시네필리아에 대한 논쟁을 점화시켰다. 테크놀로지의 급격한 변화에 따라 뉴미디어 시대의 새로운 상영 실천과 관람방식은 시네필이 무엇을 의미하는지에 대한 근본적인 변화를 가져왔다. 시네마가 다른 환경과 디스포지티프로 재배치

---

306 Susan Sontag, "The Decay of Cinema", *The New York Times*, 1996. 2. 25., https://www.nytimes.com/1996/02/25/magazine/the-decay-of-cinema.html, 2024년 1월 15일 접속.

되면서 영화연구에서 텍스트 분석과 미학 연구를 넘어 산업 및 기술, 그것에 기반한 관람성의 문제가 중요하게 대두되었다. 특히 포스트-시네마 담론이 부상한 1990년대 이후 영화문화는 영화의 개념(영화란 무엇인가?)에 대한 질문부터 영화의 장소성(영화는 어디에 있는가?), 영화를 사랑하는 사람을 뜻하는 시네필의 확장된 정의와 새로운 실천, 영화에 대한 감각과 정동을 포함하는 시네필리아에 이르기까지 근본적인 재고찰을 요구하게 되었다.

시네필리아가 서구에서 이식된 개념인 것은 사실이지만, 시네필 담론에서 중요한 것은 시네필 개념의 체계적이고 불변하는 정의가 아니라 역사적 맥락에 따른 시네필리아 행위 주체의 실천과 전유의 문제일 것이다. 왜냐하면 영화는 지배적인 기술의 영향을 받지만, 더욱 중요한 것은 그 기술을 사용하는 사용자들에 의해 규정되기 때문이다. 특히 "비디오는 다른 시기에 다른 사람들에게 다른 것이 되어왔고, 그 역사는 물질적 포맷의 진보 이상"을 의미했다.307 한국 시네필리아의 오랜 역사를 영화연구의 역사 속으로 생산적으로 기입하기 위한 시도로서 나는 이 책에서 한국 시네필리아를 '압축적 시네필리아', '불순한 시네필리아'라는 개념으로 설명했다. 압축적 시네필리아란 서구에서는 몇십 년의 시간을 두고 이루어진 시네필리아의 역사들이 한

307 Michael Newman, *Video Revolutions: On the History of a Medium*, New York: Columbia University Press, 2014, p.1.

국에서는 1990년대를 전후로 한꺼번에 발생했음을 뜻한다. 즉 시네필 문화의 물리적 조건인 예술영화전용관과 공론장을 형성하는 비평저널, 비디오테크를 통한 시네마테크 관객운동, 국제 영화제 등이 모두 1990년대에 선순환을 이루며 영화문화의 역동성을 구성했다. 이는 매체적, 기술적으로 인터넷과 DVD의 도래, 영화산업의 측면에서는 멀티플렉스가 시작되고 아날로그에서 디지털로 영화제작 및 상영 시스템이 전환되는 시기 이전에 급격하게 동시에 이루어졌던 것이다. 이 책에서는 이 시기 관객 중심 시네필 문화의 대안적 실천이 가진 역동성과 활력에 초점을 맞추고자 했지만, 이렇듯 다양한 매체와 시간성, 장소성이 혼재되고 압축된 시네필 문화는 『씨네 21』 '예술영화 논쟁'에서도 여러 논객들이 지적하고 있듯 일정한 시간을 두고 성숙한 영화 문화로 정착하기 어려웠다. 정성일은 이에 대해 "남한의 자생적 시네필의 가장 커다란 비극은 시네필 문화에서 영화의 모더니즘을 경험해 본 적이 없"기 때문이라고 지적하기도 한다.**308**

또한 '불순한 시네필리아'는 극장과 필름이라는 신성화된 구

---

308 한국의 시네필들은 모더니즘 영화를 뒤늦게 경험하기는 했지만, 고전주의와 결별하고 영화에 대해 자의식을 갖고 진지하게 사유했던 모던 시네마의 시대를 동시대적으로 경험하지 못했기 때문에 자의식을 갖지 못했고, 이런 시네필들은 "허기진 탐식증, 뒤죽박죽 타임머신을 탄 정신병, 컬트 증후군"과 같은 기이한 증상들을 가져야 했다는 것이다. 정성일, "FM 시네마테크-시네필 문화," 『FM 영화음악 정은임입니다』, 2004년 1월 7일, https://www.podbbang.com/channels/1813/episodes/21873996, 2023년 11월 24일 접속.

성요소를 중심으로 고전적 시네필리아가 강조하는 순수성과 진
정성이 결여된 채 비디오라는 매체를 통해 잡식적이고 불완전
하게 대안적인 영화사랑을 실천했던 상황을 일컫는다. 서구에
서 비디오필리아가 시네필리아에 미친 영향은 영화 순수주의자
들의 비판적인 입장과 접근과 소유 가능한 민주적 매체라는 입
장 등으로 '양가적'으로 평가되어 왔다. 그러나 영화관과 필름
중심의 전통적인 시네필 '이후'의 '비디오필'이라는 조건이 성
립하지 않는 한국의 영화문화에서 비디오는 불법과 해적판을
경유하며 "공공연한 시네마테크, 상처투성이의 시네마테크"[309]
로서 존재해 왔다. 물론 '불순함'은 결핍과 통제의 영화사 속에
서 비롯된 특징이다. 하지만 비디오라는 매체를 개인적이면서
도 공적인 방식으로 다양하게 활용하며, 영화 자체에 내재된 '비
순수성'의 이념에 가깝게 영화를 전유한 방식은 이후의 DVD
및 온라인 스트리밍 서비스를 망라하는 디지털 시대에도 잠재
적 가치를 이어나가고 있는 것으로 보인다.

이러한 시네필리아의 풍부한 역사와 복잡한 형성과정, 한국
시네필의 특정성을 고려하지 않은 채 시네필리아의 쇠퇴 또는
소멸을 진단하는 것은 특정 세대나 지역에서 영화를 사랑하는
방법을 간과하고 영화문화를 산업 논리나 소비의 형태로만 인

---

309 『KINO』 1996. 8., 106쪽.

식하는 것으로 귀결됨을 의미한다. 한국영화사에서 시네필은 단지 서구의 고전적 시네필처럼 고답적이고 엘리트적인 이상적인 영화 관객의 유형으로만 해석될 수 없는, 영화의 존재론적, 문화적 가치에 대한 자기반영적 질의와 답변의 과정들을 포함하는 비규범적 개념이자 실천으로 존재해 왔다.

대중문화의 시대이자 영화의 시대였던 1990년대는 한국영화의 역사에서 가장 역동적인 시기로서 영화가 진지한 예술과 학문적 연구의 대상으로 제도화된 시기이기도 했다. 산업이나 제도, 미학적 성취로서의 작품을 넘어 새로운 세대가 만들어낸 영화문화는 이전 세대의 역동성과는 질적으로 다른 실천들을 낳았다. KBS 다큐멘터리 <모던코리아>의 '한국영화 화양연화'(2022) 편에서 주목했던 2003년은 그런 점에서 1990년대에 축적된 영화문화의 힘이 만들어낸 의미 있는 결과에 다름 아닐 것이다. 그러나 이러한 결과들은 <살인의 추억>이나 <올드 보이> 같은 특정 작품이나 작가 감독, 천만 영화의 등장 같은 현상들만으로는 충분히 설명할 수 없다. 이 책에서는 그러한 화양연화를 가능하게 한 '원인'으로서, 1990년대 시네필 영화문화의 활력을 시네마테크 운동, 홈비디오 문화, 영화학을 선도한 비평과 이론, 예술영화전용관을 중심으로 살펴보았다. 척 클로스터만이 말하듯 "역사의 한 시기를 같이 보냈다고 해서 동시대인

이 어떤 특성을 명백히 공유한다고 주장하기는 어렵다."[310] 이 책은 1990년대 한국의 지배적인 영화문화를 폭넓게 지도그리기하는 책은 아니다. 또한 머리말에서도 언급했듯 1990년대 영화문화의 풍요로움은 이 시기의 독자적 산물로 규정할 수 없고, 1980년대 영화청년들의 토론과 집단적 공유, 비제도권 영화운동의 실천과 다양성을 예고[311]했던 제도나 매체의 변화를 고려하며 중층적 산물로 이해해야 할 것이다.

21세기 들어 한국영화는 각종 산업적 지표나 국제영화제 수상 등을 통해 세계적인 주목을 받고 있다. 1990년대 시네필 청년문화를 이끌었던 영화세대들은 이제 감독, 제작자, 영화제와 독립예술영화계 주요 인력, 비평가, 영화연구자 등으로 한국영화계에서 활동 중이다. 그렇다면 한국 영화문화의 화양연화를 낳았던 시절의 시네필 문화는 역사적으로 기억되고 후대에 전승되고 있는가? 또한 한국의 '새로운 시네필' 세대는 누구이고 어떤 방식으로 '새로운 종류의 영화사랑'을 실천하고 있는가? 이와 같은 질문은 과거의 영화문화를 낭만화하거나 신화화하는 것이 아니라, 특정 시기에 존재했던 시네필리아의 역사적 특정

---

310 척 클로스터만, 「들어가는 글」, 『90년대: 깊고도 가벼웠던 10년간의 질주』, 임경은 옮김, 온워드, 2023, 11쪽.

311 김홍준, 「책을 펴내며」, 『1980년대 한국영화: '서울의 봄'부터 코리안 뉴웨이브까지 (한국영상자료원 엮음)』, 앨피, 2024, 5~6쪽.

성을 세심하게 규명하면서 그것이 그 이후 어떤 방식으로 계승되거나 굴절되고 소거되었는가, 오늘날의 시네필리아는 그것과 어떻게 구별되는가를 탐구하기 위한 출발점이다. 따라서 이 책의 에필로그는 어떤 의미에서 또 다른 연구를 위한 오프닝 크레디트이기도 하다.

2020년 4월 『씨네21』에서 기획한 '우리 시대의 시네필: 밀레니얼 세대의 시네필 지형도와 대담'을 살펴보면, 새로운 세대에게 시네필이라는 단어는 폐쇄성과 스노비즘에 기반한 구별짓기의 담론이라는 부정적인 인식으로 강력하게 작동하고 있다.312 많은 영화 관람 경험과 방대한 지식을 시네필의 조건으로 여기는 밀레니얼 시네필들에게 시네필이라는 단어는 '자격'이나 '권위', '미묘한 거부감'을 불러일으키는 무거운 개념으로 인식된다. 2020년 8월 『마테리알』 3호에서는 '동시대 영화문화의 현재에 관한 13개의 질문(작가와 작품, 비평(권력), 리스트, 지역 영화제, 대학 영화교육, 실천, 형제애 문화 등)'을 통해, "위대한 작가와 작가 숭배자인 영화평론가들로 과대대표되어 있는" 영화문화를 비판하면서 영화관객과 시네필, 공동체들을 향해 전방위적 논쟁을 제안하고 후속 지면과 온라인 공간을 통해 비평가나 연구자들의 의미있는 화답을 게재한다.313 2024년 인디스

---

312 「우리 시대의 시네필: 밀레니얼 세대 시네필 지형도와 대담」, 『씨네21』 1252호, 2020. 4. 21., 50~65쪽.

313 「질식자의 편지: 영화문화의 현재에 관한 13개의 질문」, 『마테리알』 3호, 2020. 8.

페이스의 기획전 '무명의 비평가들'에서 네 명의 기획자가 나눈 사전 대담[314]을 살펴보더라도 밀레니얼 세대에게 시네필은 여전히 시대착오적인 '멸칭'으로 인식되고 있는 것으로 보인다. 2023년 11월 홍콩에서 열린 국제 컨퍼런스 '한국영화 르네상스의 기원'을 동행 취재한 『씨네21』의 한 기자는 취재 초반 컨퍼런스의 주제를 보고는 한국영화가 큰 위기를 맞이한 시기에 '왜' 호시절의 이야기를 하는가, 라는 의문이 들었다고 한다. 이 책은 결코 호시절에 대한 노스탤지어의 시각으로 쓰지 않았다. 오히려 안정적인 시네필 영화문화를 장기 지속적으로 구축하지 못해 여전히 불안한, 압축적이고 불순한 한국 시네필리아의 가까운 역사에 대한 성찰적 복기에 가까울 것이다.

데이비드 맥고완은 토마스 엘새서가 2005년 발표했던 에세이에서 시네필리아를 크게 테이크 1, 테이크 2로 구분했던 것에서 더 나아가, 동시대의 온라인 스트리밍에 기반한 구독형 주문 비디오 모델(SVOD: subscription video-on-demand)을 특징으로 하는 '테이크 3(take three)' 개념을 제안한다. 엘새서는 시네필리아 테이크 1의 특징을 필름과 극장에 대한 물리적 참여, 구할 수 없는 영화를 보고자 하는 욕망, 일시적으로 상영되는 영화 이미지가 자극하는 정신적 계시나 미적 쾌감의 경험으로 파악한다. 테이

314　김명우·박동수·배새롬·임유빈 대담, 「무명의 비평가들: 아무나 할 수 있는 이야기」, 인디스페이스 기획전(2024. 2. 24.~25.), https://haepari.net/35562240, 2024년 2월 6일 접속.

크 2는 TV와 VHS 등 새로운 배급 기술에 힘입어 영화의 역사 전체가 관객의 '지금-그리고-여기'에 존재한다는 사실이 한편으로는 역설적으로 과거와의 거리감을 증폭하고 다른 한편으로는 과거와의 지속적인 조우를 활성화하는 상황을 가리킨다.315 맥고완은 SVOD 플랫폼의 새로운 관람 양식에 근거한 시네필리아 테이크 3가 이전 세대에 비해 강화된 가용성(availability)과 신뢰성(reliability)을 보증하는 것처럼 보임에도 불구하고, 테이크 1 시대의 광범위한 이용불가능성보다는 잠재적이고 국지적이기는 하지만 '일시성(ephemerality)'에 대한 새로운 불안(콘텐츠 목록 삭제나 이주 등)을 가져온다고 주장한다. 즉 특정 텍스트의 장기적인 가용성과 안정성이 덜 보장되는 SVOD 플랫폼의 조건은 VHS나 DVD 등 홈비디오 기술이 물리적이며 폭넓은 접근성을 제공했던 테이크 2보다는 테이크 1과 유사하다는 것이다.316

따라서 맥고완은 전례 없는 수준의 방대한 접근 및 소유 가능성을 제공하는 미디어 환경 속에서 새로운 세대의 시네필이 '상실'이라는 시대착오적인 문제와 씨름하고 있다고 규정한다. 맥고완은 엘새서가 제기했던, 테이크 2 시대의 '너무 많이/한꺼번에'라는 문제가 테이크 3 시대에도 계속된다고 본다. 말하자

315 Elsaesser, "Cinephilia or the Uses of Disenchantment," pp.35~38.

316 David McGowan, "Cinephilia, take three?: Availability, reliability, and disenchantment in the streaming era," *Convergence*, 2023, DOI: 10.1177/13548565231210721.

면 한꺼번에 많은 것을 제공하지만 미디어 양식의 변화와 함께 가용성이나 안정성과 관련해 통제력을 잃은 스트리밍 환경 속에서 새로운 시네필리아가 어떻게 실천을 지속할 수 있을 것인가라는 질문은 동시대 글로벌 시네필 모두에게 해당된다. 테오파나이데스는 1960년대 후반과 1970년대 초반에 태어난 자신이 속한 세대를 "영화광이 되기에 가장 좋은 세대"였다고 말한다.[317] 그 이유는 이전에는 결코 쉽게 접할 수 없었던 영화에 접근할 수 있었으며, 후대와 달리 영화 역사의 광대한 배후를 포괄하는 것이 아직은 가능했다는 것이다. 이 말에는 급변하는 시네필 문화의 역사를 구성하는 사회문화적 조건으로서 '비디오'와 '인터넷'이라는 매체가 가져온 중요한 패러다임 전환을 내포한다. 더 이상 물리적 공간이나 홈비디오 형식의 물질적 수집을 전제하지 않고 인터넷과 디지털 환경에서 영화를 경험하는 새로운 시네필 세대는 특정한 제약과 가능성들 속에 사랑하는 대상을 상실하지 않기 위해 사랑의 이면인 불안과 싸우는 기억의 공동체라고 할 수 있을 것이다.

현재 민간 서울아트시네마와 부산 영화의전당 시네마테크, 한국영상자료원 시네마테크KOFA, 독립예술영화전용관 등에서

---

317 Theodoros Panayides, "Permanent Ghosts: Cinephilia in the Age of the Internet and Video", *Sense of Cinema*, Cinephilia Special Feature, no 4, March 2000, https://www.sensesofcinema.com/2000/cinephilia-special-feature/cine2/, 2022. 10. 10. 접속.

는 국내외 고전영화들이 상영되고 있을 뿐 아니라, 도서관, 박물관, 교육 프로그램을 갖춘 시네마테크 프로그램이 운영되고 있다. 오랜 시간 시네필 문화를 정착시키고자 악전고투했던 관객 및 여러 주체들의 노력은 한국 시네필리아 역사의 기본 토양을 만들었다. 그러나 21세기 들어 시네필리아 문화는 이와 같은 고전적인 판본의 기술적, 문화적, 사회적 가정을 벗어나는 인터넷과 소셜 미디어의 발달, 표준적인 영화를 넘어 유튜브와 갤러리 무빙 이미지 작품을 포괄하는 시각문화의 새로운 미디어 생태계, 여성주의와 퀴어문화의 부상, 아트버스터 및 시네토크과 같은 멀티플렉스에서의 새로운 예술영화 배급 및 마케팅 관행 등을 경유하며 분화하고 굴절되어왔다. 이 과정에서 영화주의와 시네필주의는 한편으로는 극복 또는 부정의 대상이 되었고, 다른 한편으로는 영화관과 영화 바깥의 플랫폼 및 스크린에서 잠재적 삶을 발견하고 있는 중으로 보인다.

유일한 영화와 다수의 영화들의 공존, 전통적 영화관과 비-극장 플랫폼의 공존, 인쇄 비평과 온라인 비평의 공존, 전문 비평가과 아마추어 비평가의 공존, 비평과 리뷰, 별점, 좋아요의 공존 등. '시네필'이라는 단어가 때로는 시대착오적으로 여겨지는 다양한 참여와 가능성들이 공존하는 새로운 시네필 문화들 '사이'에서, 시네마의 변화에 따라 변모 중인 시네필리아를 어떻게 재규정할 것인가? 새로운 시네필리아와 트랜스미디어가 배양하는 참여적 팬 문화 간의 경계를 어떻게 설정할 것인가? '공동체' 자체가 새롭게 정의되는 시대정신 속에서 다양하게 분화한 시네필들 사이의 접촉과 소통은 어떤 식으로 이루어질 것인가? 새롭게 부활할 시네필리아에 대한 연구는 이런 질문들과 마주해야 할 것이다.

초출일람

1. '새로운 영화 읽기의 제안' 혹은 비판적 시네필리아의 형성: 1990년대 한국 영화문화에서 '문화학교 서울'의 활동들

   『영화연구』, 한국영화학회, 2014, 59호, pp.223~252.

2. 영화(KINO)의 시대: 영화잡지 <키노>와 1990년대 '비판적 시네필리아'의 문화정치

   『대중서사연구』, 대중서사학회, 2017, vol.23, no.3, 통권 43호 pp.415~452.

3. 비디오필리아, 시네필리아, 뉴 시네필리아: 1990년대와 21세기 한국 시네필의 어떤 경향

   『구보학보』, 구보학회, 2022, 32호, pp.449~491.

4. 1990년대 한국 영화문화에서 '예술영화'라는 이념을 재구성하기
   : 최초의 예술영화전용관 '동숭씨네마텍'을 중심으로

   『영화연구』, 한국영화학회, 2023, 98호, pp.279~323.

참고문헌

1차 자료

『경향신문』, 『동아일보』, 『부산일보』, 『세계일보』, 『조선일보』, 『중앙일보』, 『한겨레』

백두대간, 『동숭씨네마텍 1주년 기념 백서』, 동숭씨네마텍, 1996.

계간 『영화언어』 1호~15호, 복간호(2003. 겨울호)~2005. 여름호

계간 『필름컬처』 1호~7호

문화학교 서울 격월간 저널 『씨네필』 1호~4호(1994)

문화학교 서울 정기간행물 『Cinémathèque』, 『Fantôme』

문화학교 서울 연구팀 자료집

월간 『KINO』 1호~99호(1995~2003), 『KINO 스페셜 이슈1』(1996, 봄)

문화학교 서울 필름영화제 카탈로그

서울 시네마테크 필름영화제 카탈로그

단행본

1) 국내서

계명대학교 한국학 연구원 편집, 『1990년대의 증상들』, 계명대학교 출판부, 2017.

김미현 책임편집, 『한국영화사: 개화기에서 개화기까지』, 2006.

김사겸 구술, 김도연 지음, 『영화대화: 35년생 영화감독 × 81년생 시네필』, 잎새달, 2021.

김소영, 『근대성의 유령들』, 씨앗을 뿌리는 사람, 2000.

김소영, 『근대의 원초경』, 현실문화, 2010.

김승구, 『식민지 조선의 또 다른 이름, 시네마천국』, 책과 함께, 2012.

김지석, 『부산국제영화제 20년』, 본북스, 2015.

노엘 캐럴, 『비평철학』, 이해완 옮김, 북코리아, 2015.

데이비드 보드웰, 오영숙·유지희 옮김, 『영화의 내레이션2』, 시각과 언어, 2007.

로라 멀비, 이기형·이찬욱 옮김, 『1초에 24번의 죽음』, 현실문화, 2007.

류승완, 『류승완의 본색』, 마음산책, 2008.

리처드 라우드, 임재철 옮김, 『영화열정: 시네마테크의 아버지 앙리 랑글루아』, 산지니, 2018.

문관규 외, 『부산영화사』, 부산대학교 출판문화원, 2021.

문화학교 서울, 『불타는 필름의 연대기』, 문화학교 서울, 1995.

문화학교 서울, 『한국영화 비상구』, 문화학교 서울, 1996.

박찬욱, 『박찬욱의 오마주』, 마음산책, 2005.

박찬욱, 『영화보기의 은밀한 매력-비디오드롬』, 삼호미디어, 1994.

변인식, 『영화미의 반란』, 태극출판사, 1972.

서울영화집단 엮음, 『새로운 영화를 위하여』, 학민사, 2000.

성하훈, 『영화, 변혁운동이 되다: 한국영화운동사 1』, 푸른사상, 2023.

성하훈, 『충무로, 새로운 물결: 한국영화운동사 2』, 푸른사상, 2023.

신봉승, 『영상적 사고』, 조광출판사, 1972.

아를레트 파르주, 김정아 옮김, 『아카이브 취향』, 문학과지성사, 2020.

앤드류 튜더, 신혜경 옮김, 『예술사회학』, 이학사, 2023.

에릭 르 로이, 민진영 옮김, 『시네마테크와 영화아카이브센터』,
전남대학교출판문화원, 2023.

에밀리 비커턴, 정용준·이수원 옮김, 『카이에 뒤 시네마 영화비평의 길을 열다』,
이앤비플러스, 2013.

『영화언어』 편집위원회 엮음, 『영화언어: 1989년 봄에서 1995년 봄까지』,
시각과언어, 1997.

윤여일, 『모든 현재의 시작, 1990년대』, 돌베개, 2023.

이용관, 『한국영화를 위한 변명』, 시각과 언어, 1998.

이효인, 『한국 뉴웨이브 영화』, 박이정, 2020.

임안자, 『영화제 전문가 임안자의 내가 만난 한국영화』, 본북스, 2014.

전양준, 『영화관에서의 일만 하룻밤』, 작가, 2022.

전양준·장기철 책임편집, 『유현목 감독 작품론: 닫힌 현실 열린 영화』,
제3문학사, 1992.

정성일 외 편, [KINO Cinephile], MMZ/플레인아카이브, 2024.

정성일, 『언젠가 세상은 영화가 될 것이다』, 바다출판사, 2010.

척 클로스터만, 『90년대: 깊고도 가벼웠던 10년간의 질주』, 임경은 옮김,
온워드, 2023.

한국비디오영상회 엮음, 『제3의 영상: 비디오는 우리에게 무엇인가』,

다보문화사, 1991.

한국영상자료원 엮음, 『1980년대 한국영화: ‘서울의 봄’부터 코리안 뉴웨이브까지』, 앨피, 2024.

한국영상자료원 엮음, 『1990년대 한국영화』, 앨피, 2022.

한국영상자료원 엮음, 『한국영화사공부 1980~1997』, 이채, 2005.

한상준·홍성남 엮음, 『로베르 브레송의 세계』, 한나래, 1999.

홍성남·유운성 엮음, 『칼 드레이어』, 한나래, 2003.

2) 국외서

Andrew Jackson, *The Late and Post-Dictatorship Cinephilia Boom and Art Houses in South Korea, Edinburgh*: Edinburgh University Press, 2023.

Christian Keathley, *Cinephilia and History, or The Wind in the Trees*, Bloomington, IN: Indiana University Press, 2005.

Girish Shambu, *The New Cinephila*, Montreal: Canada, Caboose, 2014 / 2020.

Ian Christie ed., *Audiences*, Amsterdam: Amsterdam University Press, 2012.

Marijke de Valck and Malte Hagener, eds., *Cinephilia: Movies, Love and Memory*, Amsterdam: Amsterdam University Press, 2005.

Paul Willemen, *Looks and Frictions: Essays in Cultural Studies and Film Theory*, Bloomington, IN: Indiana University Press, 1993.

Sarah Keller, *Anxious Cinephilia: Pleasure and Peril at the Movies*, New York: Columbia University Press, 2020.

Barbara Klinger, *Beyond the Multiplex: Cinema, New Technologies, and the Home*, Berkeley, CA: University of California Press, 2006.

Michael Newman, *Video Revolutions: On the History of a Medium*, New York: Columbia University Press, 2014.

논문

1) 국내

김신식, 「한국의 비디오 문화 형성 과정에 대한 연구: VCR 수용자의 가정 내 영화 소비를 중심으로」, 연세대학교 석사학위논문, 2011.

김한상, 「한국에서의 '예술영화' 담론과 시장, 관객의 형성과정」, 서울대학교 석사학위논문, 2007.

황하엽, 국내 예술영화관의 역사적 형성 과정과 문화적 특성: 서울 지역을 중심으로, 연세대학교 석사학위논문, 2017.

김정환, 「한국 사회에서 영화의 지성화 과정에 관한 연구: 1988~2007년까지의 인쇄매체에 나타난 영화담론을 중심으로」, 『한국콘텐츠학회논문지』 13(2), 한국콘텐츠학회, 2013, 88~99쪽.

문재철, 영화적 경험양식으로서 한국 시네필에 대한 연구: 50년대에서 70년대 까지를 중심으로 , 『영화연구』 47호, 한국영화학회, 2011, 113~138쪽.

박은지, 부산 프랑스문화원과 트랜스로컬 시네필리아 , 『영화연구』 75호, 한국영화학회, 2018, 211~246쪽.

박은지, 「1980년대 부산의 관람공간: 소극장 시대와 시네마테크의 출현」, 『아시아영화연구』 10(3), 부산대학교 영화연구소, 2018, 211~247쪽.

오세섭·한상헌, 「유통자 중심의 영상문화운동 사례 연구: 1990년대 '으뜸과 버금'의 활동을 중심으로」, 『언론과 사회』 24(4), 사단법인 언론과 사회, 2016, 53~97쪽.

이선주, '새로운 영화 읽기의 제안' 혹은 비판적 시네필리아의 형성 - 1990년대 한국 영화문화에서 '문화학교 서울'의 활동들, 『영화연구』 59호, 한국영화학회, 2014, 223~252쪽.

이선주, 영화(KINO)의 시대: 영화잡지 『키노』와 1990년대 비판적 시네필리아의 문화정치 , 『대중서사연구』 23(3), 대중서사학회, 2017, 415~452쪽.

이선주, 「비디오필리아, 시네필리아, 뉴 시네필리아-1990년대와 21세기 한국 시네필의 어떤 경향」, 『구보학보』 32호, 2022, 449~491쪽.

이순진, 「한국영화사 연구의 현단계: 신파, 멜로드라마, 리얼리즘 담론을 중심으로」, 『대중서사연구』 12호, 대중서사학회, 2004, 187~224쪽.

이효인, 「독립영화 2세대의 영화미학론」, 『영화연구』 77호, 한국영화학회, 2018, 201~241쪽.

조혜영, 「'1995년'을 역사화하기: <희생>의 한국 내 상영을 둘러싼 담론과 '기원'의 망상」, 『영상예술연구』 1호, 영상예술학회, 2001, 227~248쪽.

2) 국외

Andrew Sarris, "Notes on the Auteur Theory in 1962", *Film Theory and Criticism: Introduction Readings*, 6th edition, eds. Leo Braudy and Marshall Cohen, New York: Oxford University Press, pp.561~564, 2004.

Antoine de Baecque and Thierry Frémaux, "La cinéphilie ou l'invention d'une culture", *Vingtième Siècle, Revue d'histoire* 46, Numéro spécial: Cinéma, le temps de l'Histoire, pp.134~142, (Apr.~Jun.) 1995.

Charles Tashiro, "The Contradictions of Video Collecting", *Film Quarterly* 50(2), pp.11~18, 1996~1997.

David McGowan, "Cinephilia, take three?: Availability, reliability, and disenchantment in the streaming era", *Convergence*, 2023. (DOI: 10.1177/13548565231210721)

Dudley Andrew, "The "Three Ages" of Cinema Studies and the Age to Come", *PMLA* 115(3), pp.341~351, 2000.

Girish Shambu, "For a New Cinephilia", *Film Quarterly* 72(3), pp.32~34, 2019.

Lucas Hilderbrand, "Cinematic Promiscuity: Cinephilia after Videophila", *Framework* 50(1/2), pp.214~217, 2009.

Laurent Jullier and Jean-Marc Leveratto, "Cinephilia in the Digital Age", *Audiences*, ed. Ian Christie, Amsterdam: Amsterdam University Press, pp.143~154, 2012.

Steve Neal, "Art Cinema as Institution", *Screen*, 22(1), 1981, pp.11~39.

Thomas Elssaesser, "Cinephlia or the Uses of Disenchantment", *Cinephilia: Movies, Love and Memory*, eds., Marijke de Valck and Malte Hagener, Amsterdam: Amsterdam University Press, pp.27~43, 2005.

기타자료(잡지, 정기간행물, 카탈로그, 자료집, 보고서, 인터넷 자료 등)

1) 국내

강한섭, 「예술영화는 없다」, 『씨네21』 195호, 1999. 4. 6.

국립아시아문화전당 기획전시 '원초적 비디오 본색', 2022. 11. 23.~2023. 6. 18. (https://www.acc.go.kr/main/exhibition.do?PID=0202&action=Read&bnkey=EM_0000005884, 2022년 11월 21일 접속)

곽용수, 「[기획특집] 한국 씨네마떼끄의 역사」, 『씨네마 포에버』, 62호, 145~152쪽, 1997. 12.

김노경, 「문화학교 서울의 세 번째 필름 영화주간을 찾은 여러분을 환영합니다!」, 루이스 브뉘엘 회고전 카탈로그, 문화학교 서울, 2000. 12.

김노경, 「시네마테크 문화는 우리에게 절실한가」, 『독립영화』 22호, 2004.

김미현 외, 『예술영화관 지원정책 연구』, 영화진흥위원회, 2004.

김성욱, 「시네마테크 활성화를 위한 개선방안」, 『심포지엄 '시네마테크는 지금' 자료집』, (사)한국시네마테크협의회, 2003.

김성욱, 「영화관의 사회학」, 『영화와 사회(김이석·김성욱 외)』, 한나래, 2012.

김성태, 「시네필과 영화의 운명」, 『필름 컬처』 5호, 한나래, 58~75쪽, 1999.

김소영, 「단편영화 그 열린 가능성을 위해」, 『제 1회 서울단편영화제 세미나 자료집』, 삼성나이세스, 9~19, 1994, 한국영상자료원 서울단편영화제컬렉션에 재수록, 2023.

김영진, 「예술영화를 부관참시할 것인가」, 『씨네21』 202호, 1999. 5. 25.

김영진, [에디토리얼], 「아주 더디게 청하는 악수」, 『영화언어』, 4~5쪽, 2003년 여름 복간호.

김의찬, 「기획리포트- 영화연구가 달라지고 있다」, 『씨네21』, 2003. 9. 22.
(http://www.cine21.com/news/view/?mag_id=20939, 2023년 9월 3일 접속)

김지석, 「91 야마가타 국제 도큐멘터리 영화제(91 YIDFF) 현장기록」,
『영화언어』 9호, 46~47쪽, 1991년.

「김홍준·정성일·허문영 오픈토크: 1995~2015 변모하는 영화의 풍경」,
서울아트시네마, 2015. 3. 28.

노경아, 「분도시청각 종교교육 연구회, 비디오포럼 개최」, 『카톨릭신문』,
1993. 7. 4. (https://m.catholictimes.org/mobile/article_view.php?aid=298803,
2022년 11월 1일 접속)

문재철, 「한국영화비평의 어떤 경향」, 『영화언어』 15호, 1995년 봄.

문재철, 「예술영화는 없다」 반론, 『씨네21』 199호, 1999. 5. 4.

「'문화학교 서울'을 추억하다: 곽용수, 김형석, 이주훈, 조영각 음주대담」,
『독립영화』 18호, 2003.

서성희, 「한국 독립예술관은 지속가능한가?」, 『르몽드 디플로마티크』, 2021. 6. 30.,
(https://www.ilemonde.com/news/articleView.html?idxno=14756, 2023년 11월 1일 접속)

서영채, 「ISSUE: 대중문화 시대의 문화적 항체, 매니아-매니아의 욕망
: 부정의 진정성」, 『리뷰』, 234~247쪽, 1994년 겨울.

손주연, 『한국영화, 열정을 말하다』, 한국영상자료원, 270~271쪽, 2023.
KMDb(https://www.kmdb.or.kr/pdfUrlViewer, 2023년 12월 10일 접속)

송은지, 「서울단편영화제 컬렉션 해제」, 한국영상자료원 서울단편영화제
컬렉션, 2023.

이동진, 「영화비평 전문 계간지 '영화언어' 복간」, 『조선일보』 2003. 7. 27.
(https://www.chosun.com/site/data/html_dir/2003/07/27/2003072770224.html,
2023년 9월 2일 접속)

아카이브 프리즘 편집부, 『아카이브 프리즘』 9호, 한국영상자료원, 2022년 여름.

원승락·이정민, 「사라진 잡지, 남겨진 것들 - 키노 KINO (이연호)」, 『D+』 Vol. 1, 2009. 5. (https://seojae.com/kino/index-up/dplus.htm, 2017년 6월 15일 접속)

이영진, 「시네마테크를 만드는 사람들 2 문화학교 서울: 3500명의 '공범'이 만든 시네필의 천국」, 『씨네21』, 2001. 9. 7. (http://m.cine21.com/news/view/?mag_id=4073, 2023년 10월 20일 접속)

이용관, 「<바보선언>에서 드러나는 대안적 측면」, 『영화언어』 2호, 18~31쪽, 1989년 여름.

_____, 「철학적 탐험과 미학적 모험의 교차로에 선 배창호」, 『영화언어』 7호, 4~37쪽, 1991년 봄.

이연호, 「에디토리얼: 작별인사-그래도 우리의 사랑은 멈추지 않을 것입니다」, 『KINO』 99호, 24쪽, 2003. 7.

이정하, 「인디펜던트 영화의 활성화를 위한 법적 제도적 개선」, 『제1회 서울단편영화제 세미나 자료집』, 삼성나이세스, 1994. 9.~19. 한국영상자료원 서울단편영화제컬렉션에 재수록, 46~57쪽, 2023.

이효인, 「1990년대 한국영화의 지형도」, 『필름 컬처』 4호, 한나래, 10~23쪽, 1999.

임재철, 「고다르와 할리우드」, 『필름 컬처』 1호, 한나래, 48~63쪽, 1998.

_____, 「영화문화의 '불관용'에 대해: 한국영화의 1990년대」, 『필름 컬처』 4호, 한나래, 1999.

전종혁, 「영화잡지를 다시 읽다」, 『한국영화』 38호, 영화진흥위원회, 2013. 5.

정성일, "FM 시네마테크-시네필 문화", 『FM 영화음악 정은임입니다』, 2004. 1. 7. (https://www.podbbang.com/channels/1813/episodes/21873996, 2023년 11월 24일 접속)

정윤수, 「ISSUE: 대중문화 시대의 문화적 항체, 매니아-매니아
: 1994, 겨울, 그들의 표정」, 『리뷰』, 206~220쪽, 1994년 겨울.

조영각, 「예술영화는 있다」, 『씨네21』 198호, 1999. 4. 27.

토마스 엘새서, 「루이 뤼미에르: 영화 최초의 버추얼리스트?」, 『필름 컬처』 7호,
66~91쪽, 2000.

한상언, 영화인의 꿈 담은 박루월, 그리고 '영화배우술'
(https://mobile.newsis.com/view.html?ar_id=NISX20220920_0002019623,
2022년 9월 29일 접속)

한상준, 「아이젠하워 시대의 미국영화」, 『필름 컬처』 1호, 한나래, 20~47쪽, 1998.

허문영, 「시네마테크 부산의 지원사례」, 『서울시의 시네마테크 지원을 위한
정책포럼』, 한국시네마테크협의회, 21~27쪽, 2011.

_____, 「편집장이 독자에게 - 친구」, 『씨네21』, 2003. 6. 20.
(http://www.cine21.com/news/view/?mag_id=19513, 2023년 11월 10일 접속)

홍성남, 「미국영화연대기」, 『필름 컬처』 1호, 한나래, 102~125쪽, 1998.

_____, 「동시대 일본 영화의 경향: 비평적 담론을 중심으로」, 『필름 컬처』 2호,
한나래, 80~91쪽, 1998.

_____, 「브레송의 죽음, 순수 영화의 마지막 자취」, 『필름 컬처』 6호,
한나래, 143~149쪽.

홍성남, 「비디오로 영화를 본다는 것」, 『필름 컬처』 7호, 한나래, 2000, 34~45쪽.
「2001 우수 비디오숍 콘테스트 후기 (5)」, 『씨네21』 286호, 2001.
(http://www.cine21.com/news/view/?mag_id=298, 2023년 12월 10일 접속)

2) 국외

Susan Sontag, "The Decay of Cinema", *The New York Times*, 1996. 2. 25. (https://www.nytimes.com/1996/02/25/magazine/the-decay-of-cinema.html, 2023년 12월 10일 접속)

Theodoros Panayides, "Permanent Ghosts: Cinephilia in the Age of the Internet and Video", *Sense of Cinema*, Cinephilia Special Feature, 2000. 3. 4.
(https://www.sensesofcinema.com/2000/cinephilia-special-feature/cine2/, 2022년 10월 10일 접속)

Tony Rayns, "Cinephile Nation," *Sight and Sound*, pp.24~27, 19981. 1.

찾아보기 영화명/ 인명/ 기타

영화명

기타

시네필의 시대

한국 영화문화에서 비디오필리아와 시네필리아

ⓒ2024, 영화진흥위원회

발행일	2024년 4월 28일
발행인	박기용
저 자	이선주
편집자	박진희, 공영민
발행처	영화진흥위원회
담 당	김홍천(영화진흥위원회 연구본부 영화문화연구팀)
주 소	48058 부산광역시 해운대구 수영강변대로 130
전 화	051-720-4700
홈페이지	kofic.or.kr
ISBN	978-89-8021-255-2 04680
	978-89-8021-251-4 04680(세트)

제작 및 유통	두두북스
주 소	48231 부산광역시 수영구 연수로357번길 17-8
전 화	051-751-8001
이메일	doodoobooks@naver.com